英语教师行动学习的理论与实践研究

外语学科中青年学者学术创新丛书

王栋 ◎ 著

外语教学与研究出版社
FOREIGN LANGUAGE TEACHING AND RESEARCH PRESS
北京 BEIJING

图书在版编目 (CIP) 数据

英语教师行动学习的理论与实践研究 ／ 王栋著 . —— 北京：外语教学与研究出版社，
2019.12（2021.7 重印）
（外语学科中青年学者学术创新丛书）
ISBN 978−7−5213−1401−4

Ⅰ. ①英… Ⅱ. ①王… Ⅲ. ①英语－教师－师资培养－研究 Ⅳ. ①G451.2②H319.3

中国版本图书馆 CIP 数据核字 (2019) 第 284348 号

出 版 人　徐建忠
项目策划　孔乃卓
责任编辑　孔乃卓
责任校对　李婉婧
封面设计　彩奇风
出版发行　外语教学与研究出版社
社　　址　北京市西三环北路 19 号（100089）
网　　址　http://www.fltrp.com
印　　刷　北京九州迅驰传媒文化有限公司
开　　本　650×980　1/16
印　　张　15.5
版　　次　2019 年 12 月第 1 版 2021 年 7 月第 3 次印刷
书　　号　ISBN 978-7-5213-1401-4
定　　价　59.90 元

购书咨询：（010）88819926　电子邮箱：club@fltrp.com
外研书店：https://waiyants.tmall.com
凡印刷、装订质量问题，请联系我社印制部
联系电话：（010）61207896　电子邮箱：zhijian@fltrp.com
凡侵权、盗版书籍线索，请联系我社法律事务部
举报电话：（010）88817519　电子邮箱：banquan@fltrp.com
物料号：314010001

记载人类文明
沟通世界文化
www.fltrp.com

前言

　　教育变革时代的教师专业发展面临着诸多的机遇和挑战。随着世界范围内课程改革的实施，提升教师素质已成为提高教育质量的重要前提，同时也是决定教育改革成败的关键因素所在，而教师素质的提高则需要通过教师学习得以实现。然而，传统的英语教师学习存在学习方式单一、学习内容陈旧等问题；教师作为学习者一般强调理论知识的获得而忽视实践性知识的培养，是一种被动的学习方式，其对于教师专业发展的促进作用十分有限。

　　行动学习是建立在学习者经验与反思基础之上的以解决现实问题为目标的成人学习方式，最早运用于企业管理人员培训之中，近年来在其他领域也得到了普遍推广。为丰富教师学习的理论研究的实践操作，进一步促进教师的专业发展，推动教育改革的实施和深入，本研究将行动学习的理念引入到教师在职学习之中，旨在通过系统的教师行动学习研究为英语教师在职培训与专业发展提供相关启示和建议。本书以高中英语教师为研究案例，主要探讨教师行动学习的三个主要问题，即教师行动学习是什么、教师为什么要开展行动学习以及教师如何实施行动学习。在此基础之上，本研究还尝试构建了基于行动学习的英语教师专业发展模式，并指出了其理论意义与推广价值。

　　本书共分为七章，各章的主要内容概括如下：

　　第一章为绪论，主要介绍本研究的选题缘由、研究背景与主要内容、研究的整体设计与具体方法，并对本文中的主要概念如教师学习、教师知识、行动学习、教师专业发展等进行了界定，还通过理论分析总结出各核心概念之间的关系。

　　第二章为文献综述，主要包含三个部分，即对教师学习的文献综述、对行动学习的文献总结以及对国内外教师行动学习研究文献的回顾。综述的结论表明尽管对行动学习的研究已有历史，但针对教师特别是英语教师行动学习的研究仍不够深入，值得作进一步探究。

第三章是英语教师行动学习的理论研究部分，主要分析了教师行动学习的内涵、特征、过程和类型等，同时对教师行动学习的理论基础进行了总结。在此基础上，本章还从理论上分析了行动学习对于英语教师专业发展的意义。

第四章是本研究的实证调研部分，研究者对英语教师的行动学习开展了实地考察，主要通过问卷调查、访谈、实地观察等方法分析了高中英语教师行动学习的现状与存在的问题。该部分研究旨在总结教师行动学习的实然状态，对构建基于行动学习的英语教师专业发展模式提供实证基础。

第五章主要总结英语教师如何开展行动学习，研究将课堂观察与交流、案例总结与研讨、合作行动研究与践行等归纳为教师实施行动学习的具体策略，而将开展校本研修和构建行动式教师专业发展项目作为教师实施行动学习的途径。

第六章是本书的重点部分，也是本研究的核心和创新点所在。本章结合英语教师行动学习的理论研究和实证分析总结了教师行动学习的核心特征与价值，介绍了教师行动学习的内外部机制，并在此基础上构建了基于行动学习的英语教师专业发展模式，同时指出了该模式的内涵、特征、对教师在职学习的启示及其推广价值。从这一模式可以看出教师行动学习是一个复杂的系统工程，其实施效果受到教学环境、评价制度、学校管理、教师反思能力与沟通技巧等多个内外部因素影响。

第七章是本研究的总结部分，该章汇总了研究的结论与启示，指出了研究中存在的不足并对英语教师行动学习的后续研究进行了展望。

本书以英语教师为对象对其行动学习开展了系统研究，研究结论对于广大英语教师本人、教师教育者、教育管理人员都有启示作用，且对于切实提高英语教师在职学习效果、促进教师改进教学质量、提升他们的专业发展水平具有很强的现实意义。

目　录

图　目

表 目

第一章 绪 论

变革时代，教师职业面临着诸多机遇，同时又充满了种种挑战。随着现代社会对知识的日益重视与追求，人们对教育的期望值也越来越高，只有合理地实施改革，才能不断地满足时代与社会发展对教育越来越高的要求。然而，所有教育教学改革的实施都离不开教师的积极参与，如果我们没有把教师置于中心地位，任何有关教育教学改革与教育质量提高的探讨都将会流于空谈。教师是课堂教学的最终决策者和执行者，所有新的教育理念都必须通过教师的课堂教学得以实现。而影响教育改革成败与教学质量提升的关键还在于学校中实际负责教学的广大一线教师，只有教师更好地理解并实践教育教学改革的理念，教育才能够不断取得进步与发展。[1] 从这个意义上说，提升教师素质不仅是教师自身专业发展的需要，也是课程改革乃至教育事业整体发展的必然要求。

在英语教学领域，教师所扮演的作用也越来越重要。英语教学是我国基础教育的重要组成部分，也是我国在将来建设外向型国家，培养具有国际视野的多元化人才这一过程中不可或缺的部分。因此我们必须重视英语教学、重视学生的英语学习。联合国教科文组织（UNESCO）对外语教学质量就曾提出过"五个因素和一个公式"的等式，认为外语教师素质越高，相应的外语教学质量也就越高。因此，提高我国英语教学质量的关键就在于提高英语教师的素质，而提高教师素质的目的就是促进其专业发展从而最终提高教学质量。我国基础教育英语课程标准也明确指出了教师在课程改革与提高教学效果方面的作用。英语教师不能将英语课程简单地看成语言知识或语言技能课，而要在教学过程中既关注学生英语知识学习和语言运用能力的提高，又要加强对学生综合素质的培养，特别是对学生的意志品格、自主学习能力、良好学习习惯和正确世界观的培养，而要达到这些目标就必然要求教师不断提高自身能力，包括语言技能和实际教学能力。

我国香港地区英语课程标准也指出了教师在教学中的作用和责任，该标准

---

1 顾泠沅，王洁．行动教育——教师在职学习的范式革新 [M].上海：上海教育出版社，2008.

提到："教师在实施有效的学习、教学和评估中扮演着重要角色，为了发挥教师的作用，他们应该利用好该课程指引中呈现开放的、弹性的课程架构，促进学习者有效的学习，实施高效教学，设计合理而高效的评估任务和活动。"[1] 而我国上海地区高中英语课程标准也将"英语教师的专业发展作为英语课程改革成败的关键"，并强调把"加强师资队伍建设"作为英语课程实施的重要保障措施之一。可以说，我国各地区各级各类英语课程与教学标准或其他指导性文件都提出了要积极提高英语教师素质，这对英语教学质量的提升至关重要。当前，加强对英语教师专业发展特别是教师在职学习的关注刻不容缓，这也已经成为我国英语教学改革的关键因素。

"教师学习"是近30多年以来在对教师认知的研究过程中，尤其是在对教师知识研究中逐渐凸显出来的一个重要命题。近年来，随着建构主义学习、情景学习等学习理论的发展，教师学习研究正在受到越来越多的关注。作为成人学习者，教师学习是一种自我导向的基于实际教学问题的学习。然而，传统的教师在职教育往往把教师视为被培训的对象，是知识的被动接受者。基于这种认识的教师培训与学习较为注重教师对理论知识的接受式学习，但这一方式忽略了教师主动构建自己的个人知识体系，缺乏对其实践性知识增长的关注，因此教师所学的理论知识很难与其教学实践相结合。然而，教师专业发展的核心基础却是其实践知能，教师也只有通过在教学实践中不断地学习并完善自己的知识体系才可以更好地提升自身的素质，从而提高教学质量。因此，在课程与教学改革进一步深入的今天，教师教育者和教师自身都应该重新思考教师的在职学习，并努力构建适合教师在实际教学工作中提升实践知能的学习途径与方法。目前，教师学习正在经历着由注重"理论"转向关注"实践"；从传统的教师教育范式转向倡导基于经验、参与合作、反思建构的建构主义教育范式；从客观主义学习范式转向主观主义学习范式。[2] 那么，教师是如何在自己的教学实践中学习的？教师在教学实践中的学习给教师带来了哪些变化？这些变化对于他们的专业发展有何意义？影响教师在教学实践中学习的因素又有哪些？如

1　香港课程统筹委员会.基础教育领域英语语言教育课程指引（小一——中三）http://www.edb.gov.hk/index.aspx?nodeID=2770&langno=1.2002：89.

2　杜海平.外促与内生：教师专业学习范式的辩证[J].教育研究，2012（9）：139-144.

何构建一个适合教师工作与认知特征的在职学习及专业发展模式？

为了回答上述问题，本书将教师在职学习置于"行动学习"这一理念与方式中加以考察，并以高中英语教师为例探讨教师行动学习的内涵、特征、意义和实施途径与模式构建，并思考教师个人和群体如何通过行动学习提升专业发展水平、实现专业成长，从而更好地适应教育改革和社会发展的要求，促进教育质量的提升。行动学习是一种致力于解决实际问题的以学习小组为单位的合作学习方式，是一种符合成人学习特点的有效学习模式。行动学习有着丰富的理论基础和诸多的实施途径，其实践效果已在企事业单位人力资源管理、企业和政府管理人员培训、在职课程教育教学等领域得以显现，但其目前运用于教师在职教育的理论研究和实践探索还不多见，仍值得我们作进一步深入探究。

第一节　研究背景

为了应对全球化加剧和快速变化的新世纪，教育改革通常都大力强调人们的终身学习、行动学习、创造力培养、深度思维能力以及多元智能的形成；并相信无论是对个人还是组织而言，行动学习都是持续积累行动性知识、发展创造力和多元思维的关键因素。[1] 基于这一认识，加强对行动学习的理论与实践研究势在必行，除此之外，对英语教师行动学习开展深入研究还基于以下几个重要的背景。

一、终身教育与学习理念的发展

在教师专业化运动的推动下，教师专业发展已受到各界的广泛重视，与之相关的研究也逐渐兴起，这其中就包括对教师学习的研究。而终身教育与终身学习理念的产生和推广，更是加快了这一研究领域的进展。终身教育和终身学习是现代社会最具影响力的教育思潮，对人类社会的学习行为产生了重大影响。

1　郑燕祥 . 多元思维和多元创造：应用和发展 [J]. 全球教育展望，2005（3）：6-13.

终身教育思潮形成的标志是 1970 年法国教育家保罗·朗格朗（Lengrand）所著《终身教育导论》一书的出版。在该书的序言中作者明确指出："必须要把教育看作是贯穿人的一生与人生各个发展阶段的持续不断的过程。"[1]这充分说明，人的一生应该持续不断地接受教育并学习新的知识，才能够适应社会的发展。终身教育理念必然要求人们终身学习，终身学习理念是终身教育思想的递进和新的发展阶段，终身学习比终身教育更加强调社会全体成员的学习主体性、主动性和自觉性。[2]

终身教育和终身学习是学习型社会的最基本特征，也是学习化时代发展的必然要求。为提高国家的竞争力和可持续发展潜力，各国都在不遗余力地建设学习型社会，我国当然也不例外。2017 年 10 月，党的十九大报告鲜明地提出"建设教育强国是中华民族伟大复兴的基础工程，必须把教育事业放在优先位置，深化教育改革，加快教育现代化，办好人民满意的教育。"此外，还"要培养高素质教师队伍，倡导全社会尊师重教。办好继续教育，加快建设学习型社会，大力提高国民素质。"[3]《国家中长期教育改革和发展纲要（2010-2020 年）》也指出到 2020 年，我国教育的战略目标是要基本实现现代化，基本形成学习型社会，并进入到人力资源强国的行列。[4]可见在我国，终身教育和终身学习的理念也正在得以大力推广。

终身教育思想改变了传统的把人生分为学习和工作两个阶段的旧观念，使教育成为伴随人们一生的持续性活动。终身学习体系下的教师教育当然也要发生变革和创新，现代社会知识更新日新月异，期望教师通过职前教育完成职业所需的全部知识储备不仅不符合建设学习型社会的理念，而且也不现实。教师需要在一生中持续不断地学习才可以完成其职业要求，同时也才可以影响学生成为终身学习者。因此，终身教育思想和学习型社会的建设要求教师在整个职业生涯中不断地学习，率先成为终身学习者。当前，世界各国都加强了对教师

---

1 [法]保罗·朗格朗.终身教育导论 [M].滕星等译.北京：华夏出版社，1988.

2 孙传远.教师学习：期望与现实——以上海中小学教师为例 [D].上海：上海师范大学博士学位论文，2010.

3 习近平.决胜全面建成小康社会　夺取新时代中国特色社会主义伟大胜利 [M].北京：人民出版社，2017.

4 国家中长期教育改革与发展规划纲要（2010 年 –2020 年）[EB/OL]. http://www.gov.cn/jrzg/2010-07/29/content_1667143.htm

终身教育特别是教师在职培训与学习的理论研究与实践探索。我国教育部所颁布的《教师教育课程标准》（试行）也明确指出教师教育的基本理念在于育人为本、实践取向和终身学习。[1] 由此可见，国内外都已经关注教师作为成人学习者和终身学习者的诉求，本研究也正是基于这一背景而开展的。

二、世界范围内课程改革方兴未艾

随着人类进入新世纪，世界各国都加强了对基础教育的重视与投入，纷纷开展了新一轮的教育教学改革。我国自 2001 年颁布与实施《基础教育课程改革纲要》以来，中小学教育教学质量得到了很大的提高。我国的课程改革提出"以学生发展为本、基于学生发展、关注学生发展、为了学生发展"的核心思想，体现了素质教育的宗旨。然而，在新课程改革的推进过程中，教师的专业发展受到了前所未有的关注。教师原有的教育信念、方法和知识体系必须被打破，取而代之的应该是适应课程改革要求的新的教育与教学理念。在这一理念转化过程中，教师既面临着挑战，又拥有着机遇。然而，无论是迎接挑战还是把握机遇，教师都必须不断地加强自身的学习，提高自身的水平。教师开展在职学习是课程改革的需要，也是时代发展的必然，同时还是课程改革取得成功的关键因素之一。

在我国基础教育英语教学领域，英语课程与教学改革的实践也正在不断推进之中。教育部近年来颁布的英语课程标准使我国蓬勃开展的基础教育英语课程改革进入了一个新的发展阶段，与以往的课程教学大纲与要求相比较，新的英语课程标准强调任务型教学和多元化评价体系的运用，总目标在于提高学生的英语综合运用能力。《普通高中英语课程标准（2017 版）》对英语教学提出了新的指导思想："高中英语课程的设计与实施要有利于学生改变传统的被动记忆、机械训练的学习方式，采用积极主动的、参与式和合作式的英语学习方式，使他们通过接触与社会、科技和他们生活密切相关的、比较真实和自然的语言材料，通过观察、体验、探究等积极主动的学习方法，发挥自己的学习潜

---

1 教育部. 教师教育课程标准（试行）[EB/OL]. http://www.moe.edu.cn/publicfiles/business/htmlfiles/moe/s6136/201110/125722.html

能，形成有效地学习策略，提高自主学习的能力；用英语获取信息、处理信息的能力；用英语进行思维和表达的能力。"这一课程标准还要求英语教师"应不断更新知识结构，适应现代社会发展对英语课程的要求"，尤其"要根据教学的目标、学生的需要以及当地客观条件，积极地和有创造性地探索有效的教学方法，要不断对自己的教学行为进行反思，努力使自己成为具有创新精神的研究型教师"。[1] 面对新的课程要求，英语教师必须努力实现自我提高才能更好地将课程标准的理念推广到实际教学之中去。教师不仅是课程理念的执行者，还是课程与教学行为的开发者。[2] 可见，英语教师在课程改革中既要理解新理念，学习新的知识，又要在学习和实践中与学生共同成长，这就要求教师积极主动地参与，自觉自动地学习。因此，对教师学习的研究也是对英语教学改革的积极回应。

三、教师专业化运动风起云涌

教师是一种古老的职业，其发展已有几千年的历史，几乎伴随着人类教育活动的全部过程。然而，教师被视为一种专门的职业还只是近几十年的事情。1966 年，联合国教科文组织和国际劳工组织提出了《关于教师地位的建议》，首次以文件的形式对教师的地位做出了规定，提出"应把教育工作视为专门的职业，这种职业要求教师经过严格的、持续的训练，获得并保持专门的知识和特别的技能。"此后，教师专业化运动开始成为世界教师专业发展的潮流。

近年来，随着知识的发展和社会的进步，人们对于教师素质的要求越来越高，教师已被认为是决定教育改革成功与否的关键因素。在这一背景之下，教师的专业发展问题越来越受到重视。一方面，教师教育改革以高标准、高水平提高教师地位与专业标准的教师专业化思潮，孕育出一种全新的教师观，教师必须要有意识和能力通过系统的主动学习与研究实现专业上的自我发展；[3] 另一方面，随着社会竞争的加剧，教师自身主动追求专业发展、提升专业水平的内

1　教育部 . 普通高中英语课程标准（2017 版）[M]. 北京：北京师范大学出版社，2018.

2　Hargreaves, A. (1994). *Changing Teachers, Changing Times: Teachers' Work and Culture in the Postmodern Age* [M]. London: Cassell Press.

3　张敏 . 教师学习的理论与实践研究 [M]. 杭州：浙江大学出版社，2008.

在需求也与日俱增。外因和内因的双重作用促进了教师专业化发展的深入，也激发了教师在职学习、追求自身进步的热情。我国目前外语学习人口十分庞大，而其中尤其以在校英语学习的学生人数为最多，相应的英语教师数量当然也很庞大。[1] 教师专业化发展意味着英语教师不仅要掌握熟练的英语语言技能，还需要具备其他的教学实践性知识和跨文化视野，这本身就要求他们不断学习才能实现专业化。为了更好地理解语言教学，我们需要更多地了解外语教师，了解他们如何思考、如何学习。事实上，已有很多国家开始推行英语教师专业标准，我国也正在这方面开始尝试。[2]

四、教师在职培训计划日新月异

为适应学习型社会和课程改革的要求，近年来世界各国都加强了对教师在职培训的重视与投入。新时代教育改革与发展对教师整体素质提出了更高的要求，加强教师培训工作是提高中小学教师队伍整体素质的重要举措，对于推进义务教育整体发展、促进基础教育改革、提高教育质量具有重要意义。2018 年全国教育大会将加强教师队伍建设作为推动教育发展的重要保障措施，提出了建设高素质专业化教师队伍的战略任务。教师培训成了我国现阶段教师教育研究领域的一个热点话题。我国自 2010 年开始实行中小学教师"国培计划"以来，教师受训面和效果已得到了一定提升。然而，其中存在的问题仍不容忽视。长期以来，我国教师在职培训在形式上一般是以脱产进修为主，在内容上较为注重理论知识的学习，方法上一般采用讲授式教学。这种培训模式仍是基于行为主义的学习理念，忽视了教师在学习中主动对知识的建构，忽视了教师对实践性知识的获取。[3] 总体而言，我国的教师在职培训目前主要存在培训内容缺乏针对性、培训方式缺乏有效性、受训教师缺乏主体参与性等问题。近年来，要求改革教师在职培训模式的呼声已日益高涨，也出现了很多新的探索，

1　吴欣，杨晓青 . 中国中小学英语教师现状调查与分析 [M]. 北京：人民教育出版社，2007.
2　龚亚夫 . 创建我国中小学英语教师知识与能力体系——中小学英语教师专业等级标准的制订 [J]. 中国教育学刊，2011（7）：60-65.
3　贾爱武 . 外语教师专业发展的理论与实证研究 [D]. 上海：华东师范大学博士学位论文，2003.

如教师校本培训的兴起、教师培训中学习共同体的倡导、教师网络在线培训活动的普及等。就英语教师培训而言，上述问题同样存在。[1] 英语教师培训是一种有目的、有计划、有组织地培养英语教师适应新课程要求，促进教师专业发展的综合性教师教育活动。[2] 目前，相关部门正在制定措施努力提高教师在职培训课程的有效性。总之，我国英语教师在职培训目前正处于转型时期，寻求一种适合英语教师工作与认知特点和符合我国国情与各地区、各学校实际情况的教师培训模式已势在必行。

第二节　研究意义

所谓研究意义，是指研究所能产生的效应与作用，或对现有问题理论与实践改进的贡献。研究选题的过程实际上也是探寻研究意义的过程。"有意义的问题"应该具有双重含义，即研究者对此问题不甚了解，希望通过该研究深入探究这一问题并提高自己的认识，二是所研究的问题在现实中确实存在，是被研究者所关心的问题，对被研究者有现实的意义。[3]

提高全体社会成员的学习能力是实现终身教育、构建学习型社会的基础和关键。教师作为学生学习的楷模，理应从自身做起，率先践行终身学习的理念。教师学习是促进教师自身持续专业发展的必要条件，也是提高教育教学质量的关键。从理论研究的角度看，对教师行动学习的研究可以丰富现有的教师学习研究的内涵，使得这一研究领域更为全面和成熟。此外，研究教师学习的途径与方式还具有十分重要的现实意义，研究结论对于教师素质的提高将会有很大的作用。

基于时代对教师提出的越来越高的要求和对我国教师学习现状的反思，本研究将以高中英语教师为例，从教师行动学习的角度来研究教师职业发展中在各种正式或非正式的教学和研究活动中通过课堂观摩、教学反思、同伴互助、专业引领等方式提高和发展自己的专业知能，从而实现专业成长的学习过程。

1　吴欣、杨晓青 . 中国中小学英语教师现状调查与分析 [M]. 北京：人民教育出版社，2008.
2　黄怡俐 . 当前英语教师继续教育培训模式的问题及解决策略 [J]. 继续教育，2006（8）.
3　陈向明 . 质的研究方法与社会科学研究 [M]. 北京：教育科学出版社，2000：78.

需要强调的是，本书虽以高中英语教师为例展开实证观察与理论总结，但其结论却不只局限于高中教师，而是适用于各教育阶段的教师。通过本研究不仅能够丰富教师学习的内涵，而且还可以为教师学习特别是教师培训的实践提供启示。概括起来，本研究的意义体现在以下几个方面：

一、理论价值

（一）教师学习理论研究的需求发展

通过查阅与教师学习有关的国内外专业文献，笔者发现大部分有深度的教师学习研究都是在国外文化环境下所开展的大范围研究，如美国密歇根州立大学全美教师学习研究中心开展了长达十年的由三个核心课题组、118 篇研究报告为成果的教师学习研究。这些报告对教师学习的诸多方面进行了探究，不仅阐明了教师学习的意义和目的，而且确定教师学习研究的基调，即对人们关于学校期望的回应、建构教师作为学习者的理论、平衡教师教学实践中各种因素等，这些为后来的相关课题研究奠定了基础。[1] 此外，近年来澳大利亚在教师学习的研究领域中也取得了很大的进展，制定了较为成熟的教师专业资格标准，其中对教师学习的内容、方式等提出了很多具体要求并将之纳入到教师专业资格标准的基本框架之内。英国教育界也加强对教师学习的研究，制定了规范的教师职前与在职教育制度，并完善了对教师的定期考核制度。反观国内，尽管近年来针对教师专业发展的研究文献日益增多，但其中专门针对教师学习的研究成果仍不多见，即便是已有的研究也一般是从教师培训、教师进修的角度分析教师的学习。如前文所述，在这类传统的教师学习活动中，教师对学习目标、教学计划、教学内容以及学习方式并无很大的选择权，大多为被动地接受式学习。目前针对教师从教学实际问题出发，组成学习团队，在团队成员互助基础上开展的行动学习的研究还值得进一步深入。教师应该成为自主的"学习者"，他们的在职学习要强调自身主动地建构式学习，教师学习要凸显教师的个性化、实践性和实效性。研究教师行动学习有助于更好地理解教师学习的

1　李志厚 . 西方国家教师学习研究动态及其启示 [J]. 外国教育研究，2007（3）：43-46.

发生机制，对于丰富和完善教师学习的理论研究具有积极的意义。尽管从整体来看，目前的研究对于教师学习的各个方面均有涉及，但却是视角单一，如针对教师学习的方式研究一般只涉及教师学习的某一策略，如反思教学、行动研究、课堂观摩等方式，缺乏将这些方式整合于某一学习理念的整合性研究。本书试图用行动学习的理念整合教师学习中的诸多现有的有效策略，对于深化教师学习的研究具有一定的意义。此外，从目前学者们对于教师学习的研究范式来看，理论思辨型研究居多，实证性研究相对较少。本书将两者结合起来，并采用社会科学质性研究中的现象解释学范式，这对于完善教师学习的研究方法体系亦有积极的意义。

（二）加深对行动学习的认识和研究

作为一种学习理念和方法，行动学习是以经验学习循环为基本理论依据的职业人士专业发展模式，该学习方式与学习者的日常工作密切相关。行动学习的理念最早使用于企业管理人才的培训，此后也在其他领域得以推广并取得了较好的效果。通过查阅与行动学习相关的文献，我们发现行动学习在人力资源管理、公务员培训、领导力培养等方面使用的研究也取得了一定的进展。在教育研究领域，也有一些针对成人学习课程中使用行动学习法的理论与实践研究，如在 MBA 课程教学中行动学习法的运用、[1] 在远程教育数学课程中行动学习法的运用、在英语课堂教学中采用行动学习提高学生学习效果等。在教师学习研究领域，近年来也有运用行动学习的相关研究，如有学者指出行动学习用于教师学习的研究已有近 20 年的历史，其研究内容包括行动学习在提高教师信息技术素养方面的作用机制研究、在教师实践性知识构建方面的运用研究等。[2] 但总体而言这方面的理论研究目前仍不够深入，实证研究也比较少见。事实上，行动学习作为适合成年人的学习方式具有很大的潜能，可以适用于各行各业，对教师行动学习的深入研究也加深了对行动学习的进一步认识，扩展了其应用范围。此外，以往关于行动学习的研究大多是描述性的，即通过某一组

1　王成全. 论行动学习在 MBA 教学中的实施 [J]. 学位与研究生教育，2007（11）：42-44.
2　王栋. 行动学习视角下外语教师实践性知识构建研究 [J]. 宁波大学学报（教育科学版），2011（6）：64-67.

织内部行动学习现象的案例描述，以此归纳行动学习的特征与作用。本书采用解释性案例研究，以教师学习理论为基础构建基于行动学习的英语教师专业发展模式，从这一意义上讲，本书是行动学习在研究方法上从"描述阶段"到"解释阶段"的转变。因此，本研究不仅可以扩大行动学习的研究范畴，也将进一步完善行动学习的研究体系。

二、实践诉求

（一）变革教师培训模式，对教师有效在职学习模式的探索

在职培训是推动教师专业发展的重要途径。改革开放以来，以终身教育理念为导向，我国形成了以教师进修院校为主的较为完整的教师职后培训网络体系，为提升中小学教师队伍素质和教育教学质量做出了突出的贡献。但随着教师教育体系的进一步完善和发展，教师在职培训日益暴露出一些问题，如模式单一、内容陈旧等，教师培训一般是重理论学习、轻实践，重视学科知识、忽视教学技能。传统的英语教师培训一般是关注教师学科理论知识的增加，其内容主要以外语教学法和应用语言学理论知识为主，忽视了教师将教学理论与实践相结合的能力。在培训方式上一般采用脱岗培训，学习方式以知识接受为主，缺乏对教师自学能力提高的培养。在此类培训中，教师往往是被动的知识接受者，缺乏对教学知识的主动探究，他们的学习效果十分有限。因此，我们有必要探索新的教师培训模式，从而提高教师学习的有效性。行动学习作为一种基于实际问题和具体情景的合作学习方式，其区别与传统教师培训中的教师接受式学习方式，并在很大程度上可以克服其弊端，值得广大教师借鉴和运用。因此，本书旨在以高中英语教师为例探索一种适合教师行动学习的理论框架和实践模式。

因此，在上述背景之下加强对英语教师在职学习的理论与实践研究势在必行。行动学习正是一种切合成人学习特点，强调学习者内在需要与现实问题解决相结合的学习方式，对这一学习方式的研究有助于为当前教师培训模式改革提供借鉴与启示。

（二）满足教师学习需求，为教师专业发展提供支持

在课程改革的背景下，教师渴望获得学习机会，以提高自己的专业知识与能力。然而教师最需要的并非理论性知识，而是与本学科相关的教学知识，即 PCK 知识，这是一种实践性知识，必须靠教师在教学实践中不断反思、计划、改进才可以获得。有学者对上海青浦区 311 名中小学教师的专业学习调查发现，教师在职学习中最需要的是"有课例的专业引领"和"有行为跟进的全过程反思"。[1] 但总体而言，目前的教师的学习没有能够很好地将获得的知识和技能与自身教学实践结合起来，缺乏一定的参与、体验和反思。为解决这个问题，我们必须变革教师学习方式，因为只有有效的教师学习方式才可以更好地为教师的专业发展提供支持。行动学习作为一种学习理念强调学习者针对实际工作问题的反思、实践和解决，并在此过程中获得学习。行动学习操作性强，不需要太大的成本，可以有效地帮助教师加深对实践教学的关注，并在其中获得成长。本书所构建的英语教师行动学习模式对于满足一线教师学习需求，促进其专业发展，从而提高教育教学质量具有实践意义。

（三）纠正对教师学习认识的偏差，提高教师的自主学习意识

除教师教育工作者和理论研究者之外，一线教师自身对其在职学习也存在诸多误解。具体表现为：（1）狭义地理解学习。认为学习仅仅是思想政治学习、集体备课、教研组活动等；学习是完成教学工作之外的业余活动，并认为学习和教学是对立的。（2）被动地理解学习。一部分教师认为学习是学校或上级部门对教师的一种要求，所以在参加各类培训或学习活动时一般表现得比较被动。（3）封闭地理解学习。有很大一部分教师认为只能向专家和优秀教师学习，忽略了向普通教师、新手教师甚至是向学生学习，从而失去了学习渠道的广泛来源。对教师学习认识的上述偏差不利于教师开展有效的学习，必须加以纠正。行动学习将教师学习与实际教学工作结合起来，强调教师学习共同体的构建，并针对急需解决的教学问题开展学习，可以较好地解决上述问题。

教师行动学习是教师在解决问题的过程中学习的一种方式，其核心来源于

1　顾泠沅，王洁. 教师在教育行动中成长——以课例为载体的教师教育研究 [J]. 全球教育展望，2003（1）：44-49.

教师基于先前知识与教学经验的反思，既包括团队反思也注重个体反思，但以集体反思为主。反思鼓励参与者不断地思考问题，从而可以有效提高个人的自学能力。因此，行动学习法用于教师的在职培训，让广大教师认识到学习是自己的事情，是提高自身能力的必要途径。学习因此成了一个主动的认知过程，这对提高教师的自主学习能力、提高他们的终身学习能力都是有益的。在当前国家越来越重视学生英语学习的背景之下，提高英语教师的学习能力，鼓励教师积极开展自主学习对于改进英语教学质量、对于提高学生英语学习效果的意义自然不言而喻。

总之，教师行动学习研究的意义在于以下几点：首先，这一研究能够丰富和完善教师学习的理论研究，促进教师专业发展研究的深入；其次，这一研究可以帮助我们更深刻地了解教师行动学习的内涵与特征，为构建有效的教师在职学习模式提供理论框架；最后，教师行动学习研究还有助于纠正现实教师学习中的诸多偏差，为教师的有效学习和在职培训提供实践启示，进而为促进教师有效专业发展模式的构建提供有意义的启示。可以说，针对教师行动学习这一学习方式的系统性研究不仅具有理论意义，更具备切实的实践价值。

第三节　研究内容

基于上述研究背景和研究意义，笔者认为开展教师行动学习的深入研究已势在必行。因此，本研究旨在通过对教师学习的理论与现状的考察，试图将其学习置于行动学习这一特定范畴之中探讨在职教师行动学习的内涵、特点、意义及其实施的具体方法。考虑到笔者的研究基础和学习工作经历，本研究将以普通高中英语教师为对象，通过对某省几所高中英语教师日常教学和学习的问卷调查、访谈、观察教研活动与培训课程、分析教师实物资料等方法了解他们的学习方式、探究他们学习过程并最终探讨英语教师行动学习的内涵、特征以及对其专业发展的重要意义，在此基础上还将尝试构建英语教师基于行动学习的专业发展模式。总之，本研究所关注的是英语教师行动学习的内涵、特征、意义及其与专业发展的关系，行动学习对教师开展在职培训与自我学习的启示等。实证研究主要分为两个部分，一是调查英语教师目前学习的需求、机会、内容、方式等,即教师学习的现状问题;二是根据调查结果以及教师学习的相关理论,对教师的日常学习展开实证参与性观察,从中探究教师日常学习和培训中的行动学习因素,并探究这些因素对于教师有效专业发展的意义。综上,本研究的主要内容涉及四个方面,即教师行动学习的实质及基本理论问题,英语教师行动学习的现状与存在的问题,行动学习实施方法,行动学习对于教师专业发展的作用及其作用机制以及行动学习对于教师在职学习与培训的启示。具体而言,本研究的主要问题可以分解如下:

1. 当前我国英语教师在职学习的现状如何?主要存在哪些问题?

2. 什么是教师行动学习?如何理解教师行动学习的内涵?教师行动学习有哪些具体特征?它与其他的教师学习方式有何区别?相比有哪些优势与不足?

3. 教师实施行动学习的基本策略和途径有哪些?如何在学校教育环境下结合教师的具体教学工作开展行动学习?

4. 行动学习对于英语教师专业发展的作用机制如何?基于行动学习的教师专业发展范式包含哪些因素?如何构建这一范式?需要注意哪些问题?

5. 教师行动学习研究对于开展教师在职培训、对于教师的日常学习有何启示?

以上研究内容实际上可以总结为三个最主要方面,即首先是对教师行动学习开展理论研究,探索教师行动学习的内涵、特征,即回答教师行动学习是什么的问题(What);其次是对当前英语教师行动学习的现状加以分析并思考其中存在的问题,结合前期的理论研究和实证分析探究教师行动学习的意义特别是对于教师专业发展的作用,这部分研究主要回答教师为什么要实施行动学习的问题(Why);最后是对英语教师如何开展行动学习的研究,即探讨保障教师有效行动学习的内部机制与外部环境条件,以及教师行动学习的具体策略与途径等问题,目的在于为教师行动学习提供切实可行的实施方式(How)。

为完成上述研究内容,笔者将在理论和实践两个层面上开展具体研究。首先,采用文献法、比较法和归纳总结等研究方法,通过理论分析论证行动学习的概念、特点、内涵、优势、实施方式以及其对教师发展的促进作用;此后,研究以部分英语教师为对象，探究他们日常学习中的行动学习因素，以此总结教师行动学习的意义与运作机制，同时对比传统的教师学习方法指出其优势与不足；最后，在总结教师行动学习个案基础之上，结合相关理论思考如何在更大范围内构建教师行动学习模式，从而促进英语教师专业发展、提高学校整体教育教学质量。

第四节　研究设计

所谓研究设计，就是指对整个研究的总体规划和细节思考，包括对研究思路与过程的考虑、对研究范式和具体方法的选择以及对研究结果的预期等。合理的研究设计是研究取得成效的重要基础，也是研究者在研究过程中必须要重视的重要环节之一。

一、研究取向

（一）定性与定量研究相结合

自然科学和人文主义研究范式是当代教育研究存在的两种主要研究范式。自然科学研究范式一般采用量化研究方法，讲究科学实证主义；而人文主义研究范式则注重质性研究方法，强调对现象的解释，提倡研究者对研究情景的参与，直面事实，与研究对象共情，对他们的生活故事和意义建构做出解释，对事物的复杂性和过程性进行长期、深入、细致的考察。[1]作为一种不同于量化研究的研究范式，质性研究是以研究者本人作为研究工具，在自然情景下采用多种资料收集方法对社会现象进行整体性探究，使用归纳法分析资料和形成理论，通过研究对象互动对其行为和意义建构获得解释性理解的一种活动。它的最大特点在于便于实践操作，具有强烈的人文关怀，提倡研究者对研究情境的参与，直面实事，能够对事物的复杂性和过程性进行长期、深入而细致的考察。[2]质性研究便于从日常教育教学活动中发现研究问题，能够灵活进行研究设

1　陈向明.质的研究方法与社会科学研究[M].北京：教育科学出版社，2003.
2　陈向明.教师如何做质的研究[M].北京：教育科学出版社，2001：42.

计，对教师具有较强的亲和力，在外语教学与研究中也受到越来越多的关注。教师学习是一种复杂的社会现象，对该主题开展的研究大多采用现象学或人种志的研究范式，对个案做深度的描述。本研究即属于现象解释学的质的研究，通过定性研究发现某些"有意义的本质"，但也辅以采用少部分定量研究方法，如教师问卷中的选项分布比例、量表得分平均值统计等，这为深入的质性研究提供了基础。

（二）研究的生态化原则

社会科学研究的生态化是指将研究的过程置于自然状态下，对研究对象、研究环境等不进行人为的改变。研究的生态化原则应用相当广泛，往往要求研究者实地参与研究，取得第一手资料开展研究，有助于拓宽研究视野和加强研究深度。[1] 在本研究中，这一原则的应用主要基于对行动学习的内涵理解及其与英语教师专业发展的关系认识。特定的研究内容只有使用特定的资料搜集方法才能获取真实的信息，英语教师的日常学习只有在真实情景下才能被研究者所获取。因此，本研究强调在真实、自然的生态环境下开展对英语教师行动学习的研究，而非在脱离教学生活的背景下通过严格的实验程序而开展研究。

研究的生态化原则还涉及研究的伦理问题，这也是本研究过程中考虑到的一个问题。教师研究是针对人所进行的研究，需要关注研究对象的权益保护问题。为此笔者在研究过程中采取尊重隐私、不干扰教师的正常工作、努力与相关教师实现互惠等措施。

二、研究步骤

综上，本研究的总体思路与基本框架如下图所示：

1　叶澜.教育研究方法论初探 [M].上海：上海教育出版社，1999：47.

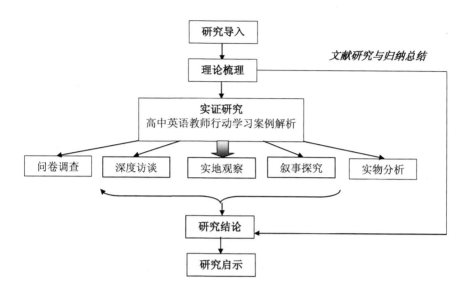

图 1-1：研究思路与框架图

从这一研究思路与框架图可以看出，本研究理论与实践相结合，理论研究主要通过文献分析和归纳总结得出教师行动学习的内涵、特征与意义等结论；实证研究则是通过问卷与访谈调查、实地观察和实物资料分析等方法收集并分析相关数据，并得出教师如何实施行动学习以及教师行动学习的现状与改进措施等研究结论，在上述结论的基础上思考其启示并构建基于行动学习的教师专业发展范式，并总结这一范式的应用范围。

三、研究方法

研究方法直接影响研究效率，甚至决定研究的成败。[1]研究目的决定着研究方法，对研究方法所做的选择和设定，既要考虑研究在方法上的特定性，但更重要的还要根据研究对象和研究目的的要求加以确定。因此，本研究的范式与具体方法的采用都是基于具体研究内容的需要而确定的。就验证目的而言，本研究通过对高中英语教师实际学习状况的考察，证明教师行动学习对于其专业

---

1 张红霞.教育科学研究方法导论[M].北京：教育科学出版社，2009.

发展的意义；就探索目的来说，本研究通过理论分析和实证结果构建基于行动学习的教师专业发展模式。因此，本研究在具体方法的选择上是基于以上两个目的而选择的。

如前所述，本研究属于解释性的质性研究范式，质的研究中收集的研究资料主要是文字资料，而不是数字资料，且收集资料的方式呈多样化，如实地观察、访谈、问卷调查、实物资料分析等。[1]此外，质性研究中的个案研究应采用多种资料来源，对研究对象从多个方面和角度进行考察，以获得对研究对象的全面了解。本研究的目的在于探究教师行动学习的内涵、特征、意义、实施方式以及与教师专业发展的互动关系最终构建能在一定范围内推广的教师行动学习模式，为实现这一目的，笔者结合具体研究问题在资料的收集与分析上使用了问卷调查、深度访谈、课堂观察、实物收集、叙事探究、个案分析等质性研究中常用的研究方法，其中，每一种研究方法所收集的数据都可以从不同角度对研究问题提供信息，从而比较全面地探究教师的行动学习。

（一）理论研究部分所采用的方法

（1）文献研究法

根据教育研究开展的地点以及资料搜集的主要方式划分，教育研究有文献研究与现场研究之分，本研究兼取这两种方式。在前期的教师行动学习理论探究部分笔者主要采用文献研究法，这一方法通过查阅和研究前人的研究成果来开展研究。本研究中文献法是收集相关资料、整理有关教师学习，尤其是教师行动学习研究的国内外文献，并研读文献、归类分析和对比研究，梳理出文献中关于行动学习的相关观点，从而形成对于教师行动学习的基本认识，总结教师行动学习的内涵、特征与意义。文献研究是本书理论部分使用的最重要的研究方法，研究中的文献来源于学术专著、中外期刊论文、硕博士论文、网络资源、政府或相关组织文件报告等。通过对相关文献的梳理分析，笔者可以发现已有研究的边界、进展和不足，从而为本研究找到立足点与创新点，为形成正确的观点打下基础。

---

1 Miles, M. B. & A. M. Huberman. (1984). *Qualitative Data Analysis: A Sourcebook of New Methods*. Los Ugeles: SAGE Publications.

（2）比较研究法

比较是人类认识客观事物的一种重要方法，没有比较就没有鉴别。比较研究的价值，不仅来自对其他研究取得的成就或进行的实验所提供的实际知识，而且来自比较研究给我们带来的可以补充我们自己看法的观点。[1]本研究将传统教师培训与基于行动学习的教师培训在内容、方式、效果等方面进行比较，并比较一线英语教师与学校管理人员和学科教研员对教师学习认识的异同；还区分比较了教师行动学习与教师行动研究的概念、内涵与应用的区别；区分了基于行动学习的教师专业发展范式与其他的教师专业发展模式。通过上述系列比较，本研究试图从更加全面的角度了解教师的行动学习，为构建与完善英语教师行动学习模式提供更为全面的借鉴。

（3）归纳总结法

系统的研究需要归纳和总结。所谓归纳总结，是指将诸多的现象与研究问题按照一定的原则归纳总结起来，从而找到一般化的规律。归纳总结不仅有利于理论研究的深入，对于实证研究中的各种数据的统筹整理也有意义。在本研究中，笔者将在文献研究的基础上结合实证数据归纳教师行动学习的一般规律，并总结教师行动学习的基本模式。可以说，归纳总结法不仅是一种理论和实证研究方法，也是一种在研究中不断找寻研究结果的过程。

（二）实证研究部分所采用的方法

本研究主要是基于具体问题的质性研究，目的在于探究教师行动学习的诸多要素如内涵、特征、意义和实施策略等。根据具体的研究任务与内容，笔者在实证研究过程中主要运用了以下几种方法收集相关数据资料：

（1）问卷调查法

问卷调查是用书面形式间接搜集研究材料的一种数据采集方式，是通过向被调查者发出简明扼要的征询单（表），请其填写对有关问题的意见和建议来获得材料和信息的一种方法。问卷调查法具有自然、间接等优势，问卷法的运用，其效度关键在于编制问卷，选择被试和结果分析。本研究将使用问卷调查

---

1 埃德蒙·金. 别国的学校和我们的学校——今日比较教育 [M]. 北京：人民教育出版社，2001：2.

一线高中英语教师在职学习的现状,包括教师学习的机会、内容、动机、态度、期望等,从中找到目前英语教师学习中行动学习的元素以及其中还存在的问题。本研究的问卷的发放范围主要包括两部分,一部分为笔者选取部分学校的英语教师为样本开展问卷调查;另一部分则来自笔者参与高中英语教师暑期培训观摩而认识的参训教师。

(2)访谈法

访谈是质性研究中最重要的一种收集资料的方式,是研究者"寻访""访问"被研究者而进行的研究性交谈,是研究者通过口头谈话的方式,从被研究者那里收集或建构第一手资料的研究方法。通过访谈可以了解受访者的所思所想、过去生活经历,对研究现象有一个比较广阔的、整体的视野,多角度对事件进行深入描述;为研究提供指导,帮助研究者与被研究者建立人际关系等。在本研究中,笔者借助行动学习访谈提纲(见附录2)对部分高中英语教师进行了半结构访谈,目的在于了解教师的教学经历、学习态度、学习动机、学习方式等信息;此外本研究还对部分学校校长、英语教研员、英语教师培训人员等进行了访谈,目的在于了解学校领导、教师培训者、教师学习引领者对英语教师学习特别是行动学习的认识。

(3)实地观察法

质性研究中另外一个重要的资料收集方法就是实地观察,实地观察是在真实的场景中收集真实数据的一种方法。观察者与被观察者一起生活、工作,在此过程中观察他们的行为,并从中发现对研究问题有意义的资料。[1]观察可以分为参与观察和非参与观察。观察首先必须做好准备工作,确定观察问题、制定过程计划、设计观察提纲、选择观察方式、实施具体过程、记录观察情况等。本研究中的观察均属参与式观察,并记录了相应的观察笔记。笔者试图通过对英语教师课堂教学观察,了解教师在教学中存在的问题以及他们如何在课堂中通过教学实践学习;通过对英语教师集体教研活动的观察,发现其中行动学习的因素,并总结其不足之处,找出其中有待解决的问题;通过对教师参与校外培训的观察,发现教师在职培训中存在的缺陷,并思考其可能的改进途径。

---

1 陈向明.质的研究方法与社会科学研究 [M].北京:教育科学出版社,2000.

（4）内容分析法

内容分析法是一种对于传播内容进行客观、量化、系统描述的研究方法，是层层推理的过程，其实质是由表征的有意义的词句推断出准确意义的过程，具有客观性、系统性和量化等特征。在对明显的传播内容进行分析的过程中，按照预先设计好的分析类目表格进行判断，准确记录有传播价值的内容出现的客观事实，并根据客观事实再做出具体分析描述，从而进行解读。[1]内容分析的结果可以用数字表达，并能用某种数学关系来表征。内容的记录、分析和判断过程是以特定的表格形式、按一定的程序进行的。[2]本研究中，笔者主要使用内容分析法分析高中英语教师学习现状与策略，使用调查问卷、教师学习（深度）访谈录音，以及英语教师教研组活动记录、教师备课笔记、教师教学日志、听课记录等原始实物材料，从中提炼出对本研究有价值的内容加以分析，从而发掘文本内容的真正意义，为研究提供有价值的数据资料。

从上述对本研究实证数据收集方法的概述可以看出，本研究采取了多元的数据收集方法，这可以保证对研究对象进行多维度、多视角的考察，同时做到数据之间的多角互证，使本研究更加接近教师行动学习的核心本质。"多角互证"的基本观点是：数据资料要从广泛的、多元的来源中获取；数据资料收集的过程中要运用多种方法，问卷访谈的涉及面要广泛且面向的目标要多元化，分析处理数据的方法也要尽量多样化，数据解释植根于多种理论。本研究实证部分的数据收集方法包括对一线英语教师的问卷调查、对教师、校长以及教师培训人员的访谈、对教师课堂教学的观察、对教师备课笔记、听课记录等实物资料的分析等。需要强调的是，通过以上研究手段所收集的数据资料都是为了理解和解释英语教师行动学习这一现象及其运作机制，而不是为了证明某个具体问题，这也是社会科学质性研究中的一条基本原则。

综上，本研究的主要内容及与之相对应的研究方法可如下表所示：

1　李秉德. 教育科学研究方法 [M]. 北京：人民教育出版社，2001：100.

2　Miles, M. B. & A. M. Huberman (1984). *Qualitative Data Analysis: A Sourcebook of New Methods*. Los Angeles: SAGE Publications.

表 1-1　研究内容与方法对应表

问题	要点陈述	研究方法
当前英语教师在职学习与培训现状如何？存在哪些问题？	教师学习与教师专业发展等相关概念阐述； 对当前英语教师培训与学习现状的文献梳理与实证调查	文献研究法 问卷法 （深度）访谈法 （参与）观察法
什么是教师行动学习？与其他的教师学习方法有何区别？	教师行动学习的内涵、特点、意义与价值	文献研究法 比较研究法
行动学习对于教师学习有哪些指导意义？如何通过行动学习提升高中英语教师的学习质量和效果（教师行动学习的具体实施策略与途径）？	教师学习、行动学习的相关文献综述与理论建构； 考察高中英语教师的行动学习活动，指出其优势与不足，探讨教师如何实施行动学习	文献研究法 （参与）观察法 案例研究法 比较研究法 叙事探究法
如何在具体的学校文化环境下开展英语教师的行动学习，需要注意哪些问题？ 教师行动学习模式是怎样的？如何建构英语教师的行动学习模式？	教师行动学习需要注意的问题； 尝试构建以英语学科教师为例的教师行动学习专业发展模式	文献研究法 调查问卷法 内容分析法 （参与）观察法 叙事探究法 归纳总结法

　　需要指出的是，本研究无论是文献资料的诠释还是实证数据的分析都采用质性研究的"主题分析"方法，即在资料中寻找与本研究核心问题相关的主题加以分析，从中找到相关的意义类型并加以归类，并用以解释研究中所呈现的现象。[1]为最大限度地挖掘教师行动学习的信息，本研究将资料置于研究对象所处的自然情景中，将英语教师行动学习置于学校教学和在职培训课堂的实际场景中，运用"情景分析"的方法，对研究现象作整体和动态呈现。[2]研究的资料分析分为三个相应的阶段：资料筛选—概念形成—理论建构。其中，"资料筛选"包括对资料的阅读和确定分析单位，"概念形成"包括对资料中

1　Merrianm, S. B. (1998). *Qualitative Research and Case Study Applications in Education*. San Francisco: Jossey-Bass Publishers.

2　陈向明. 在行动中学做质的研究 [M]. 北京：教育科学出版社，2003.

反复出现的主题进行分析归类，"理论建构"包括对资料进行意义解释，归纳
总结教师行动学习的模式，以及基于行动学习的教师专业发展的要素、特征
等诸多问题。

第五节　核心概念分析

本研究是针对教师行动学习所开展的系统研究，研究目的在于提出以行动
学习为基础的教师专业发展模式。因此，与此相关的主要概念包括教师学习、
行动学习和教师专业发展。当然，英语教师学习必然涉及其知识的增长，因此
教师知识也是本研究的核心概念。在本节中，笔者将对这些核心概念的内涵作
出界定。

一、教师学习

学习是个人或集体在与环境接触过程中由于反复的实践、获得经验而产生
相对持久的行为或行为潜力的变化。[1]教师的成长与发展是一个持续不断的学
习、反思和研究的过程。教师学习不仅是教师提升自身素质的基本途径，同时
也是教师追求幸福生活的一种方式。教师学习行为自古就有，其发展经历了狩
猎时代语言支持的"教师"学习、农耕时代文字支持的教师学习、近代师范教
育中的教师学习和现代技术支持的教师学习四个阶段。[2]然而，作为一个学术
研究领域，教师学习研究的历史并不长。兴起于20世纪70年代中期的教师认
知研究涉及教师决策、教师知识、教师自我认同和教师专业发展等多个研究主
题，"教师学习"这一研究主题则一直内嵌于其中。随着建构主义、情境学习
理论和社会文化理论等影响下所发生的"学习革命"的深入，"教师学习"这
一研究主题已经日益凸显出来。针对教师学习的研究最早开始于20世纪80年
代，作为学术概念的提出，"教师学习"最直接的意义在于它意味着有关教师
专业发展的研究要转向重视教师的学习，并更加关注教师主动学习的机制以及

1　陈元晖．教育与心理学辞典 [C]. 福州：福建教育出版社，1998.
2　潘丽芳．技术支持的教师学习之历史演进 [J]. 开放教育研究，2012（12）：56-59.

促进其学习的条件等。因此，"教师学习"概念的提出首先是一种理念的变化，其次，教师学习在实践上通常更关注教师主动进行的日常学习。在教师认知研究中，教师学习与教师发展有着紧密的联系，一般认为教师学习是促进教师发展的最主要手段，近年来也有学者认为教师学习与教师发展是等同概念，泛指新手教师专业技能不断提高从而成长为熟手或专家教师的过程。还有学者将教师学习的内涵概括为教师通过自身努力与外部环境的影响，其专业知识与能力获得成长进步的过程。笔者在本研究中基本认同这些定义，认为"教师学习"主要是指在一定人为努力和外部干预下教师专业知识、能力、行为所发生的积极变化的整个过程。

除了对教师学习概念和模式的探讨，有学者也对"教师学习"的内涵与特点进行了研究，主要概括了教师学习的经验性学习观、知识和能力生长观、学习文化观、多元综合学习观等。[1] 此外，还有学者对教师学习从工具价值的角度进行了分类，具体可以分为作为专业需要的教师学习、作为生存需要的教师学习和作为发展需要的教师学习。[2] 作为专业需要的教师学习主要是为了获得与学科教学相关的理论和实践知识；作为生存需要的教师学习目的是为了解决教师当前所面临的生存环境，使自己可以立足教师行业，主要涉及一些基本的教学技能；而作为发展需要的教师学习则是面对未来挑战所进行的学习，其指向是教师未来的发展，主要涉及教师更深的知识基础和更高的教学技能。至于教师学习的影响要素，美国学者舒尔曼（Shulman.）认为，教师学习需要在一个专业发展群体中进行，其必备元素包括：愿景、动机、理解、实践、反思和社群。[3] 哈姆内斯（Hammerness）、达林·哈蒙德（Darling）、科克伦·史密斯（Cochran）等人共同提出了一个包括学习愿望、理解、倾向、实践、学习工具和学习社群的教师学习分析框架。[4] 荷兰学者科瑟根（Kathergan）指出教师学习与专业发

1　孙传远 . 教师学习：期望与现实——以上海中小学教师为例 [D]. 上海：上海师范大学博士学位论文，2010.

2　孙德芳 . 从外源到内生：教师学习方式的变革 [J]. 人民教育，2010（19）：24-25.

3　Shulman. L, & Shulman. J. (2004). How and What Teachers Learn: A Shifting Perspective. *Curriculum Studies*, (2): 257-271.

4　Hammerness. K., L. Darling-Hammond, S. Cochran & M. Zeichner. (2006). *Preparing Teachers for a Changing World* [A]. Jossey Bass, (12): 358-389.

展要受环境、行为、能力、信念、专业认同和使命六个层面的影响。[1] 综合以上观点，研究者认为信息时代教师学习的影响要素主要包括教师的学习需求与动机、学习共同体、学习环境与资源、教师专业理解和专业实践五个要素，而其中专业实践又是教师学习的核心要素。[2]

教师学习是教师教育与发展的核心问题，是教师在学会教学的过程中不断思考、解决问题，以及将自己的经验理论化的过程。学习教学的教师，不论处于职业发展哪个阶段，都被称之为教师学习者。教师学习虽然属于成人学习的范畴，但却是教师职业特有的活动，与一般的成人学习有显著的区别。教师职业的特点决定了教师在其学习的过程中绝不是机械的被动学习者，而是主动的知识建构者。教师学习强调学习者的主体性和主动性，反映出教师具有充分的自主学习、发展和成长的自主权。此外，"教师学习"与"教师发展"在含义上虽然具有一致性，但"教师学习"更具体地说明了教师成长和发展的途径和方法，而"教师发展"则更多地关注教师成长的结果，同时也是教师学习的目标。

作为一种成人学习方式，教师在职学习一般是教师以已有的知识和经验为基础，在特定情境中通过对外界信息刺激的选择与内化形成新的教学实践反应与行为的专业发展活动。教师学习是"学会教学"（learning to teach）的过程，从本质上说是教师为了提高自身专业水平而进行的一种专业学习，因此学习的主体是教师，学习的客体是教学以及与教学相关的知识因素，如学科内容知识、课程设置、学生、教学环境知识等，只有充分了解这些因素，才能实施有效的教学。教师学习一般包含四个过程，即"先前知识的提示与检索、意识到新的信息与技能并将之整合到当前的信念价值体系中、产生当前价值信念体系的失调、增强合作的与自我的调节"。[3] 就学习形式来说，职业培训、学术阅读、合作探究、教学反思、观摩课学习、集体备课等都是教师学习的有效手段。在当今教师专业化发展的趋势和前提下，教师学习更加富有专业性，教师自觉提

1　Korthagen, F. A. (2009). Commentary Professional Learning from Within [J]. *Studying Teacher Education* (2): 113-136.
2　郭绍青等. 技术支持的教师学习研究综述 [J]. 现代教育技术，2012（4）：10-15.
3　彭文波. 对教师学习策略的几点思考 [J]. 浙江教育学院学报，2010（5）：6-10.

升自身的专业知识与技能是教师基本素质的要求。从结果来看，教师的学习必然会带来教学知识、技能、教学观，乃至教学行为的变化，并最终实现职业成长和个人发展的目标。教师学习也是一种整体性的活动，是学习内容、学习方式、学习内在需求、学习外部支持几方面相互依存、相互作用的统一体，教师学习是一个复杂的系统，包括许多相互影响、相互制约的环境因素。因此，对这一复杂学习现象的研究必须借助一种多元理论和多学科的视角，才能获得对其本质内涵的深入理解。

在语言教学研究领域，1996 年剑桥大学出版社出版的《语言教学中的教师进修》(*Teacher Learning in Language Teaching*) 一书对语言教师"如何学会教学"进行了系统研究，首次将"教师学习"的主题带入外语教育研究领域。这一研究领域与普通教育领域的教师发展研究基本上有着同样的研究范式和路径。一方面，国际上教师专业化走向及其相关理论的不断深化促进了有关语言教师学习与发展研究的蓬勃发展；继 Richard & Nunan 合编的第一部关于外语教师教育著作《第二语言教师教育》之后，陆续涌现出一系列包括对语言教师教育知识基础重新定义在内的、从认知、社会文化多视角探究教师学习和专业成长的研究成果。

正如上文所述，目前英语教师在职培训在内容上存在理论与实践相脱节、在方式上存在模式单一、内容陈旧等弊端。在语言教师教育领域，英语教师学习的重点在于如何统一教学理论和实践。由于英语教学的内容为语言，因此认为"只要任何会讲英语的人都可以教英语"的人不在少数。教授语言被看成是一种与方法和技巧有关的技艺 (craft)，以这种方法指导的英语教师培训注重对教师传授教学法和应用语言学知识。然而这一模式忽视了对教师掌握"如何学会教"的关注，忽视了教学是一种强烈的"认知行为"。[1] 20 世纪 90 年代以前，语言教师的培养一直局限于应用语言学的范畴，但在 90 年代以后，教育学理论被大量运用于语言教师教育的研究和实践中。研究者开始从传授和注重学习结果的倾向转向了建构主义的注重课堂教学和教师学习的过程研究。传统的教师教育把教师看作是知识的被动接受者，而非意义构建的积极参与者。而建构

1　江晓梅. 英国当代语言教师学习理论综述及启示 [J]. 外语界，2003（1）：67-75.

主义思想使教师成为教学知识的根本来源，这一思想反映在教师教育和发展的研究中对教师认知、教师反思和教师的合作与科研能力的重视上。此外，人们越来越多地认识到教师的固有知识对他们教学观和教学实践的巨大影响。这些概念必须经过教师教育的实际经验和有意识的反思使他们对这些固有概念产生明确的意识，才能得到调整或者更正，而这一过程就涉及到教师的主动学习。因此，近来有学者指出，英语教师应该以一种科研的态度来对待自己的日常教学，教师应该理解教学理论和实践的关系，在教学实践中检验理论。

从世界教师教育发展的趋势来看，实践反思已成为教师培养的主要模式，而实践反思最重要的就是要建构行动与学习两者的关系。在这一基础之上，下图总结了教师提高教学能力的过程，即教师自身有着先前的知识体系，这些知识包括理论性知识和经验的总结，即包括教师在职前获得的知识，也包括教师在职后教学工作过程中获得的实践性知识，这些共同构成了教师的观念结构和知识体系。经验性知识通过实践、反思最终有助于提高教师教学能力的提高，从而促进其专业发展。可见，反思性实践是教师有效专业发展的关键因素。

在英语教师在职学习中，教师已经在自己的教学实践中形成了一整套关于教学的信念体系，他们不可能完全盲目地去接受外在知识，而是更倾向于用自己的经验知识去思考所学到的新的教学理论和观念。因此，在教师学习的设计中应该提供给教师（准教师）较多的实践机会，并要求教师及时反思和总结自己的学习，如此反复才能形成一个不断循环的教师专业发展过程。

教师学习与教师专业发展两者之间存在着互动关系，即教师学习是促进教师专业发展的有效途径，而教师专业发展水平的提高又可以促进教师更积极科学地开展主动学习，两者之间通过一系列的反思与行动实现如下图所示的互动模式：

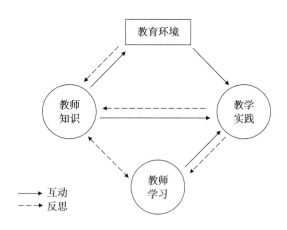

图 1-2：教师学习与专业发展互动模式图

上图中的实线箭头代表一种相互促进的关系，而虚线箭头则表示教师的反思。由此可见，教师在特定的教育环境下通过互动与反思实现了实践、知识与学习的联系。其中，教师环境包括社会和学校环境，如国家的教育政策、学校的管理制度等；教师知识包含教师的理论知识和实践技能，教师信念、价值观等；教师实践则包括教师的教学行为、实际行动等。教师在学习中通过反思实现了知识与技能的增长，而这又促进了对教学实践的改进，同时教学实践中的反思又促进了教师更好地开展学习。也就是说，教师通过学习增长了专业知识技能，改进了教学实践，而这些能力的提高又成了教师专业发展的基础。比如说，教师专业发展水平的提高就增长了教师的反思意识，使教师可以意识到更多的问题，为教师学习的内容提供了保障。

二、教师知识

"教师学习"研究包含对"教师知识的本质是什么，教师如何获得知识"等问题的探讨，对"教师学习"的研究自然离不开对"教师知识"的研究。教师知识的研究命题是在强调教师专业化标准的背景下提出的。根据卡特（Carter）的分类，教师学习研究的三个维度分别为：1）关于教师学习终端产品（product）的研究；2）关于教师学习环境 / 手段（settings/treatment）的研究；

3）关于学习过程本身（learning itself）的研究。[1] 教师学习的第一个维度即学习产品就包括了教师通过学习知识、技能、行为等发生的变化，其中知识的变化是最明显的可以考察的。对教师知识的研究可以帮助我们更好地理解教师学习的本质，因此教师学习研究的一个重要方面就是对教师知识的研究。

对于教师知识，目前学术界呈现出两种研究范式。一种从实证主义理论出发探讨教师应该具备怎样的知识结构。如舒尔曼认为，教师专业知识应该包括七类范畴，即学科内容知识、一般教育知识、学科教学知识、课程知识、关于学生的知识、教育背景知识，以及教育价值哲学知识。这一研究视角最重要的是提出了学科教学知识（Pedagogical Content Knowledge，以下简称 PCK）的概念并将其视为教师知识体系的核心；而 PCK 知识的获得并不能单靠对教师的外在培训，还应该靠教师的自主性学习特别是教学实践获得，即通过教师对实际教学问题的反思、结合具体情境不断丰富和提高自己的学科教学知识。此外，加拿大学者加纳（Gagne）也提出过类似的教师知识结构，他将教师知识分为六大类，包括学科知识、关于学习者（学生）的知识、一般教学知识、教师自我发展知识、社会文化知识，以及教育哲学方面的知识。总体而言，这一研究路径主要将教师知识分为所教学科知识、人文及一般教育知识和学科教学知识三大类。对教师知识的第二种研究路径是从现象解释学出发，对教师实际具备什么知识，以及这些知识如何指导他们开展实践进行描述性研究。研究发现真正指导实践的是"通过实践获得的，关于实践的知识"，其内容包括学科知识、课程发展知识、教学知识、教学环境知识和自我知识，教师的这一类知识只能依靠教师在实践中的创造和运用，是属于教师个人的知识，而不是他人"给予"的知识。教师的实践性知识具有情境性、个体性、综合性、缄默性和内容特定性的特点。教师知识的这一研究路径最重要的成果是提出了教师"实践性"知识的概念。综上而言，上述两种路径的教师知识研究一方面客观描述了教师实际具备的知识以及这些知识的特点，另一方面对教师应该具备的知识进行了规定性总结。但无论从哪个角度开展研究，教师知识的获得并非与生俱来，而是要依靠教师的学习（职前和在职学习）。因此，探讨教师学习的方式

---

1 Carter, K. (1990). Teachers' Knowledge and Learning to Teach [J]. *Handbook of Research on Teacher Education*. New York: Macmillan: 283-310.

就不能离开对教师知识的研究和分析。

　　研究者一般将教师的实践性知识分为两个层次，即可以言传和无法言传的。可言传的实践性知识，即所谓的显性知识在教学实践中主要表现为对一些理论知识的解释，包括教师传授的学科知识和对一些教学方法、课堂管理技巧的说明。这种实践性知识的表述符合一定的逻辑规律，界定较为明确，并易为现象所证实或证伪。它在实践中能得到广泛传播与应用，可以同时为不同的人们所分享。其二，难以言传的实践性知识是指教师的实践性知识除了能被主体意识到的以外，还有并没有被教师本人意识到，但却实实在在影响着他们教学行为的一类知识。这种知识有的表现为熟练技巧，这是在一定理念指导下经过反复练习习得的；有的表现为顿悟、直觉，看似无意识，实际上是以个人以前所获得的知识为基础的。长期以来，人们对难以言传的实践性知识研究不多，但恰恰是这类知识能更深刻地影响教师的教育活动。在实际教学活动中，尽管很多教师熟悉理论知识，但他们原有的隐性教育观念却能更深地支配教师的行为。探究实践性知识的形成机制将有助于教师对实践性知识的挖掘，而行动学习正是实现这一目标的有效途径。

　　随着世界各国对外语教育的重视，外语教学已作为一门独立的学科得到了认可，外语教师也已被确认为一种专门的职业。然而，关于外语教师知识的深入研究却还比较少见，已有的研究一般集中于教师知识的分类。我国香港学者徐碧美（Amy Tsui）通过对优秀英语教师的案例研究将外语教师的知识归纳为三类，即专业知识，学科教学知识和教学知识。[1] 专业知识主要包括语言系统知识，如对英语语音、语法、词汇、话语四个范畴。而这四项语言技能的教学、语言学习策略和教学策略则属于学科教学知识。英语教师的教学知识则主要包括学习管理和资源管理，前者主要是指管理课堂和学生的技能，而后者则是指处理教学内容的能力。我国内地学者邹为诚用"合格外语教师"应该具备的素质来界定外语教师的知识体系，认为外语教师必须具备良好的语言能力、宽泛的跨文化知识和有效帮助学生学习语言的能力。[2] 可见，对外语教师知识内容的

1　Tsui, A. B. M. (2003). *Understanding Expertise in Teaching: Case Studies of ESL Teachers.* [M] Cambridge: Cambridge University Press.

2　邹为诚 . 中国基础英语教师教育研究 [M]. 上海：华东师范大学出版社，2010：40-45.

研究基本上仍是遵循普通教师知识的分类体系，但由于所教授的课程是语言，外语教师理应具备较强的交流能力和跨文化视野。外语教师的知识渗透在教师的教学实践中，对教师的职业发展具有深远的影响，相比教师的教学经验、个人生活经历、教师教育课程等，教学实践对于丰富和完善外语教师的知识体系最为重要。弗里曼（Freeman）曾指出，"语言教学知识应该在教学活动之中而不是活动之外去寻找。"[1] 从这个意义上说，外语教师要关注自身的教学，从实际教学活动中学习，丰富自己的知识体系。

三、行动学习

要界定行动学习的概念，我们必须首先了解什么是行动以及行动的特征。事实上，为了自身的生存和发展，人类自诞生之日起就开始了学习，学习作为过程和结果贯穿于人类的一切活动之中。每一个个体、团队、家庭、组织或国家都离不开学习，而且都应拥有一个共同的学习理念。如果没有这种学习理念，学习持续的时间将不会长久。相反，如果这一学习理念运用得当，它可以为我们社会整体及个人生活带来巨大的变化，这一学习理念就是行动学习，它同时也是一种具体的学习方法。

行动学习并非崭新的学习理念与方法，早在数千年前我们的祖先就指出学习者要"在实践中学习"的思想。孔子曾说过："言之吾听，视之吾明，而行之吾知之矣。"也就是说，人们听到了某件事很容易忘记、看到一般可以记住，但只有做了才能真正地理解，这充分强调了实践与行动对于人类理解知识的重要性。明代哲学家王阳明提出了著名的"知行合一"的观点，其实质也在于强调知识获得与行动付出的同步发展。在国外，"通过实践学习"的理念也源远流长。亚里士多德就曾提出过实践哲学的观点，他认为世界上的很多知识并不是固定不变的原理、规则性知识，而是在某种实践中去提炼和运用的"真知灼见"。[2] 杜威（Deway）在前人的基础上更系统、更明确地提出了经验性学习的

1　Freeman, D. (2008). Language Moves: The Place of "Foreign" Languages in Classroom Teaching and Learning [J]. *Review of Research in Education*, Vol. 32.

2　徐长福. 亚里士多德实践哲学的理论特质 [J]. 学习与探索，2006（4）：74-76.

理论，主张以经验的生长和改造作为教育的基础，并从新的意义上解释了知与行的关系。他还提出了"做中学"的思想，主张学习者从经验中学习，通过解决问题来学习。在真实场景中，学习者首先面临某种实际的疑难问题，然后会通过反省性思维来分析、思考问题，提出可能的解决方案，并付诸行动进行实际检验。在这一过程中，知识是问题解决活动的结果，活动则是作为学习的载体。[1]这一过程体现了在实践中学习、在行动中学习的理念。事实上，工作实践本身就是最有效的学习载体，蕴含着丰富的学习资源，但长期以来这一资源一直被人们所忽略，而行动学习则是从学习者的实际经验出发，并在此基础上开展学习活动。

（一）行动学习的概念

尽管前人已经提出了很多类似于"在做中学""通过实践而学习"的观点，但现代意义上规范而科学的行动学习理论则是由爱因斯坦的学生，英国物理学和管理学教授雷格·瑞文斯（Revans）于上世纪 40 年代所创建的。70 年代行动学习的方法通过美国在欧洲的子公司传入到美国，后来逐渐得到社会的广泛认同，现已成为国外企业管理人员开发最为流行的方法之一。瑞文斯教授被称为"行动学习之父"，早在 1938 年，他就撰文提到过行动学习，但当时他并未对此做系统阐述。之后，瑞文斯又指出人们作为个体或群体学习者应该致力于解决实际工作中的问题，同时增强自己的实践技能。当人们聚在一起，分享各自的经验、陈述各自的问题、请求他人为解决问题提供思路、为解决问题进行种种尝试、以及向群体展示尝试结果时，行动学习就发生了。[2]因此可以说，行动学习是一个以完成预定的工作为目的，在同事支持下持续不断地反思与学习的过程。行动学习一般以学习小组为单位，小组成员将一个重要的问题带到小组，在其他成员的支持和帮助下解决这一问题。行动学习中，参加者通过解决工作中遇到的问题，反思他们自己的经验，相互学习和提高。这一过程可以帮助人们建立对生活的积极态度，并帮助人们克服消极的生活和学习压力

---

1 孙建伟，孙燕青. 从"做中学"到建构主义 [J]. 教育理论与实践，2006（4）：35-39.
2 Revans, R. (1997). *Action Learning: Its Origins and Nature* [M]. Brookfield: Gower Press: 31-35.

倾向，采用这种方法进行学习就成为行动学习法。[1] 瑞文斯的行动学习理论主要体现了两个要点，一是倡导以行动这一动态而非静态的方式开展学习，反对传统的教条主义学习方式，倡导在实践中学习；二是指出行动学习可以促进学习者固有心智模式的转变。[2] 值得注意的是，行动学习是以解决问题为直接目的的，这些问题一般是长期困惑参与者，而自己又无法解决的问题。从某种程度上讲，问题和难题是有区别的。行动学习要解决的是问题而不是难题，问题一般是没有固定答案的，不同的人有不同的解决方法；而难题则一般是专家经过思考研究才能够加以解决的，难题有时是具有固定的解决方法的，而有时却有不同的解决方案。行动学习的问题一般具备以下特征：第一，问题必须真实，必须是在真实情况下存在的且迫切需要解决的；第二，学习者不仅要思考、讨论、交流问题的解决方案，还要将方案付诸行动以达到预期目标；第三，学习者要定期召开小组会议共商问题解决方案实施中的细节，并思考自己的态度与行动。[3]

可见，行动学习建立在反思与行动相互联系的基础之上。通过在经验中开展学习，通过对过去事件的思考，寻求对过去事件的理解，以帮助我们找到未来类似情况下新的行动方式。行动学习中的反思是连接过去和未来更有效行动的关键。作为一种理念和方法系统，行动学习强调理论探究与解决实际问题的有机结合。行动学习法包含了一些崭新的学习理念：提出学会学习是个人发展中最重要的因素；强调个体经验对学习的意义，不是简单主张在行动中获得新知识和新能力，而是更关注对以往经验的总结和反思，使个人通过反思与体验过程获得成长性的发展。行动学习体现了关于学习的深刻变化：从依赖于现成的经验，转变为先对经验进行反思后再依赖于小组学习伙伴而学习的模式；从满足于稳定的知识积累，到真诚地袒露疑问和无知。按照瑞文斯提出的理论，行动学习可以用一个公式来表示，即 L=P+Q。学习（Learning）需要程序性的知识（Programmed Knowledge）和具有深刻洞察力的疑问（Questioning

---

1　Revans, R. *ABC of Action Learning* [M]. Brookfield: Gower Press, 2011.

2　蔡厚清 . 行动学习的理念、目标及关键环节 [J]. 广西社会科学，2007，（2）：160-163.

3　Mike Pedler. *Action Learning in Practice*. [M] Brookfield: Grower Publishing Company Limited, 1997.

Insight），这一过程将通过行动解决问题的研究与个人和集体的反思结合起来。从这个意义上说，学习过程的关键在于反思。瑞文斯认为传统学习方式将太多的精力放在了来自权威的程序性知识上，而忽略了来自质疑和反思的实践性知识上，行动学习就是要纠正这一失衡。他又进一步指出："没有缺乏行动的学习，也没有缺乏学习的行动。"因此，行动学习是学习与发展的方法，它通过行动学习小组中的反思过程，将行动范畴与学习范畴结合起来。

麦吉尔和贝蒂（McGill & Beaty）将行动学习定义为：一个以完成预定的工作为目的，在同伴支持下持续不断地反思与学习过程，其指向的目标是解决问题。与此相似，英格里斯（Inglis）将行动学习定义为人们组成学习小组，找到解决问题的措施，在解决问题的过程中，个人和组织都得到了发展。马奎特（Marquardt）将行动学习看作既是一个过程，也是一个专业发展的项目。行动学习以学习小组为单位，小组致力于解决实际问题，在解决问题的过程中，小组成员相互支持，同时从解决问题的过程中获得学习。[1]为满足日益变化的社会环境，行动学习还试图提高团队的学习能力，利用团队的综合资源，解决面临的问题。这一过程所依赖的要素包括：实际的问题、具有不同背景的多种智力资源、解决问题时的探究技巧。

斯密斯（Smith）将行动学习定义为发展智力、感情和体力的方法，它要求学习者积极参与解决真实、复杂的问题，从而明显改善他们在有关问题领域上的表现。哈里森（Harrison）则认为行动学习是一组为了在工作上有所行动而同时发展个人学习能力，利用提问与反思来互相学习的系列过程。[2]行动学习要求学习者自己负责自己的发展，明白什么时候该学什么，以及何时停止学习和如何珍惜自己的学习成果。行动学习的目的在于寻求用于行动的方案并发展个人的学习能力同时提高学习小组的创新能力。佩德勒（Pedler）将行动学习中的任务作为组织中个人学习的载体。没有行动就没有学习，没有学习就没有清楚正确的行动。行动学习一般包含三个要素，即需要解决的问题、学

1　Marquardt, Michael J. (1999). *Action Learning in Action: Transforming Problems and People for World-Class Organizational Learning* [M]. Los Acgeles: Davies-Black Publishing.

2　Harrison,R. (1996). Action Learning: Route or Barrier to the Learning Organizations? [J] *The Journal of Workplace Learning: Employee Counselling Today* (6): 27-38.

习任务以及行动学习小组，行动学习这一学习方式可以同时促进组织和个人发展。[1]

总之，自从提出行动学习的概念以来，对其内涵就存在着多样化理解，但这些理解都认可一条基本原则，即行动学习是真实的人在真实的时间内对真实的问题反思并采取实际的行动，并在此过程中获得真正的学习。各位学者对行动学习所达成的一致认识包括：行动学习的基础是反思与行动的相互联系；行动学习是为了解决工作中的某一特定问题而进行的学习；行动学习是在团队成员合作基础之上展开的，是团队成员互相促进、互相学习的过程。实际问题、学习小组、反思质疑、采取行动、学习承诺以及学习促进者是行动学习的基本要素。事实上，行动学习的有效性正是源于其包含的这六个相互作用而又相互依赖的核心要素。这些要素揭示了行动学习的本质特征，就一个规范的行动学习而言，这几个要素缺一不可。因此，我们可以用这些要素来判断一项工作或学习项目是否行动学习。总之，行动学习就是学习小组及其成员针对现实中需要解决的问题，在实践中学习，并不断反思行动中出现的相关问题以改变下一次行动起点的循环学习过程。

行动学习既能解决组织管理中的现实难题，提升个人和组织的绩效，又能开发个人、团队和组织的潜能，加速组织的学习与发展，这是行动学习区别于其他学习方法的独特之处。根据组织的具体情境，行动学习可以在一定的条件下实现某一特定的目标，如在解决组织实际问题、创建学习型组织、团队建设、培育组织领导者和个人专业发展等方面行动学习可以发挥积极的作用。行动学习是一种从行动中学习的方式，是一种将行动与学习结合起来的方式，但这并不等于说在行动中学习或将行动与学习结合起来的方式都是行动学习。从这个意义上说，行动学习是一个专门的术语，有其特定的内涵范围，它可以从体验学习、合作学习、组织学习中得到理论支持。至于行动学习与行动研究的区别，笔者在本研究中并没有进行刻意区分，而是更倾向于用行动学习的概念涵盖行动研究，两者之间的具体关系笔者将在下文中作进一步的阐述。总体而言，行动学习是一种综合性的学习模式，其理论是随着行动科学的发展而不断

1　Pedler, P. (2008). *Action Learning for Managers* [M]. Brookfield: Gower Publishing.

深入的，行动科学是一门探究人类的行为如何被设计并付诸于行动的科学，是对杜威、勒温等前辈学说的发展。行动科学是一门实践的科学，它要求与即时的"社会介入"密切相关的基础研究和理论建构。在行动科学指导的实践活动中，当事人是实践的参与者，既试图把握特定案例的细节，又试图去检验普遍的理论假设。[1]在行动学习中，参与者同时是研究者、教育者和介入者，并按照行动理论的方法来进行实际工作。行动科学指导下的学习和研究活动，如同通常所说的社会管理工作一样，包括确定问题、计划、行动及评估等步骤的循环过程。

以上笔者介绍了行动学习的概念与内涵。教师行动学习，顾名思义，是以教师作为学习主体而开展的行动学习。教师学习应该是在日常教学过程当中而进行的，其目的不是为了系统掌握某个方面的知识，而是要解决自己在教学过程中所遇到的种种问题。因此教师学习必须是以教学实践中的问题为基点而进行的行动学习，这样既能把学习和实践结合起来融为一体，实践中的诸多问题又可以在学习当中得到解决。行动学习是以体验学习循环为基本理论依据的职业人士专业发展方法，而有效的教师学习是一种基于具体教学问题和背景的情境学习。传统教师学习的最大弊病在于很难将理论知识转化为实践知识。文献研究表明，解决教师理论知识向实践知识转化方式通常有以下做法：教师课堂观摩与课后交流、教师同伴互助指导、教师实施案例教学法。目前，教师的专业发展模式正在经历着转型，作为一种隐性的缄默知识的学习，教师的专业发展需要以行动、反思和研究作为基本的学习途径。对教师的教学行为产生影响的，是其行动，以及行动之后对其经验的反思。因此，教师发展的出发点，是案例引导的行动，教师的专业发展需要建立这种"从实践中学习"的发展模式。对于教师来说，最难的问题不是应用新的教学理论，而是从经验中学习。学术知识对于教师是必需的，但又是远远不够的。因此，教师必须培养从经验中学习和对自己实践加以思考的能力。在行动学习的实践中，行动学习是行动与学习的真正结合。因此，教师参与行动学习小组的目的是为了了解自己在教育教学实践中遇到的问题。

1　克里斯·阿吉利斯，罗伯特·柏特南著．夏林清译．行动科学：探究与介入的概念、方法与技能 [M].北京：教育科学出版社，2012.

因此，教师行动学习是教师以完成预定的工作为目的，在同伴支持下持续不断地反思与学习过程，其指向的目标是解决问题。在实践层面，教师行动学习一般是教师组成学习团队，为解决教学中面临的问题过程中合作反思与实践，并在其中获得学习的过程。教师行动学习既是教师学习的一种理念，也是教师学习的一种具体方式。本研究主要把教师行动学习作为一种学习理念而非严格意义上的学习方法加以研究。相比其他职业人士的行动学习，教师行动学习具有较大的灵活性，即由教师开展的符合行动学习基本理念的学习活动都被界定为教师行动学习。教师行动学习是教师学习的一种方式，当然也属于行动学习的范畴。

总之，教师行动学习是以教师先前经验为基础的，以教师在实际教学过程中开展的反思为核心的专业发展活动。在教师行动学习中，学习成员之间的相互质疑与支持非常重要，当然其实施过程还需要一定内外部条件的支持。

四、教师专业发展

教师专业发展与教师学习同样也是一种自我完善、自我提高并充满创造性的过程、即教师专业学习直接指向教师专业发展，教师专业发展又会促进教师的专业学习，两者之间是一种互动的关系。随着教师学习研究外延的扩大，也有学者提出教师学习是教师专业发展的替代性概念，因为"尽管专业发展的意图很好，但在教师们看来，专业发展是零散的、不连贯的，并且与课堂教学的现实问题相脱节"[1]。不同的是，教师学习不仅要促进教师的"专业发展"，更要关注教师作为人的"个人发展"。从这个意义上说，教师专业发展可以被视为教师学习的一种形式，它包含了教师的个人发展、专业发展以及组织发展等多个方面。

需要说明的是，教师专业发展与教师培训是两个联系密切但又有区别的概念。教师专业发展与教师培训是教师教育中两个相辅相成的构成部分。从广义上讲，教师专业发展是一个终身的、自主的学习和成长过程，教师在这一过程

1　Lieberman, A. & D. Mace. (2008). Teacher Learning: The Key to Educational Reform [J]. *Journal of Teacher Education*, 59, (3): 226-234.

中要不断适应自身的和社会的变化。教师培训一般而言则是由官方组织的、正式的教师学习活动。教师学习和成长是自然发生的，是不能被强迫的。毋庸置疑，教师培训是促进教师专业发展的一种主要途径，教师培训通常是指对在职教师开展的短期培养，一般是针对教师具体的、看得见的技能的获得或扩展；而专业发展则是教师持续不断的自觉学习过程，贯穿于教师职业生涯的整个过程。此外，正如前文所言，教师发展不仅是要提高教师个人的专业知能，同时也是指向教师所在学校的整体发展。教师在寻求专业发展的过程中，必然要加强学习，其中自身的主动学习更为重要。教师在职培训尽管能够提高他们的各方面能力，但教师在实际教学过程中所面临的情况十分复杂，需要教师特定的教学智慧，而这是传统的教师培训难以提供的。下表从目的、理论假设、内容和方式等几个方面对教师专业发展和教师培训的模式进行了对比。

表 1-2　教师发展与培训模式比较表

比较项目	发展模式	培训模式
目的	教学行为的整体改善	技能的获得
理论假设	持续的学习、实践、反思，发展知能、改进教学行为	教师获得技能可以导致教学行为得以改变
内容	注重经验知识、注重体验、反思	强调公共知识、实践是其次
方式	行动参与式、实践体验式、教师中心	传统传授式、以培训者为中心

综上所述，本研究的核心概念有教师学习、行动学习、教师专业发展等，它们之间有着密切的关系。首先，学习和发展贯穿于教师职业生涯全过程，是教师可持续发展的前提与基础，教师正是通过不断的学习而获得专业发展的。但是，只有有效的学习方式才可以有效地促进教师专业发展水平的提高，教师行动学习就是这样的一种有效学习方式，这一方式结合了教师职业与认知的特征，符合教师学习的一般规律，强调教师的有效反思与合作中的专业对话，对于促进教师的专业发展有积极的意义。需要指出的是，近来也有学者把教师学习与教师专业发展等同起来，认为教师专业发展具有被动性，专业发展本身就是一个不断学习的过程。这样的观点是为了强调教师学习的重要性而提出的，有一定的合理性。但本研究仍采用传统的理论，认为教师学习是教师专业发

展的一个促进因素，除此之外，教师发展还有诸多影响因素，如教师的工作环境、经济待遇乃至政治因素等。教师作为职业人士，其专业学习可以增加他们的专业知识与技能，从而使他们不断适应时代的需要。行动学习符合成人学习特征，切合教师的工作与认知特点，可以在促进教师实践性知识的增加、构建教师的个人理论、提高教师的反思和合作意识等方面发挥作用，从而促进教师有效的专业发展。

第二章 文献综述

在开始正式研究之前，有必要对与本研究相关的主题进行文献梳理，以了解前人对于教师行动学习以及其相关主题的研究基础，并从中探究不足之处。本章将专门对教师学习、行动学习与教师行动学习这三个核心概念进行文献综述。综述结合国内外对同一主题的研究更加全面地了解相关研究的历史与现状，从而为本研究提供基础。

第一节 教师学习研究的文献综述

20 世纪 70 年代中期，国际教师教育研究领域兴起了对于教师认知的研究。"教师认知"可以简单理解为"教师的所知、所信和所思"。[1] 教师认知研究早期也被称为教师思维研究，其内容涉及诸多主题，包括教师知识、教师观念、教师课堂决策等。随着建构主义学习理论的发展，对教师认知的研究扩展到对教师反思、教师学习等方面的研究。我国学者刘学惠将教师认知研究分为描述教师认知 / 思维特征和解释教师认知变化两个方面，后者即为对教师学习与发展的研究，包括探究自然经历下和人为促进下的教师学习。自然经历则包含教师的个人生活经历、教学实践、与社会环境互动等；人为促进包含教师开展反思教学、行动研究、参与在职培训等活动。[2] 可见，教师学习是内嵌于教师认知研究而不断发展并独立起来的研究领域。随着时代对教师要求的提高，目前这一领域发展迅速，相关研究成果不断问世。在本文献综述中，笔者参考卡特的教师学习维度，并结合自己的思考，将以下综述分为教师学习内涵、教师学习特征、教师学习内容（教师知识）、教师学习方式与策略、教师学习环境 / 外部条件等几个方面。

1　Borg, S. (2003). Teacher Cognition in Language Teaching: A Review of Research on What Language Teachers Think, Know, Believe and Do [J]. *Language Teaching,* 36:81-109.
2　刘学惠，申继亮.教师学习的分析维度与研究现状 [J]. 全球教育展望，2006（8）：54-59.

一、教师学习的内涵研究

"教师学习"研究是对教师认知活动与心理发展变化的一种探讨，因此国外学者从这一研究概念提出开始就借助不同的心理学流派理论，对其内涵进行各自的解读。行为主义心理学派认为教师学习是一种技能学习，是教学行为的模仿，通过对好的教学行为观察与模仿可以提高教师的教学能力，促进教师教学效果的提升。从认知心理学的角度来看，教师学习是教师个人的认知建构；教师在教学过程中不断形成个人见解，这些见解和认识在经过实践的验证后，内化为教师的专业知识，这一过程就是教师学习的过程。社会建构主义看待教师学习的内涵则更为全面，建构主义学者强调教育政策、同事、学生等环境因素对教师学习的影响，认为学习不仅是个人建构知识的过程，同时也是一个社会认知过程。只有教师在与外部环境的不断互动之中，教师学习才能得以发生。人本主义理论将教师学习看成是一种自主的、非他人指导的学习，认为教师学习是一种主观能动的、非外部控制的行为，是教师获得职业认同、实现个人专业成长的途径。

上述流派对教师学习内涵理解各有侧重，行为主义强调学习的结果即教师行为的变化；认知主义强调教师的个人认知，但却忽略了教育环境的影响；人本主义则缺乏对教师学习机制的探究。相比而言，社会建构理论的观点较为全面，该观点不仅肯定教师学习的个人建构，同时强调教师学习的社会性，教师学习是个人认知和社会认知的有机结合。随着这一理念的推广，研究者们开始从教师学习的社会性出发理解教师学习的内涵。

Freeman & Johnson 指出，"教师学习是教师作为学生和作为职业从业者各种社会经验的总合。这些经验包括他们作为学生的职前学习经历，作为在职人员在参加教师培训课程中的学习经历，以及作为从业者在教学实践中的教学经验。"[1] 凯利（Kelly）强调教师所参与的社会实践活动，认为教师学习是教师全身心投入到教学活动中去，由新手教师获得专业知识成长为专家教师的过程，

---

1 Freeman, D. & K. E. Johnson. (1998). Reconceptualizing the Knowledge-Base of Language Teacher Education, *TESOL Quarterly*, 32:397-417.

是一个"在实践中认知"的过程。[1]Putnam & Borko 从社会文化理论的角度概括了教师学习社会性、情景性与分布性的特点，并指出教师学习可以带来教师知识、观念、思维方式和行为模式的变化。[2]Shulman 将教师学习分为基于个人的和群体的学习模式，并指出基于群体的教师学习模式使得教师的知识共享摆脱了传统的个人行为，扩展到群体实践层面。[3] 从这个角度看，教师学习就是教师在集体中的知识分享与习得的过程。

关于教师学习的内涵，国内学者也有着不同的理解。陈振华指出，教师学习是经验性学习，可以分为自发的和自觉的经验性学习，其目的是通过经验建构教师的知识体系，从而学会教学。[4] 张勇认为教师学习是以教师为学习主体，以学校为主要场所，教师根据已有的知识基础和需要，自觉承担专业发展的责任，通过所选择的内容、采取有效方式、途径与策略而进行的学习。[5] 孙福海指出，教师学习是基于教师自我发展的需要和意识下获得个人体验自我更新的过程。[6] 刘学惠和申继亮则认为教师学习是在一定人为努力和外部干预下教师专业知能的生长变化。[7] 也有研究者在界定教师学习内涵时考虑到其环境因素，如孙传远指出教师学习是教师在外部环境支持下主动寻求自身整体素质的提升，持续追求专业发展和个人发展统一的整体性活动。[8] 朱益明指出，教师学习应该具有文化层面的含义，即意味着教师群体中学习文化的建构与发展，这种学习文化在本质上是合作的、探究的。[9] 从学习方式看，教师学习是参与性学习；从学习结果看，教师学习是理解性学习。[10] 也有研究者从教师与教学情境关系的角度

1　Kelly, P. (2006). What is teacher learning? A sociocultural perspective [J]. *Oxford Review of Education*, 16:425-454.

2　Putnam, R. T. & H. Borko. (2000). What do new views of knowledge and thinking have to say about research on teacher learning? [J]. *Educational Researcher*, 29(1):4-15.

3　Shulman, L. & J. Shulman.(2004). How and what teachers learn: A shifting perspective [J]. *Curriculum Studies* 36(2):257-271.

4　陈振华 . 论教师的经验性学习 [J]. 华东师范大学学报（教育科学版），2003（3）：17-24.

5　张勇 . 论教师学习的内涵与特点 [J]. 天津市教科院学报，2011（5）：57-59.

6　孙福海 . 关于教师学习的理论与调查研究 [D]. 广州：华南师范大学硕士学位论文，2005；16.

7　刘学惠，申继亮 . 教师学习的分析维度与研究现状 [J]. 全球教育展望，2006(8)：54-59.

8　孙传远 . 教师学习：期望与现实——以上海市中小学教师为例 [D]. 上海：上海师范大学博士学位论文，2010；22.

9　朱益民 . 教师培训的教育学研究 [D]. 上海：华东师范大学博士学位论文，2004；112.

10　同上 .

界定教师学习，指出教师学习是一个以越来越复杂的方式理解教学情境，并以越来越有效的方式回应教学情境的过程。[1] 总之，教师学习与专业发展是一个统一的过程，教师学习是教师可持续发展的基础与前提。

可见，国内学者对于教师学习内涵的理解也呈现多元化视角，其发展基本上是按照国外心理学流派的路径，即从强调教师个人的行为模仿到注重教师在与环境互动过程中获得知能增长。然而，无论是国内还是国外研究，对于教师学习内涵的界定都还存在着概念模糊、外延过于宽泛等问题，有些学者甚至用教师学习的策略、结果等来界定其内涵。此外，还有很多与教师学习内涵相关的研究隐含于教师培训、教师专业发展的研究之中没有独立出来。因此，继续开展对教师学习内涵的探讨，从而更全面地理解教师学习仍是当前研究的重点之一。

二、教师学习的特征研究

教师学习研究滞后于教师学习实践的客观现实成就了教师学习研究的价值，作为新兴领域的教师学习无疑有自己内在的特征。教学工作有其复杂的一面，教师学习也有区别于学生或其他职业人士的学习。有学者曾对教师学习及其方式进行了分析，概括出了有关教师学习的三个特征，即教师的学习是一个受外部指导的、被动的和知识消费的过程；教师学习是一种自我调节的、主动知识建构的过程；教师学习是一个知识创造的过程。[2] Putnam & Borko 则概括了教师学习社会性、情景性与分布性的特征。[3]

我国学者也对教师学习的特征展开了探讨。胡庆芳认为教师学习在符合一般成人学习特征的同时，也包含着教师的职业特征，即教师学习是以案例为支撑的情境学习，以问题为驱动的行动学习，以群体为基础的合作学习，以理论

1 毛齐明. 教师有效学习的机制研究——基于"社会文化活动"理论的视角 [D]. 上海：华东师范大学博士学位论文，2010：24.

2 Cochran-Smith, M. & S. L. Lytle. (1999). Relationship of Knowledge and Practice: Teacher Learning in Communities [J]. *Review of Research in Education* (24): 249-305.

3 Putnam, R. T. & H. Borko. (2000). What Do New Views of Knowledge and Thinking Have to Say About Research on Teacher Learning? [J]. *Educational Researcher*, 29(1):4-15.

建构为追求的研究性学习，是在实践经验之上的反思性学习。[1] 邓友超指出教师学习是一种经验性学习、基于实际教学问题的学习、自我导向的学习、同伴互助学习、职场中的学习等组成的综合体。[2] 张勇认为教师学习属于一种成人学习，是一种经验性学习，是一种源于问题的学习，同时也是一种行动学习。[3] 还有学者指出教师是一种创造性的职业，教师学习是一个即学即用、持续不断的过程。[4]

可见，近年来国内外学者对于教师学习特征分析的关键词均为"经验基础""自我导向""问题中心""合作学习""反思学习""情境学习""实践学习"等。这些都反映了教师在职学习的基本特征，有效的教师学习必须要符合这些关键特征，才能促进教师有效的持续专业发展。

可见，教师学习作为成人和职业场景中的学习不同于学生的课程学习，而是有其复杂的特征。教师学习系统中包含很多相互制约的要素和条件。[5] 从教师专业化角度来看，教师学习是教师为提高专业水平而进行的学习，是一种"正式"的学习，然而从另一意义上讲，教师学习和其他成人学习一样，是一种基于日常教学实践的学习，教师在课堂"行动中的反思"、教师之间相互听课、集体备课、商讨教学问题的解决都是在进行学习，因此教师学习有其"非正式"的一面。需要强调的是，无论是正式的还是非正式的教师学习，反思性实践都至关重要。教师可以采取个人学习或群体学习两种方式，传统的教师学习以个人学习为主，但目前基于社会建构主义的教师学习理论则更强调群体学习，主张教师学习共同体的创建，这也是当代教师学习的一个重要特征。

三、教师知识研究

"教师学习"研究包含着对"教师具备哪些知识基础，教师如何获得知识"

1　胡庆芳. 教师的学习特征 [J]. 上海教育，2006（6）：28-30.
2　邓友超. 论教师学习的性质与机会质量 [J]. 教育研究与实验，2006（4）：55-59.
3　张勇. 论教师学习的内涵与特点 [J]. 天津市教科院学报，2011（5）：57-59.
4　肖正德，张素琪. 近年来国内教师学习研究：盘点与梳理 [J]. 全球教育展望，2011（7）：54-59.
5　Hoban, G. (2002). *Teacher Learning for Educational Change* [M]. Philadelphia: Open University Press.

等问题的探讨。对"教师学习"的探讨离不开对"教师知识"的研究，教师知识是教师学习的主要产品之一，而这两方面的研究实际上是相辅相成的，教师知识是教师学习的目的和结果，而教师学习是教师获取知识的途径和过程。对教师知识发展的动态研究可以更好地帮我们理解教师学习的本质，教师学习研究和教师知识研究这两个领域应该同时向前推进。[1] 以下先从对国内外教师知识的研究作出梳理。

（一）国外研究

对于教师应该具备什么样的知识，国外学者已进行过诸多研究。为制定美国教师资格标准，Shulman 于 1987 年提出了包含 7 个范畴的教师知识框架：1）学科知识，2）一般教学知识，3）课程知识，4）学科教学知识，5）学生知识，6）教育环境知识，7）教育目标、价值及其哲学、历史背景知识[2]。Shulman 指出"学科教学知识"不仅涵盖学科知识，还包括教学知识，是两类知识在教学实践中的融合，是教师知识体系的核心。此后，Verloop 等人则对学科教学知识的构成作了补充，认为其还包括教师与学生之间的交流技巧、教师根据特定学科设计教学的知识等。[3]

教师知识基础框架，尤其是其中的核心成分学科教学知识明晰化之后，利用学科教学知识解决问题的教学技能也渐渐被开掘，这大大厘清了世界各国对教师资格的认证以及对教师专业知识和技能培养的向度。柏林那（Berliner）将教师的知识基础进行如下分类：学科专长，包括特定的学科内容和学科知识结构；课堂管理专长；教学专长，包括教学策略与教学方法的隐形知识和外显知识；诊断专长，包括关于全部学生和个别学生的知识。[4] 这四类知识互为补充，共同构成教师的专业知识基础。

1 Freeman, D. (2002). The Hidden Side of the Work: Teacher Knowledge and Learning to Teach, *Language Teaching* 35:1-5.

2 Shulman, L. (1987). Knowledge and Teaching: Foundations of the New Reform, *Havard Educational Review* 57:1-21.

3 Verloop, N., J. V. Driel & P. Meijer (2001). Teacher Knowledge and the Knowledge Base of Teaching, *International Journal of Educational Research* 35: 441-461.

4 Cambridge: Berliner, D. C. Cambridge: (1995). *Teacher Expertise. International Encyclopedia of Teaching and Teacher Education* [M]. Cambridge University Press: 46-51.

在语言教师知识研究领域，国外第二语言教育研究学者也做过相应的探索，其基本路径仍是按照普通教育领域的教师知识研究轨迹展开的。如Richards 归纳了第二语言教师应该具备的知识基础：1）教学理论；2）教学技巧；3）交际技能和语言能力；4）学科内容知识；5）教学思维和决策能力；6）环境知识。[1] 罗伯兹（Roberts）则认为语言教师应该具备的知识基础包括：1）语言学科知识，即所教目的语的语音、语法、句法等知识；2）学科教学知识，即所教授语言的目标、概念以及如何教授某一特定语言技能的知识；3）一般教学知识，即基本的教学技能如课堂管理、课程设计等知识；4）课程知识，指关于外语课程目标、标准等知识；5）环境知识，指关于语言政策、机构文化、语言教学资源等的知识；6）操作知识，即教师在学术学习、课堂研究以及自我管理等方面的技能。[2] 理查兹（Richards）将英语教师应该掌握的专业知能分为六个主要部分，即教学理论知识、教学技能、交流技巧、语言学科知识、教学推理和决策技巧以及教育环境知识。[3] 其中，教学技能包括选择学习材料、课堂提问、监控学生学习进度、反馈学生学习等微技能；而英语语言学科知识则包括英语语音、句法、第二语言习得、社会语言学、语言测试及外语教学法等具体知识；教育环境知识包括社会文化环境、社区和学校因素等，如国家和地区的升学考试制度等。理查兹还指出上述英语教师应该掌握的六种专业知能是相互联系的，如交流技巧就是教师掌握并发展教学技能的前提，而语言学科知识和教育环境知识为教师发展教学推理与决策技能提供了基础。可见，这些知识类别是互相联系，互为补充的，它们共同构成了英语教师专业发展的知识体系。

上述研究均从教师的知识基础，也就是教师应该具备怎样的知识这一角度进行探讨，其最重要的研究结果是指出"学科教学知识"这一教师知识结构的核心并界定了教师学科教学知识的内涵。教师知识研究的另一视角则围绕教师实际具备什么样的知识而展开描述性研究，这一研究视角最重要的成果是提出了教师"实践性知识"这一概念并对之进行了分析。

1　Richards, J. C.(1998). *Beyond Training* [M]. Cambridge: Cambridge University Press.

2　Roberts, J. (1998). *Language Teacher Education* [M]. London: Arnold.

3　Richards, J. C. (1998). *Beyond Training* [M]. Cambridge: Cambridge University Press.

Elbaz 通过对一位中学英语教师莎拉（Sara）进行刺激性回顾访谈的个案研究总结出教师具备一种"通过实践获取的，关于实践的知识"。这种实践性知识包含以下五个方面，即学科知识，课程知识，教学法知识，关于自我的知识和关于学校、课堂和学生的背景知识。Clandinin & Connelly 在此基础上强调教师知识的个人特点，提出了"个人的实践知识"的概念，并认为这类知识来源于对教师个人的记叙，旨在满足某一特定情景的需要，是实践性的，具有个体性、情境性、反思性、经验性、整体性与建构性等特征。Leinhard 发现教师的实践性知识是在学校具体环境和课堂情境中形成的，这种知识蕴含在环境的组织结构中，能够更准确、更灵活地被使用，并能更有效地帮助学习者学习和解决问题。[1]Golombek 运用课堂观察、访谈、教师叙事等手段考察了两名在职英语教师的个人实践性知识。研究结果表明教师的实践知识包括学科知识、教学知识、环境知识和教师的自我知识，这进一步支持了 Clandinin & Connelly 提出的教师实践性知识具备"个人性"的特征。

（二）国内研究

从整体上看，我国学者早期对于教师知识的研究基础相对还比较薄弱，但从 20 世纪 80 年代以来，我国的相关研究就已经开始起步并取得了进展，其研究的路径是解释分析教师知识的概念和组成内容。有学者总结了我国教师知识研究的如下四种取向：

（1）学科知识与教育学知识综合取向。1984 年由南京师范大学组织编写的《教育学》一书中把教师的知识分为两大类，即各门基础知识和专业知识和教育与心理科学知识。[2]李秉德把教师知识划分为三部分，即专业知识、文化知识与教育科学知识。[3]叶澜突破以往教师知识研究平面化的局限，认为教师的知识结构是多层复合的，主要包括三层，第一层是最基础的层面，包括有关当代科学和人文两方面的基本知识，以及工具性学科的扎实基础和熟练运用的技能、技巧；第二层包含具备所教授学科的专门性知识与技能，这是教师胜任教学工作

1　Leinhard, G.（1998）Situated Knowledge and Expertise in Teaching [A]. In J. Calderhead (ed), *Teachers' Professional Learning* [C]. London: Falmer Press.

2　南京师范大学《教育学》编写组. 教育学 [M]. 北京：人民教育出版社，1984.

3　李秉德，李定仁. 教学论 [M]. 北京：人民教育出版社，1991.

的基础性知识；第三层为教育学科类知识，由帮助教师认识教育对象、开展教学活动和教育研究的专门知识构成。这三个层面的知识相互支撑，相互渗透，并能有机整合。

（2）功能取向。这一取向从教师知识的功能与作为对其进行归纳与分类。如林崇德从教师知识功能的角度把教师的知识结构分为四部分：本体性知识、实践性知识、文化知识与条件性知识。[1] 傅道春则把教师知识结构分为三部分：学科知识、条件性知识和教育情境知识。[2] 这一教师知识的研究取向注重研究教师知识的性质、范式、组织和内容。

（3）学科教学取向。近年来我国有学者借鉴西方教师知识研究的成果，从侧重学科教学知识的角度提出了教师的知识结构。叶澜和白益民认为教师的知识结构有五个部分，即普通文化知识、所教授学科知识、一般教学法知识、学科教学法知识与个人实践知识。[3] 这些有关教师知识研究的学科取向的内容和 Shulman 所提出的教师知识结构体系大相径庭。

（4）实践取向。这一研究取向吸取西方基于解释学的教师实际具备怎样的知识研究的成果，对教师的实践性知识开展了深入的探究。陈向明根据教师知识实际存在方式的不同，把教师知识分成两类，理论性知识与实践性知识。[4] 前者通常呈外显状态，可以为教师和专业理论工作者所共享，具有可表述性，比较容易把握。后者通常呈现为内隐状态，基于教师的个人经验和个性特征，内嵌于教师日常的教育教学情境和行动中。实践性知识因隐蔽性、非系统性、缄默性往往很难被教师直接把握。实践性知识包括教育信念、自我知识、人际知识、情境知识、策略性知识与批判反思知识。

英语教师的知识结构是教师知识结构的下位概念，指的是英语教师知识体系的构成及其来源途径，我国学者在这一领域也展开了初步探究。如吴一安等学者借鉴 Habermas 的知识分类理论将外语教师的知识分为技术性知识、实践性知识和解放性知识。解放性知识的提出强调外语教师是富有生命的人，会本

1　林崇德 . 教育的智慧 [M]. 北京：开明出版社，1999.
2　傅道春 . 教师的成长与发展 [M]. 北京：教育科学出版社，2001.
3　叶澜，白益民等 . 教师角色与教师发展新谈 [M]. 北京：教育科学出版社，2001.
4　陈向明 . 实践性知识：教师专业发展的知识基础 [J]. 北京大学教育评论，2003(1): 104-112.

能地追求专业自主，这类知识是指导外语教师积极投身专业学习的最本质源泉，包括教师的教学责任感、职业道德等成分。韩刚对英语教师的知识结构作了解读，构建了四类知识模块即英语学科知识、基本理论知识、教学实践知识以及宏观教育知识，并将具体的知识内容按性质分为陈述性、程序性和策略性知识，其分类体系如下表所示：[1]

表 2-1 英语教师的知识体系表

知识模块	知识内容	知识性质	与教师认知和教学的相关性
学科知识	1. 语言文化知识	陈述性知识	影响教师对教学内容的理解、选择和知识传授的质量
	2. 语言交际技能	程序性知识	直接影响课堂交流的质量
理论知识	3. 基础理论知识	陈述性知识	教师理解英语教学的知识参照
	4. 个人理论知识	策略性知识	直接支配和指引课堂教学决策
实践知识	5. 英语教学法知识	陈述性知识	教师进行教学决策的知识参照
	6. 教学设计技能	程序性知识	直接决定课程与教学的过程：包括目标、内容、方式和评价
	7. 课堂管理技能	程序性知识	直接决定课程学习生活的质量与学生英语学习的效果
	8. 课堂决策技能	策略性知识	直接决定课堂教学质量和教师教学知识与能力的发展
教育知识	9. 教育环境知识	陈述性知识	影响教师理解和利用教育环境、执行教育政策
	10. 教育发展知识	陈述性知识	影响教师的教育教学理念、人生观和职业态度

综合上述国内外研究，我们可以看到目前关于（外语）教师知识的研究一方面客观描述了教师实际具有的知识以及这些知识的特点，另一方面则对教师应该具备什么样的知识进行了规定性的总结。在研究范式上，对教师知识的研究已经突破了传统的理论思辨模式，开始向实证研究的方式转变，采用的研究

---

1 韩刚. 英语教师学科教学知识的建构 [M]. 上海：上海外语教育出版社，2011.

方法也趋于多元化，如教师访谈、叙事探究、人种志等。应该说，当前的研究成果已经基本上展现了教师知识的本质与发展特点，对教师教育研究的意义深远，尤其是 Shulman "学科教学知识" 和 Elbaz "实践性知识" 的提出，为后来的教师知识以及其它相关主题的研究提供了较为全面的理论框架和参考依据。然而这些研究却忽略了一个非常关键的问题，即 "教师是如何在教学实践中获得并发展 PCK 知识或实践性知识的？" 教学是一个动态的、不断变化的过程，教学发生的环境也是复杂多变的。因此，教师在教学实践中获取和发展教学知识的过程也应该是一个动态的、变化的过程，而不是固定的、静止的。对 "教师是如何获取学科教学知识和个人实践知识的" 这一问题的回答，使研究者们将关注的焦点放在了对教师学习方式与具体策略的研究上。

四、教师学习策略研究

教师学习方式与策略是教师学习行为微观的、直接的反映。长期以来，教师的成长与发展被认为是教学经验积累后自动发生的过程，大部分关于教师学习的研究关注的是教师知识结构的特征。随着研究的不断深入，近年来学术界对教师具体学习方式和策略的研究也在不断升温。教师学习策略是指教师在工作学习的情景下，为了达到学习和发展目标而进行的各种具体行为操作。有效的教师学习策略是教师学习和发展的重要保证。

国内外学者都对教师学习方式与策略开展过考察并提出了一些各具特色的看法。克瑞伯（Kreber）等人通过对教师访谈结果的分析提出了 11 种教师学习策略：阅读教学实践论文、阅读教学理论论文、阅读学科教学法方面的论文、与同事讨论教学问题、拜有经验教师为师、参与同伴咨询项目、开展集体教学研讨、参加教育教学改革项目、参加教学研讨会、开展教学研究、从与学生交流反馈中获得学习 [1]。范·艾克兰（Van-Eekelen）等学者研究并区分了四类教师学习策略，即行动式学习、交互学习、阅读学习和思考学习。[2]Craft 归纳了教

---

[1] Kreber, C., H. Castledenb & T. Wrightc. Self-Regulated Learning About University Teaching: An Exploratory Study [J] *Teaching in Higher Education*, 2005,10(1), 75-99.

[2] Van-Eekelen, I.M., H.P.A. Boshuizen, & J. D. Vermunt. (2005). Self-Regulation in Higher Education Teacher Learning [J]. *Higher Education*, 50, 447-471.

师学习的三种模式，即专业发展模式、持续职业发展模式和专业学习模式。他认为专业发展模式一般是以短期的校外课程培训为形式；持续职业发展模式则以一系列的课程学习为主，如学位课程进修等；专业学习模式则以实践学习为主，强调教师与环境的互动以及与同事的交流。[1]Richards & Farrell 介绍了目前国际上较为流行的用于语言教师教育与专业发展的 11 种教师学习策略，这 11 种策略分别为：教师工作坊、自我监督、教师支持小组、撰写教学日记、同伴观察、教学档案、关键事件分析、课程案例研究、同伴辅导、团队教学和行动研究等。[2]我国香港学者徐碧美通过对优秀英语教师专业知能形成过程的分析中总结出若干教师有效学习策略，包括反思教学和思考、不断探索和实验、质疑"没有问题的问题"和积极回应挑战，这些学习策略可以在教师追求卓越的过程中发挥作用。[3]

我国内地学者也对教师有效学习的方式与策略开展了理论与实证研究。比如，张敏基于对浙江 532 名中小学教师的问卷调查总结出教师以下八种学习策略：观摩与仿效、拜有经验教师为师、经验交流、情感支持、理论与实践探索、阅读与记录、批判性思考、阅读规划。[4]此外，吴卫东等学者也对浙江省 635 名小学教师教学知识获取途径展开调查，结果表明教学交流与同伴交流是教师学习最主要途径，而校外听课是他们最期望的学习方式。李志厚通过对广东、青海、甘肃三省 13 所中小学的 214 名教师的问卷调查研究总结出教师学习的主要策略有：1）从自己的实践中学；2）向其他教师学习；3）向教研员或教师培训人员学习；4）参加学历课程学习；5）从非专业工作的实践环节中学习。[5]毛齐明在其博士学位论文中指出我国教师的主要学习策略为以下几种：1）团队研讨式学习，主要包括以教研组和课题组为单位的学习活动；2）结对传承式学习，也称"师徒制"学习方式，主要通过有经验的教师与新教师结成对子，

1 Craft, A. (2000). *Continuing Professional Development: A Practical Guide for Teaches and Schools* [M]. London: Routledge Famler.

2 Richards, J. & T. Farrell. (2005). *Professional Development for Language Teachers : Strategies for Teacher Learning.* [M]. London: Cambridge University Press.

3 Tsui, Amy. (2003). *Understanding Expertise in Teaching: Case Studies of Second Language Teachers.* Cambridge: Cambridge University Press, 86-296.

4 张敏 . 教师学习的理论与实证研究 [M]. 杭州：浙江大学出版社，2008.

5 李志厚 . 教师校本学习研究 [D]. 兰州：西北师范大学博士学位论文，2005.

以传帮带的形式帮助新教师学会教学；3）个体反思式学习，指教师个体通过独自或与他人一起通过教学反思来提高自身素质的学习方式；4）理论接受式学习，主要包括教师通过个人阅读和听专家讲座而进行的理论学习。[1] 杨文伟则在对云南省部分普通本科院校 56 位英语教师调研的基础上得出结论认为课堂观察与教学反思是教师有效学习的策略，但大部分教师还不能有效使用这些策略，需要有针对性的指导和学校的支持。[2] 这也印证了本章下一部分中作者所提出的应该对教师学习外部条件加以关注的观点。

综观上述国内外关于教师学习策略的研究，我们可以发现教师学习的方式、途径和策略是多种多样的，但一般而言都包含理论阅读学习、教学实践学习、向有经验教师学习、课堂观摩学习、在与学生的互动交流中学习等策略。在现实教育教学情境中，教师的诸多学习策略往往是混合使用的，以上的学习策略都应该被教师所采用。因此，也有研究者认为教师学习是各种学习策略的组合。然而，面对教学工作的复杂性，结合教师的工作和认知特征，部分学习策略将能够更加有效地提升教师的学习效果，本书中我们所探讨的教师行动学习就包含诸多这样的有效学习策略。

五、教师学习的条件研究

根据卡特（Carter）对教师学习维度的分析，教师学习研究还包含对教师学习条件的探究，这包含内部和外部条件。教师学习带有明显的社会性和情境性，这一情境包括学校和社会、教育政策环境等。尽管日常教学工作中存在教师的个人学习，但随着学校、社会学习文化的兴起，对教师在学习共同体中的学习的研究逐步形成趋势，出现了各种各样的教师共同学习组织。可以说，学习共同体是目前教师学习的重要存在形式，也是其有效的外部促进条件。

McLaughlin & Talbert 指出教师开展有效学习的下述几个条件，这些条件包括：1）教师将学习的焦点集中于他们所处教育教学环境中的问题；2）教师学

---

1 毛齐明. 教师有效学习的机制研究——基于"社会文化—活动"理论的视角 [D]. 上海：华东师范大学博士学位论文，2010:37.

2 杨文伟. 社会建构主义观照下 EFL 教师学习策略研究 [D]. 上海：上海外国语大学硕士学位论文，2008.

习要有持续性，而非只是片段式的学习；3）教师要有机会和校内外同事合作开展学习；4）教师对自己所学内容和如何学习要有一定的决定权；5）学校要帮助教师发展教学所需的理论与实践知能。[1] 可见，问题导向、合作学习、自我导向等特征是教师开展有效学习的关键要素，而其中在共同体中学习又是其必要条件。

针对教师学习共同体的理论研究近年来取得了较多的成果，其研究焦点主要集中在内涵界定、构成要素、特征描述和建构策略上。在内涵界定上，有代表性的观点由 Lave & Wenger 提出，他们把学习共同体当成是学习者通过参与、活动、反思、会话、协作、问题解决等形式建构出一个具有独特文化氛围的动态学习结构。教师学习共同体的构成要素一般包括助学者、教师学习者与信息这三个因素。至于教师学习共同体的特征，日本著名教育学家佐藤学归纳了其公共性、民主性、卓越性这三个基本特征。而对于教师学习共同体的构建策略，有学者阐述了创建专业学习共同体的五个维度，即相互支持和共同领导、共享价值观与愿景、集体学习与实践、提供支持性的条件、分享实践经验。

随着互联网技术的发展，以网络平台为载体的在线教师学习共同体的构建和运用已成为国内外的一个主流趋势。除了在场的教师学习共同体研究，我国学者还在实践层面构建了很多在线的教师学习共同体，如教师博客群、在线电子论坛等。典型的案例有苏州教师博客学习与发展共同体、综合实践活动研究网、首都师范大学虚拟学习社区、北京市西城区教师在线研修网络等。近年来，随着网络在教师培训中的运用，已经有越来越多的基于网络的教师在线培训实践，而其中以学习共同体为单元开展的教师网络研修也不在少数。

除了对学习共同体的研究，近年来学者针对教师校本学习的研究也逐渐增多。早在1972年，英国政府所颁布的《詹姆斯报告》就指出，"教师的在职进修应该从教师本人所在的中小学校开始"，因为一切教与学的活动都是在学校内发生的。有研究者认为，教师的校本学习是提高他们专业发展水平的重要途径，其结果主要是教师获得了实践性知识。还有学者指出，校本学习中教师本身不仅是学习者，而且还是学校文化的构建者；教师通过长期的以校为本的学

---

[1] McLaughlin, M. & J. Talbert. (2006). *Building School-based Teacher Learning Communities* [M]. New York & London: Teachers College Press.

习能够内化生成教师所必备的知识、能力、价值观等多元素质，有助于构建新型的教师学习文化。[1] 事实上，基于校本的教师学习实际上也需要构建一种"学习型"学校，而这种学校本身就是一个学习共同体。这样的学习环境可以成为促进有效学习的一个重要的外部条件。

通过对国内外教师学习研究文献的分析，可以看到对教师学习的研究文献数量不断增多，教师学习已逐步成为一个相对独立的研究领域，研究的范围比较广泛，涉及到教师学习的制度、内容、形式、动机、机制、外部保障条件等多个方面。相比而言，国外对于这个领域的研究更为全面，研究方法也越来越多样化，研究者们针对教师专业发展概念进行了批评，构建了一种主动的、持续的、基于情景的教师学习观，而且也更多地关注了学校变革背景下教师持续性的日常化学习。我国学者对教师学习的研究热度虽然也在不断升温，但总体而言还属于"日常话语"阶段，在教师学习的内涵界定、研究视角与方法上还存在着一些问题。[2] 如对教师学习的概念尚未厘清，大量的相关研究仍隐含在教师培训、教师教育与发展等研究之中；研究视角一般只涉及到教师学习的某个方面，如教师知识、教师学习动机、学习策略等，缺乏将教师学习诸因素整合起来的研究；在研究方法上目前国内还是以理论思辨为多，实证研究仍较为少见。

综上而言，虽然目前有关教师学习的研究取得了较大的进展，但该研究依然是一个比较新的领域，需要研究者多角度、多层次地开展研究，关注教师学习的多个方面；也需要研究者结合教育学、社会学、心理学等多种学科理论基础探究教师学习的各方面问题；还需要将教师的个体学习与群体学习、理论学习与实践学习、互助学习与学校改善、教师学习与学生学习等结合起来考虑，从而更加深入地理解教师学习的内涵、特征、方式、条件等因素，为更好地构建有效的教师学习特别是在职学习模式提供理论基础与实践模型。

---

1 熊焰.教师校本学习的理念与实践 [J].课程·教材·教法.2005(11): 67-71.
2 毛齐明.教师学习——从日常话语到研究领域 [J].华东师范大学学报，2010(1): 21-27.

第二节 行动学习研究的文献综述

自瑞文斯首先提出并发展了行动学习的理论之后，行动学习已在世界各行各业得到了广泛应用并取得了很大的效果，其运用领域包括企业界、教育界、领导力培养与职业人士培训等领域。有国外学者将行动学习的研究分成三个阶段（1985 年之前、1985 年—1994 年、1994 年—2000 年）进行了文献综述。[1] 从相关研究文献的数量来看，随着时间的推移与行动学习有关的书籍、论文日益增多；从研究的内容来看，有关行动学习的基本原理、实践模式、与之相关的行动科学方法等都有所涉及；从研究方法来看，近年来有关行动学习的实证研究也越来越多，其总结出的实践模式更具推广性；从研究范围来看，行动学习的运用领域也正在不断扩大，涉及到企业、学校、医疗机构、政府机关等多个部门。作为一种具有变革意义的学习方式，行动学习在国际 500 强企业中得到了广泛运用，它以其促进个人和企业双重发展而备受企业领导们欢迎。[2] 在我国，行动学习的理论和实践研究也得到了较快的发展，自中组部培训中心在西部地区公务员培训中率先实施行动学习之后，一些大型企业如华润集团、中国移动等也已经将行动学习运用于企业管理中并达到了预定的效果。以下将主要从理论研究和实践探索两个方面汇总与教师行动学习有关的国内外文献，从而梳理行动学习目前的研究现状并指出其中存在的问题。

一、行动学习的理论研究

1971 年行动学习理论的首创者瑞文斯在其出版的《发展高效管理者》一书中正式提出了行动学习的理念与方法。他认为，投入行动是任何学习的前提与基础，成功管理者最有效的学习方式是通过社会交往而实现的。在行动学习运用于企业管理者培训的实践基础之上，瑞文斯指出行动学习的关键不仅在于理论化的知识输入，而是在于学习者通过反思产生的问题。此后，行动学习的

---

1 Smith, Peter. A. C. (2003). A Review of Action Learning Literature 1994-2000—Bibliography and comments [J]. *Journal of Workplace Learning*, (2):63-69.

2 顾增旺. 行动学习：组织能力提升的新境界 [M]. 南京：江苏人民出版社，2010.

理念慢慢得到了学习理论研究者、管理学家的关注，相关的理论研究越来越深入，研究成果也逐步得以推广。随着更多理论研究与实践探索的开展，行动学习的内容与方法也变得愈加丰富和多样化。[1]

瑞文斯可谓是行动学习理论的奠基者，他一生著述丰富，从未停止对行动学习理论的探索和研究，至今他的许多关于行动学习的著作仍被奉为行动学习研究的经典。1980 年他出版了《行动学习：经理人的新装备》一书，其主要内容包括了瑞文斯本人在英国国家煤炭教育与培训理事会、在医院、在企业与大学合作项目中，以及在印度、澳大利亚等地组织和指导行动学习项目的丰富经历，还包括由这些经历所引发的思考和见解。1982 年他又出版《行动学习的起源和发展》，该书汇总了他 1938 年至 1981 年中发表的 52 篇有关行动学习的文章，记载了行动学习法在具体行业生产运营中的应用，对于寻找行动学习实际案例的研究者而言是一本很好的参考书。紧接着他又于 1983 年再次出版了《行动学习 ABC》一书，该版本对该书 1978 年初版进行了补充，并系统地介绍了行动学习的哲学基础、特征以及对于企业管理实践的影响。该书此后经过多次再版和重印，被认为是行动学习研究领域的最经典之作。此外，1988 年瑞文斯还出版了《行动学习年度精选集》，这些文章对行动学习从起源到 1988 年之间的理论发展进行了回顾性综述，并对行动学习的理念进行了进一步的理论升华。

除了瑞文斯之外，国外其他学者也对行动学习展开了理论研究。1991 年佩德勒（Pedler）在其出版的著作《实践中的行动学习》（*Action Learning in Practice*）中对行动学习的概念作了拓展，指出行动学习对于学习者个人和所在组织的发展都具有积极意义，源于问题的行动既能解决问题，又能改变参与解决问题的人。行动学习之所以能够取得成效并不依赖固定的理论化的知识，而是依靠学习者的质疑和咨询以及在这一过程中的反思。

毛姆福特（Mumford）根据他在 IMC 对行动学习的实践结果于 1997 年对瑞文斯的行动学习公式作出了一些修正，他将"L=P+Q"改变为"L=Q1+P+Q2"。在这一公式中我们应该把握好两点，一是学习是从问题开始的；二是 Q1 和 Q2

1　石中和. 对行动学习的研究 [D]. 北京：北京交通大学硕士学位论文，2007.

不同，行动学习开始于学习者对实际问题的困惑和发问（Q1），然后个体在问题的驱使下，通过各种方式（如查阅资料、参加培训等）获取与问题相关的结构化知识（P），最后在团队的帮助下重新审视经验，对经验做出新的解释，从而重新认识和界定了问题（Q2）。此外，还有学者之后将学习过程中的外部环境因素考虑在其中，将行动学习的公式定义为 L=Q1+P+Q2+C，这里的 C 就是文化（Culture）的意思，该公式强调了开展行动学习对于组织内外部文化环境的要求，意即行动学习的成功实施需要一定的内外部环境因素保障。事实上，行动学习过程并不是一个从知识到问题的单向过程，而是一个由 P 和 Q 组成的不断循环的过程，其中涉及学习者反思、实践环境等诸多要素。

伊恩·麦吉尔和利兹·贝蒂在《行动学习法》一书中介绍了行动学习的内涵、组织、类型与实施策略等，还详细探讨了行动学习在企业管理、职业教育领域的运用以及行动学习对个人、组织和社会变革的重要贡献。此外，肯博在《行动学习和行动研究》一书中以我国香港地区高校为案例展开的研究中指出学校如何通过行动学习提升办学质量，以及学术研究人员如何在实际工作中开展行动研究巩固行动学习的成功以便获得实践性知识。戴维·达特里奇和詹姆斯·诺埃尔在《行动学习——重塑企业领导力》一书中详细讨论了企业管理人员运用行动学习解决实际问题的具体方法。作者还介绍了行动学习的具体实施步骤，并提出了组织机构特别是企业应用行动学习的三个切入点，即用于企业管理人员的培训、用于解决企业战略与运营问题以及用于企业组织文化的建设。综上，国外诸多研究者对行动学习都提出了自己的理解，下表作者归纳了其中的代表性观点：

表 2-2 国外行动学习研究代表学者及其观点表

学者	代表作	主要观点
Revans	*ABC of Action Learning*	学习者致力于解决实际工作中的问题，同时增强自己的技能。
Pedler	*Action Learning for Managers*	管理人员通过小组活动解决组织发展问题并从中取得学习

（待续）

（续表）

学者	代表作	主要观点
Mumford	*Action Learning at Work*	学习以对相关问题的困惑开始，学习来自于解决问题的驱动力，
Weinstein	*Action Learning: A Practical Guide*	行动学习让学习者更具有反思性和行动力。
McGill & Beaty	*Action Learning*	以完成预定的工作为目的，在同伴支持下不断反思与学习。

　　除了上述著作之外，国外学者对行动学习的研究成果还散见于各类学术期刊之中，这些研究进一步深化了行动学习的理论基础，并具有一定的实践指导意义。部分论文仅从理论角度探究行动学习的内涵、特征、流派等，如论述行动学习与组织学习的关系、行动学习与行动研究的异同比较、行动学习三大理论流派之比较、批判反思式行动学习的特征等。也有论文从实践角度出发结合相关理论开展实证研究，如米勒（Miller）以一所私立医院为案例探讨了如何通过行动学习改进医院管理人员处理现实问题的能力 [1]；Winkless 则探讨了英国一家医院将行动学习用于在职医生培训的案例 [2]；Schlesinger 将行动学习用于新西兰保险经纪人提高服务质量的尝试之中 [3]；Marquardt 以通用公司（GE）开展行动学习的经验为基础介绍了行动学习的内涵、优势以及实施过程 [4]。综合来看，国外有关行动学习的论文主题主要集中于企业人力资源管理、领导力开发、组织发展与个人进步等主题领域，近年来也有针对学校教师行动学习的研究，但总体而言起步较迟，研究数量也相对有限。

　　相比国外而言，针对行动学习的国内研究起步则较迟，该理念一直到上个世纪 90 年代才从国外传入并受到一些培训机构的重视。张鼎昆是我国行动学

1　Miller, P. Workplace Learning by Action Learning: A Practical Example [J]. *Journal of Workplace Learning*, 2003(1).

2　Winkless, T. (1991). Doctors as Managers [A]. in M. Pedler *Action Learning in Pactice* [Z]. Aldershot: Gower Publishing.

3　Schlesinger, E. (1991). Quality Service in New Zealand [A], in M. Pedler *Action Learning in Pactice* [Z]. Aldershot: Gower Publishing.

4　Marquardt. (2006). Harnessing the Power of Action Learning [J]. *Journal of Action Science in Practice*, (11):134-145.

习的开创者之一，他创办了"中国行动学习网"（ www.tplc.org）并于 2005 年
出版了《行动学习——再造企业优势的秘密武器》，该书从反思传统学习模式
缺陷的角度，将行动学习视为变革传统学习模式的实践途径，并通过一些具体
案例阐释了行动学习对企业发展的价值[1]。除了张鼎昆之外，国内其他学者对于
行动学习也有一定的研究与见解。顾增旺以其在 3M 中国公司从事管理工作的
经历为基础撰写了《行动学习——组织能力提升的新境界》，该书介绍了 3M
公司通过实施行动学习所取得的成效并构建了基于行动学习的企业管理人员领
导素质培养模型[2]。在行动学习运用于企业管理的其他研究中，蔡厚青认为行动
学习主要有三个方面的目标，即培养企业管理人员长期关注问题的能力、深入
研究问题的能力以及处理人际关系的能力[3]。张竞认为成功实施行动学习的关键
要素包括创造性地解决问题，理论与实践紧密结合与反复，交流、合作与互相
学习支持，及时反馈与评价，培养在工作中学习的能力等五方面。[4]在干部培训
方面，国家行政学院的陈伟兰副院长参与并领导了甘肃省委组织部运用行动学
习培训中高级公务员的项目实践，并在此基础上撰文总结了从 1998 年至 2002
年期间该培训项目所取得的实践经验[5]。中国浦东干部管理学院的一些学者重点
探讨了行动学习在干部教育中的运用，如张素玲提出行动学习与领导力开发的
关系[6]；林存华分析了行动学习用于干部教育的利弊要点与实施策略[7]。而在教师教
育研究领域，秦旭芳等通过干预性研究、组建行动学习小组并通过对比对幼儿
教师基于行动学习的专业发展进行了深入探究[8]，并在此基础上发表了系列论文。
此外，还有众多其他学者对行动学习在自己所在领域的适用性开展研究，相关
领域包括组织管理、企业文化建设、成人继续教育、远程课程教学、员工在职
培训等。

1　张鼎昆 . 行动学习：再造企业优势的秘密武器 [M]. 北京：机械工业出版社，2005.
2　顾增旺 . 行动学习：组织能力提升的新境界 [M]. 南京：江苏人民出版社，2010.
3　蔡厚青 . 行动学习的理念、目标及关键环节 [J]. 广西社会科学，2007（2）：160-163.
4　张竞 . 基于行动学习的企业管理技能培训研究 [J]. 科技管理研究，2007（2）：69-72.
5　陈伟兰 . 行动学习法在我国公务员培训中的实践——甘肃省中高级公务员培训案例 [J]. 国
　　家行政学院学报，2002（3）：30-33.
6　张素玲 . 行动学习与领导力开发 [J]. 中国浦东干部学院学报，2008（2）：86-89.
7　林存华 . 行动学习法的利弊与实施要点 [J]. 中国浦东干部学院学报，2009（5）：121-125.
8　秦旭芳 . 行动学习法与幼儿教师专业发展关系研究 [D]. 北京师范大学博士学位论文，2005.

综合以上有关行动学习的国内外理论研究，我们可以看到对行动学习研究的重点仍在于探索其概念、特征与运用上。事实上，对于行动学习的概念与特征目前并没有统一的界定，但对其最基本核心因素的理解却是大同小异的。如对于行动学习的内涵理解，各位学者都承认学习者先前经验的作用、强调实际问题、注重解决问题中的同伴互助等。而在具体运用上，尽管各组织和个人都有不同的操作模式，但其基本的理论基础还是一致的。

二、行动学习的实践探索

行动学习的理念一经提出，就在各行各业逐步得以推广并付诸实践。首先是在企业界得以运用，后来又应用于政府部门和学校的人员培训之中，目前行动学习在各类组织中已经越来越受欢迎并发挥了积极的作用。在瑞文斯提出行动学习的理念之后，他先是在英国的煤矿企业中运用于管理人员培训以解决当时该煤矿企业中存在的问题。之后，他于 1965 年在比利时领导的一个大学与企业合作项目中也运用这一方法并获得了很大的成功。1975 年瑞文斯返回英国，运用同样的方法为英国电力公司举办了管理发展培训课程，再一次验证了行动学习的神奇效果。此后，行动学习开始在很多组织，特别是企业中得以不断尝试和发展。[1]

此后，世界 500 强企业纷纷开始运用行动学习法，美国的通用公司（简称 GE）公司便是其中的先行者。行动学习使 GE 的国际业务由 18% 提高到 40%，并且还有进一步提高的趋势，企业运行效率也得以提高，企业内部形成了一种群策群力的文化。西门子公司（SIEMENS）在管理培训中运用行动学习培训法，该培训每期持续时间约 4-6 个月。除了要求学员完成一系列的管理知识培训之外，该项目还要求学员参与一个真实的商业影响项目并根据所学知识完成这一项目。每个项目小组约有 4-6 人组成，分别来自公司各部门。该项目采用行动学习法实施，即学员定期集中讨论解决问题的方案并于此后实施该方案。学习过程中，学员可以利用公司的全球内联网展开讨论或寻求专家的帮助，项目完

1 　张鼎昆 . 行动学习：再造企业优势的秘密武器 [M]. 北京：机械工业出版社，2005.

成之后的成果报告也需要发布在该网络上以供西门子公司全球雇员参考学习。[1]
很多世界知名企业也尝试了员工行动学习，多数企业管理人员认为行动学习是
实现组织高效管理与运行的有效手段。

在教育领域，行动学习也得到了广泛的应用。1998 年澳大利亚一所高中
采取行动学习实施教师的信息技术培训，该项目持续三年，践行了反思、行动
和学习共同体的行动学习理念。项目最终取得成功，教师的信息素养得以提
高，学校的整体教学质量也得到了提高。[2] 2001 年，澳大利亚联邦学校委员会
开始实施 Quality Teachers Programme (QTP)，即"优秀教师培养项目"，该项目
要求各学校结合自身条件有计划地开展以教师合作行动研究为主的培训项目，
其目的在于提高教师的教学水平和学校整体教学质量，以达到国家课程改革对
学生学业提出的较高要求。此外，在英美等国家的中小学教师培训中，行动学
习法也得到了一些运用，这些项目大都取得了较好的成效。在高等教育的课
程教学领域，国外对于行动学习的运用主要是针对 MBA 课程和其他企业管理
人员在职培训。如弗朗克（Frank）就对英国哈德斯菲尔德大学（University of
Huddersfield）MBA 课程中学员开展行动学习进行了理论分析，强调了在实施
过程中需要注意的问题并总结了该类课程中学员开展行动学习的具体模式。[3] 类
似的研究在其他国家的大学商学院中也比较常见。

在我国，行动学习作为一种新兴的学习方式在政府、学校和企业界也得到
了应用。1998 年，中共中央组织部干部教育培训中心将行动学习作为一种培
训方法运用于甘肃省中高级公务员培训项目中并取得了成功。之后，内蒙古自
治区和广西壮族自治区，以及四川、海南等省也仿效甘肃项目与国外专家合作
开展了各自的公务员培训行动学习项目，相关的实践成果在各种媒体上多有报
道。2008 年，在陈伟兰的组织下，中共中央组织部在北京举办了"行动学习专
题研讨会"，以推广行动学习的实施经验。该研讨会在总结了国内近十年公务
员培训中行动学习经验的基础上指出了行动学习未来的发展方向：一是要深化

1　汤启宇 . 西门子公司的行动学习培训法 [J]. 杭州金融研修学院学报，2003（2）：42-44.
2　孙翠玲 . 职业中学教师信息技术行动学习探索 [D]. 南京师范大学硕士学位论文，2005.
3　Frank, H. (1996). The Use of Action Learning in British Higher Education, *Education Training*
　　(8):7-15.

行动学习的理论基础、基本原理和运作机制研究；二是要注重行动学习实施途径的创新，探索行动学习的多样化形式；三是探究行动学习的发生环境和制度建设，努力实施行动学习的制度化建设。[1]

我国企业界也纷纷展开了对行动学习的实践探索，其中以华润集团和中粮集团为典型代表。还有一部分企业如中国移动公司、联想集团等在构建学习型组织的过程中采用了类似行动学习的团体学习方式来解决企业面临的实际问题，这些项目同样取得了积极的效果。[2]

行动学习在我国教育界主要运用于三个方面，一是用于教育管理人员培训以提高学校的整体管理水平；二是用于学校或远程教育机构的部分课程教学；三是用于普通教师的技能培训以促进其专业发展。就第一个方面，国内已有相关机构在校长培训课程中运用行动学习法，将校长们分为小组解决讨论如何解决他们经常面临的棘手问题，在反思、讨论、合作过程中校长的教育管理能力得以提高。在课程教学方面，行动学习一般是运用于成人教育课程中，如用于MBA 学员的企业管理课程教学、教育硕士课程教学、远程开放教育课程教学等，也有将行动学习法运用于成人学生外语学习方面的理论研究。在第三个方面，国内的实践大都集中在教师信息技能培训上运用行动学习法。2003 年，北京市成立教育信息化教师专业发展基地，并运用行动学习模式提升教师的信息素养与能力。此外，中国香港学者过伟瑜（Ora Kwo）针对浙江省中小学英语教师指导开展了为期 10 年的教师行动学习实践研究，取得了很好的效果，参与教师感觉收获颇丰，提高了教师的专业发展水平。以上的这些研究都深化了行动学习的研究范围，且在改进教育教学质量的实践层面上取得了一定的成效。

通过对上述行动学习研究的文献梳理，我们可以得出如下结论：

（1）自 20 世纪 80 年代以来，国内外针对行动学习的研究文献主要是按两条主线开展的，即针对行动学习本身的理论研究和针对行动学习应用的实践探索，但更多的文献则是将行动学习理论与实践相结合的案例分析，这方面的案例多集中在企业管理人员培训、政府公务人员领导力培养等方面；

（2）对于行动学习的内涵、特征、组成要素、操作流程等基本问题，目前

---

1 陈伟兰 . 行动学习法及其在我国的应用研究 [J]. 福建行政学院学报，2009（3）：15-21.
2 石中和 . 对行动学习的研究 [D]. 北京交通大学硕士学位论文，2007.

还没有形成明确的统一看法，但大家对这些问题的最核心理解却是基本一致的；

（3）目前对于行动学习的研究内容还比较分散，对其运作机制与具体实施策略的研究还不够深入；

（4）对于行动学习运用于某些行业的探究还不够全面，如在教师专业发展中运用行动学习的研究缺乏系统性，尚处于探索阶段。

第三节　教师行动学习研究文献综述

笔者于 2017 年 5 月以"教师行动学习"为主题和篇名在 CNKI 中进行精确检索，后按照非重复性、学术性和相关性原则剔除重复文献、报纸短论和书评等后共获得有效文献 68 篇，其中期刊论文 58 篇，学位论文 9 篇（含博士学位论文 3 篇、硕士学位论文 6 篇），会议论文 1 篇。从发表时间看，我国大陆/内地最早的教师行动学习研究文献发表于 2004 年，当年度共有 9 篇相关论文发表，但此后至今每年所产出的文献篇数均不超过 10 篇。从文献来源看，在笔者所检索到的 58 篇期刊论文中，发表于核心期刊的论文共计有 12 篇，仅占期刊论文总篇数的 1/5 左右；而所检索到的 9 篇学位论文作者则全部来自于师范类高校，作者所学专业多为教育技术学、课程与教学论、学前教育学等，其中博士学位论文仅有 3 篇。笔者上述所检索到的有效文献来源分布及发表/完成年份与数量等信息具体可如图 2-1 和 2-2 所示：

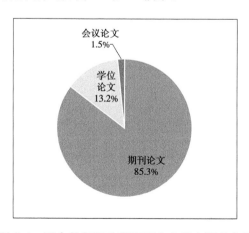

图 2-1：国内教师行动学习研究文献来源分布图

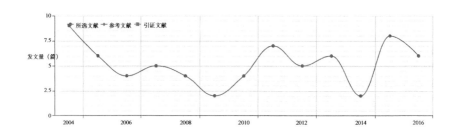

图 2-2：国内教师行动学习研究文献发表数量与年份分布图

从图 2-2 中教师行动学习研究文献发表的数量和时间不难发现当前其研究成果数量仍很有限，研究历史也仅有 10 余年，相对而言时间较短。为进行对比分析，笔者也同期在 CNKI 中仅以"行动学习"为主题进行了精确检索，共计获得 532 篇有效文献，涉及领域包括企业经济、行政管理、高等教育、职业与成人教育等，其中针对行动学习运用于企业管理人员培训的研究较多。从发表时间上看，早在 1994 年就有学者介绍过相关内容。此外，就研究成果的载体而言，涉及到教师行动学习的论文发表于核心刊物的数量还不是很多，学位论文中博士论文数量也偏少。尽管学术界某一主题研究文献的发表数量和载体并一定能够准确反映该主题研究的广度和深度，但却可以从一个侧面反映该主题研究的整体状况。据此观点并结合图 2-2 分析，作者认为目前我国行动学习研究领域专门将教师作为对象的研究仍处于起步阶段，其研究数量和质量都还有待于进一步提升。

研究对象分布：从研究对象来看，目前我国教师行动学习研究一般是将所有教师作为一个广义的整体而开展研究，大部分论文未明确区分教师类型，而只是笼统地讨论"教师行动学习"，对特定群体如某一学科教师、某一地区或特殊类型学校教师的关注程度还不够，相关研究还不够深入。据统计，在笔者所检索到的 68 篇教师行动学习研究文献中针对所有"笼统"教师的研究有 30 篇，占研究文献总数的将近一半；而针对特定群体教师的研究则较少，其中和外语（英语）教师和幼儿教师的研究数量相对多些，如对针对外语（英语）教师的研究论文就有 13 篇，针对幼儿教师研究的有 5 篇，这主要原因在于相关研究人员长期关注此类型教师的行动学习与专业发展，并以此为主题撰写了博士论文，从而产出了较多成果。总体而言，按教师所处学校类型分类当前我国教师行动学习研究的对象仍不是特别细化，如在上述 68 篇文献专门针对中小学教师的研究共有 14 篇；针对高校教师的研究文献只有 10 篇；而针对职业学校教师的研究文献仅有 5 篇。从教师任教学科角度分类来看也存在这一问题，除普遍意义教师之外，现有研究只专门关注到了英语、物理、信息技术、管理学等部分学科教师，针对其他学科教师的专门性研究还未曾有所涉及。图 3 展示了笔者所检索到的我国教师行动学习研究对象分类及其相应文献篇数的对应分布情况：

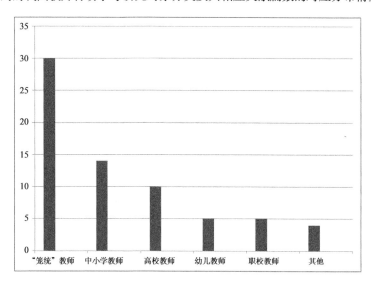

图 2-3：国内教师行动学习研究对象与文献数量对应图

由图 2-3 可见，当前我国教师行动学习研究对象仍以普遍意义上的所有教师为主，其研究成果占到了所有研究的近一半。需要指出的是，尽管针对普遍意义上"笼统"的教师研究结论也适用于不同类型教师，但不同类型教师具有不同的工作环境与特点，其行动学习的内容和开展方式等也有应有所差异。因此，我们还需要对不同类型 / 学科教师开展有针对性的研究，以便指导相关教师更为有效地开展行动学习，提升其专业发展水平。事实上，这一趋势目前已有所显现，笔者就检索到发表于近两年的有关农村中小学教师行动学习的研究论文 3 篇、有关 MBA 课程教师行动学习的研究论文两篇、有关高校辅导员行动学习的研究文献两篇，这些研究显然更具针对性，其结论的实用性和推广性也更强，是今后教师行动学习研究的应然趋势。

研究人员构成：从研究人员所属机构看，当前我国教师行动学习研究的研究者大多工作或求学于师范类院校，CNKI 收录文献中共计有 42 篇论文由这些研究者所撰写，这也符合当前我国教师研究者来源的整体特征。毕竟，我国师范类院校作为培养教师特别是中小学教师的主体，在教师教育研究和教师培训实践方面积累了很多的经验，在教师教育研究方面也处于领先地位。如北京师范大学、华东师范大学、南京师范大学等传统师范教育强校以此为主题的论文发表均超过 4 篇。然而，由各地教育行政部门或教科所 / 教研室研究人员，以及一线中小学教师所撰写的相关论文数量却十分有限，截至目前为止总数仅为 4 篇；而由高校教师和中小学教师或教研员合作开展的研究在数量上也极为有限。

研究内容分布：从具体研究内容来看，当前的研究大多是从宏观上阐述教师行动学习的概念、意义、特征、优势等，重点集中于将行动学习的理念或方法介绍入教师专业发展特别是教师在职学习或培训之中，或从理论上构建提升教师专业水平的行动学习模式。此类宏观的教师行动学习研究一般是采用理论思辨的方式开展，根据笔者归类分析，这类研究文献超过成果总数的一半，它们对于微观层次的研究具有理论指导意义。尽管所有的宏观理论研究都承认行动学习是一种促进教师专业发展的有效方式，但对于其内部运作机制和外部实施策略的分析还不够深入。在促进教师专业发展方面，宏观研究主要是概述行动学习对于教师整体专业技能提升的意义和作用，但并未深入探讨其与教师专业发展的各个方面如专业理念、专业态度与动机的联系。

在微观层面的研究上，目前将行动学习运用于教师信息素养（ICT）和教学技能提升的研究相对较多，有多位学者对此进行了理论和实证研究，共计产出了 22 篇文献。在提升教师信息素养方面，顾小清设计了面向信息化的基于行动学习的中小学教师发展项目并进行了实践验证；王长丰提出了"中心变换的行动学习模式"并将之运用于中小学教师信息技术培训之中；杨彦军则介绍了信息技术（ICT）赋能的教师行动学习模式。在提升教师教学能力方面，周剑辉等人构建了教师教学能力协助式行动学习训练模式；李娜则介绍了行动学习在教师教学能力培训中的具体运用策略。此外，近年来也有学者关注了行动学习对于优化教师知识结构的作用，以及对于教师批判性思维提升、正面学习动机塑造的作用等。教师行动学习的其他方面如内外部环境、行动学习小组构建策略、行动学习的专业引领等在最近的文献中也均有所涉及。可见，我国教师行动学习的研究内容正在逐步细化，涉及面已越来越广，但总体而言还是以宏观的主题为主。

研究方法使用：研究方法是和具体的研究内容相对应的，研究方法的使用直接影响到研究结果的科学性。本文作者将研究方法分为实证性研究和非实证性研究两大类，"实证性研究"一般以有计划、有系统的数据收集和分析等为主要特点，除此之外的研究则统称为"非实证性研究"，包括个人经验和观点、用思辨的方法探讨理论问题、对教师行动学习的意义所进行各种讨论等。

图 2-4 所显示的是国内教师行动学习研究在 CNKI 中检索到的有效文献所呈现的研究方法、篇数和百分比情况，其中带有实证研究方法的文献只有 12 篇，占了 17.6%，而非实证研究的文献有 56 篇，占了 82.4%。需要特别指出的是，部分文献特别是学位论文采用了混合研究方法，即既有实证调研和分析，也有理论归纳和总结，笔者在分类时依据了其主体的研究方法进行归类。在实证研究文献中，具体的研究方法包括问卷调查法、实地观察法、比较研究法等；而非实证研究则普遍采用文献法、归纳总结法等。据笔者进一步深入分析发现，现有的实证研究大多以定性为主，较少采用定量研究，缺乏多样化的数据分析，更缺乏定性和定量相结合的研究；而在非实证研究中则以经验总结偏多，有代表性的可供推广的案例研究较少。

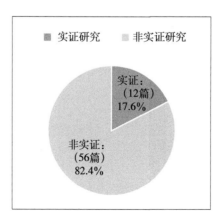

图 2-4：国内教师行动学习研究文献方法使用与篇数占比图

由图 2-4 可见，当前我国教师行动学习研究主要还是采用以理论思辨为主的非实证方法开展，实证性研究还不是很普及。非实证研究质量也有待提高，部分研究仍停留在经验总结的层次，并未上升到科学高度；而实证研究中则存在调研面不广、统计方法陈旧、案例代表性弱等问题。

综上所述，我国教师行动研究近十年来经历了从无到有、由少到多的逐步发展过程；实践层面的教师行动学习活动在教师培训和校本教研中的运用也越来越普及。然而，就当前教师行动学习研究本身而言还存在诸多问题，其研究成果数量仍比较有限，研究质量也有待提高。具体问题主要表现在研究对象比较笼统，针对特定群体教师的研究较少；研究内容主要集中于探讨教师行动学习的内涵、意义与模式等，对微观层面的行动学习策略、行动学习环境等关注较少；研究方法也比较单一，理论思辨居多，实证研究偏少。这些问题在一定程度上影响了教师行动学习研究结论的科学性和推广性，需要在今后的研究中加以改进解决。

总之，教师行动学习尽管在我国尚属新的研究领域，其研究尽管在很多方面还不很成熟，但已取得了一定进展。从当前教师行动学习的趋势看，其在教师专业发展中将进一步发挥更大作用，相关的研究在内容、方法、结论推广等方面将会进一步深入，总体而言尽管仍有很大的提升空间，但一定会日益进步成熟。

第三章 教师行动学习的理论研究

在上文的概念界定中，我们曾对教师行动学习作了概念阐述，即教师行动学习是由教师作为学习主体所开展的行动学习。然而，教学情境是复杂多变的，教师作为一种特殊的职业群体，其行动学习与由其他职业人士所开展的行动学习有何区别？教师行动学习又有哪些具体特征？教师行动学习的意义何在？为回答这一系列问题，作者在本章中将继续从理论角度探讨教师行动学习的内涵、特征、意义等基本问题。

第一节 教师行动学习的内涵

一、行动学习的基本内涵

行动学习的创始人瑞文斯本人并没有给行动学习下过一个明确的定义，而是通过描述其特征指出"行动学习的实质是在解决问题的过程中与同伴一起获得学习"。从本质上讲，行动学习是在"做中学"，但又不能与单纯的"做中学"相混淆，是一种"在做中学""在合作中学"和"在思考中学"的结合。行动学习者基于先前的经验致力于解决实际的问题，而这往往需要在实践中反思才能获得。因格里斯（Inglis）将行动学习定义为：人们组成学习小组，共同寻求解决问题的方案和措施，在解决问题的过程中，个人和组织都得到了发展，这样的一个过程就是行动学习。

麦吉尔和贝蒂（McGill & Beaty）对行动学习的定义如下："一个以完成预定工作为目的，在同事的支持下持续不断反思与学习的过程，并且其指向的目标是解决实际问题。"[1]

马奎特（Marquardt）对行动学习的定义如下："行动学习既是一个过程，

---

1 [英] 伊恩·麦吉尔，利兹·贝蒂.行动学习法 [M].中国高级人事管理官员培训中心译.北京：华夏出版社，2002.

也是一个项目。行动学习是由小组组成，该小组致力于解决实际问题，在解决问题的过程中，小组成员相互支持，在解决问题的过程中同时获得学习。"[1] 由上文行动学习的概念介绍我们可以看出，尽管目前对行动学习学术界还没有公认的明确定义，但对其基本过程与关键要素却已经达成了共识。行动学习是一个"实践—反思—实践"不断循环的过程，即学习者在实践中发现存在的问题，在反思中寻找解决问题的方案，再在实践中检验方案并改进，在改进中产生新的反思并不断循环的学习过程。行动学习强调组建学习小组，因此这里的反思绝对不仅仅是个人的反思，更多时候还是集体的合作反思；反思也不是仅在学习小组内进行，而是贯穿于行动学习的整个过程。小组成员一般是面临共同问题的学习者，大家献言献策、集体讨论，通过学习小组这一群体的集体智慧寻求解决问题的方案。

从行动学习的动态过程看，其关键要素有问题、计划、行动和反思。问题是学习者在实践过程中遇到的，准备在学习小组中寻求帮助的疑难。问题可以是策略性的，也可以是质疑性的，但都有一个共同的特点，即这些问题都是基于学习者对经验反思的结果，而且是没有固定标准答案和唯一解决方案的，是和具体情境相关的。"问题"和"困惑"是不同的，困惑一般有明确的解决方案，并且方案一般是唯一的；而问题一般是没有确定答案的，可以有多种解决方案。一般而言，困惑只有在学习者经过思考提炼后才能形成问题，当问题明确之后，学习小组成员在一起共商问题解决的方案，制定出具体的计划，这就是行动学习过程中的计划。计划制定出后，学习者将计划执行在具体的工作实践中并在其中发现了新的问题，在对这些问题重新反思之后学习者不断调整计划，并不断加以实践改进工作现状。可见，在行动学习的过程中，反思、实践、合作是其关键的要素。行动学习是一种在行动中学习的方式，是一种将行动与学习结合起来的方式，但并非所有在行动中学习或将行动与学习结合起来的方式都是行动学习。行动学习是以反思为核心的，尽管有先前的个体反思，但其学习过程更注重集体的合作反思，从这个意义上说，行动学习的开展有一定的要求，是一种特定的学习方式。

1　Marquardt, M. (1999), *Action Learning: Transforming Problems and People for World-Class Organizational Learning* [J]. Palo Alto: Davies-Black Publishing.

在具体行动学习中，学习过程一般分为以下四步：1）准备阶段，即学习者思考自己工作中的现实问题；2）反思、研讨阶段，即学习者在学习小组中共同反思自己的问题，确定问题的核心并讨论如何解决；3）行动阶段，即学习者将集体研讨的成果付诸实践中解决问题，并思考方案的可行性；4）交流、总结阶段，即学习者重新组成小组对各自在实践中的体验与问题开展交流，以思考新的问题、展开新的学习。需要强调的是，在实际行动学习中，学习者并非完全按照这一顺序开展的，他们可以从上述任何一步开始，是一个不间断的学习循环。

从行动学习的过程来看，行动学习是一个反复进行的，以行动获得经验，从经验建立深入反思从而获得学习的过程，其中的循环要素包括：行动、反思、总结、评价、计划等。

表3-1　行动学习的过程循环要素表

行动——针对工作中的实际问题试图解决
反思——对效果进行反思，对行动的成功和失败进行反思
总结——从行动的经验中获得学习、同时获得实用的经验
计划——在总结的基础上，决定下一步的行动计划

以上行动、反思、总结和计划构成了行动学习的过程，在具体的行动学习中，组成学习循环过程的是，是"行动→反思回顾→新的计划→新的行动"循环，通过这一循环过程，学习者不断从行动经验中获得学习。整个过程可如下图所示：

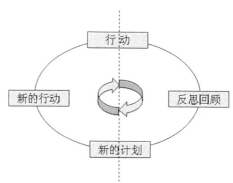

图 3-1：行动学习的循环图

以上这一行动学习过程实际上是一个行为不断跟进的循环，连接行动的是反思和更新计划的活动。这些反思包括：思考已有的行为和新的理念、新的经验之间的差距，完成理念的更新；反思新的理念指导下的教学行为，完成理念向新的行为的转化。此外需要强调的是，行动学习的过程离不开学习小组这个实践共同体对经验的共享以及对意义的探寻。同时，从知识管理的视角来看，行动学习的循环过程，是以实践者共同体为基础的实践性知识的不断创造与丰富的过程。

行动学习是建立在经验学习循环、群体动力学、建构主义学习理论、知识管理和成人教育学等理论基础之上的一种学习理念与方法，是一个内涵丰富的概念，但目前仍缺乏明确的定义，不同的理论学者和实践人员从不同角度对其有不同的理解。狭义的行动学习指学习者基于以往的经验，通过学习小组，在学习小组促进者协调下针对所面临的实际问题互相讨论，最终找到解决问题的途径，并在其过程中学习，这是一种具体的学习方法。广义的行动学习则是一种学习理念，泛指学习者基于以往的经验通过反思，在行动中与他人合作解决问题，提高自己的学习效果，从而获得专业知识与技能增长的过程。

行动学习是组织用来解决现实问题，同时开发组织成员技能的一种组织变革技术。该方法关注组织在解决现实问题的同时获得学习成果及学习方法，从而使组织转化为"一个学习系统"。[1]

二、行动学习的主要特征

行动学习强调学习者自身在学习中的能动作用，学习内容、学习速度、学习地点以及学习过程中的监控等都交给学习者本人来决定。可以说，行动学习不仅是学习知识的方法，更是一种提高学习者学习能力的策略。行动学习虽然也包括对专业理论知识的学习，但其主要目的并非获得这些专业知识，而是运用这些知识去解决实际问题。行动学习项目包括了知识学习、分享经验、创造性地提出和解决问题、建设学习团队以及建立行动学习小组五个环节。它是以

---

1 Marquardt, M.(1999), *Action Learning: Transforming Problems and People for World-Class Organizational Learning* [J]. Palo Alto: Davies-Black Publishing.

行动为基础、以小组成员的经验和相互支持为依托、以实际问题为中心、以反思为核心、以创造性思考为条件的学习方法。

行动学习之所以如此高效，其强大生命力来源于其本身是一个开放的系统，它不断吸收心理学、教育学、管理学、社会学、系统科学等领域的理论，并不断完善其本身的理论体系。从实施过程来看，行动学习的开展有以下特征：

（1）问题导向。行动学习是以问题为载体的，问题必须是与小组成员关系密切的真实情景下的问题，而且行动学习中的问题往往是没有固定答案的。学习小组对问题进行讨论分析，并努力列出计划，由问题陈述者或其他成员采取行动。

（2）主体介入。行动学习是一种体验式的学习，付诸行动是行动学习的关键，也是其不可分割的组成部分，学习者的学习态度对于行动学习也至关重要。主体主动自觉地在思维、情感、行动上的深度参与是有效行动学习发生的必要条件。学习者只有在行动的过程中，才能进一步反思以加深对问题的认识，从而提高学习的质量。

（3）反思质疑。关于反思与行动的关系，我国古代哲人就曾提出过"行成于思，毁于随"的观点，意即行动的实施需要依靠反思的作用。反思质疑是行动学习的主要方式，学习者通过对过去行动和经验的反思，提出具有现实意义的问题，小组成员在解决问题的过程中，对自己及其他成员的经验进行质疑，形成建设性的意见。学习者通过在行动的基础上不断反思，从而达到对问题本质更深入的认识，提出富有创造性的解决方案。可以说，反思是行动学习机制的关键，也是连接计划与行动的中间要素。行动学习的反思一般是在学习者职业对话的过程中完成的。

（4）同伴支持。行动学习强调学习是团体活动的过程，行动学习小组本身就是一个专业学习共同体，也是有效学习的媒介，具有学习交流、激发思考、澄清问题、提供支持和批评意见等多项功能。学习成员在小组内向其他人陈述问题并寻求反馈，其他成员作为支持者、倾听者、观察者、协商者和提问者，帮助陈述者探索问题并形成新的行动计划。

（5）专业引领。行动学习是以学习者为主体，以问题为载体，在专家引领下将结构化的深度职业性对话渗透在"问题→反思→总结→计划→行动→发现新问题→再反思"的循环过程之中，专家负责设计学习过程，控制研讨会的节奏，调节研讨气氛，形成有效互动。从这个意义上说，专家（学科理论专家、教学专家、教师培训人员、经验丰富的老教师等）是教师行动学习中的促进者。

从以上对行动学习要素的介绍和解释中我们可以总结出行动学习的如下特点：1）反思性，行动学习过程的核心是学习者的自我与集体反思。学习者针对现实问题在已有经验基础上开展的反思是行动学习的核心，也是保证行动学习顺利进展的关键。2）行动性，行动学习是在学习小组中完成的，小组成员要通过采取实际行动进行学习，因此具有很强的行动性与实践性。3）合作性，行动学习小组中学习者是通过合作在共同解决问题的过程中学习的，合作是行动学习的存在方式，学习小组成员之间的合作是行动学习的常态。4）主体性，行动学习中的学习者既是学习主体，又是学习过程中的实践主体，行动学习具有明显的主体性。5）参与性，学习需要学习者的主动参与，行动学习当然也不例外。行动学习要求学习者不仅在形式上，而且要在思维、情感和行为上真正参与，而且强调主动的、全面的参与。6）操作性，行动学习具有很强的操作性，便于操作，是一种在组织内部易于实施的学习与培训方法。[1]

行动学习的特征还可以用其实践意义来加以概括。首先，行动学习是综合了知识学习、经验分享、问题解决和行动实施的四位一体学习方法。行动学习以行动为导向，以小组成员的经验和合作为基础，以具体问题为中心，以创造性思维为条件。[2]其次，行动学习是学习者个人不断获得进步与发展的方法。学习者通过参与学习讨论与问题方案实践，在行动中增长了知能，获得了专业发展。最后，行动学习还是组织持续发展的有效途径。行动学习所倡导的合作、反思、实践可以在学习小组所在集体孕育浓厚的学习与发展氛围，最终促进组织的持续发展。

---

1 秦旭芳. 行动学习法与行动研究之比较 [J]. 师资培训研究，2004（1）：53-55.
2 孙翠玲. 职业中学教师信息技术行动学习探索 [D]. 南京师范大学硕士学位论文，2004.

三、教师行动学习的内涵与特征

如前文所述，教师行动学习是由教师作为学习主体所开展的行动学习。教师的职业特征与认知特点决定了他们的行动学习有其特定的内涵与特征，对教师职业本质和工作特征的理解是界定教师行动学习的前提。尽管行动学习的普遍特点如反思性、主体性、合作性、实践性等也适用于教师的行动学习，但鉴于教师的工作和认知特点以及现代教学对于教师的高要求性，教师所开展的行动学习仍有其特有的内涵与特征。首先，教师职业主要是理念性职业而非技术性职业。[1] 在知识方面，教师除需要掌握必需的知识之外，还要在其基础之上形成职业理念；在权利方面，教师职业是一种民主化的合作交往而非科层化的权力控制；在伦理方面，教师职业要从他主的职业道德规范转向自主的职业道德伦理。其次，教师专业实践主要是反思性实践而非技术性实践。技术性实践是教师对教育学、心理学原理和技术的合理利用，而反思性实践是教师与学生在教育教学过程中相互展开的"反思性教学"，是以解决复杂教学情境中的复杂问题为目的的。

很多学者都曾指出 21 世纪是一个充满了不确定性的复杂世纪，这对教育领域当然也不例外。由于受时代背景、社会变革氛围、教师培养模式转变、学生生源素质等多种因素的影响，现代教育教学对师生提出的要求越来越高，为适应这一特征，教师必须不断地加强自身的学习，这已是教师教育领域所达成的共识之一。然而，教师作为成人学习者与儿童的学习是不一样的，教师具有先前的经验与基础，其学习不完全是贮备式的，更多的是一种为解决实际问题的实践性活动，因此是问题导向的。以英语教师而言，大部分教师在职前教育中已经系统学习过英语语言知识（语音、语法、词汇、句法等）、英美文化、语言学、外语教学以及课堂教学管理等理论性知识，也积累了一些课堂实际教学的经验，这些都是教师在职后进一步继续学习的基础。然而，单纯的理论输入式学习并不能直接转化为教师课堂教学效果的提升，教师需要的是一种在实践中不断解决实际问题积累经验的学习方式。英语教师面临的教学环境一直处

1　朱新卓 . 本真的教育理念：教师专业发展的重心 [J]. 高等教育研究，2007(9)：43-48.

于变化之中，国家与学校对他们提出的要求也越来越高。英语在我国作为一门外语，教师在教学中遇到的很多问题具有典型性，这些问题的解决并不能单靠教师的理论输入式学习予以解决，也不能完全依赖于教师的个人反思，而是要通过教师的合作研修与实践检验。任职于同一所学校的教师尤其是同一学科的教师具有相似的工作环境与内容，但由于不同的教育经历与专业发展阶段对于相同的问题却可以有不同的看法，这些不同看法与思维的交流有助于教师们加深对问题的思考与认识，促进他们的发展。随着课程改革的深入推进，中小学教师所面临的学习压力越来越大，但这并非完全是是学历提升的压力，而是通过学习提高自己教学能力的压力，在更多的时候体现为提高学生学业成绩的压力。教学是一种实践性很强的职业活动，因此教师需要的是一种理论联系实践的知识，而并非完全意义上的理论性知识。此外，教学能力的提升也是教师经验不断积累的过程，而单纯的经验相加并不一定能够促进教师的专业成长，还需要教师有意无意的教学反思。经验也并不能单纯通过传授或讲解获得，而是需要教师在实践的基础上体会，即通过实践性反思增长教学经验，提升教学水平。

需要强调的是，教师个体的反思对于促进教师经验的提升有一定的作用，但教师之间特别是同一学校与学科教师之间的合作反思往往具有更大的效果，这就是教师行动学习所强调的合作反思。在教师合作反思中担任引领作用的可以是校外的专业研究人员如教育理论工作者如大学教授，也可以是本学科教研员或者本校经验比较丰富的专家型教师。教师行动学习小组也是由陈述者、支持者和促进者三类人员所构成的。陈述者一般是由提出问题的教师担任，教师们也可以轮流提出问题充当陈述者；支持者则是指倾听问题并参加讨论解决问题方案的其他教师，他们的作用在于贡献各自的经验与智慧供小组其他成员分享，为寻求最终的问题解决方案提供借鉴或建议；而促进者一般是由专家教师或教学研究人员担任，促进者对于帮助教师行动学习小组找到问题的焦点、引导小组讨论的思路以及保证学习小组活动的正常开展是非常关键的。

教师从事的教学活动是复杂多变的，教师的学习是基于实践的以解决问题为导向的。教师的工作特征是教师在从事教育教学活动时所表现出的不同于其他职业实践活动的样态，教师工作具有很多其他职业没有或不明显的特征，如在场性、不确定性、价值性、回归性和无边界性等。[1] 鉴于教师工作特点与认知特征，我们结合前人对行动学习的概念定义对教师的行动学习做如下界定：

教师行动学习是教师在复杂的教学环境下以教学反思为核心的，以完成预定工作或解决实际教学问题为目的，在同伴（其他教师或研究人员）支持下并在学习小组中持续不断思考与学习的过程，其指向的目标是解决实际教学问题，提高教学质量。教师可以通过在场或在线开展行动学习，可以自发或者由他人组织开展行动学习。教师行动学习不一定严格按照其步骤与要素开展，在学习小组人数、合作研讨的周期与频次等方面具有一定的灵活性。教师行动学习可以发生在日常的学校教学工作之中，也可以用于正式的教师培训课程。教师行动学习强调教师在经验中学，在反思中学，在合作中学，在情境中学，在实践中学，其结果将促进教师个人和学校整体的共同发展，最终还可以促进学生的学业进步与发展。

可见，行动学习给教师提供了一个成为行动探究者的机会与途径。行动学习是一个教师在同伴的支持和专家的引导下，通过反思与行动从经验中不断学习的循环过程，其目的在于改进教学和促进教师的发展。这一过程可以让教师将自己的学习聚焦于教学实践之中，同时鼓励教师同事之间的专业对话和合作探究。教师行动学习是一个教师不断反思实践的过程，其核心在于教师批判性反思意识的增强和学习小组成员之间经验的分享。教师的行动学习方式体现了"知行合一"的中国传统认知论和教师"学得"与"习得"的结合，既考虑了教师行为效应的反馈，又关系到教师的主体悟性、理性学习的补偿与增益。教师在行动学习中要做到"听中学，做中学，听懂以后做出来，做好以后说出来"，这一理念对于教师专业发展而言具有重要的意义。

教师行动学习既具备行动学习的反思性、合作性、主体性、实践性等基本特征，也符合教师学习的经验先行、问题导向等特点。反思是教师开展行动学习的前提并贯穿于其整个过程之中；合作是教师行动学习的基本方式；提升实践是教师行动学习的最主要目的。此外，教师行动学习还是一种"以行促学"的学习方式，教师行动学习建立在课堂教学实践基础之上，关注教师的教学体

1　[日] 佐藤学. 课程与教师 [M]. 钟启泉译. 北京：教育科学出版社，2003：264-266.

验，通过他们亲身实践来探究教学问题，最终促进教师形成在实践中学习的习惯。就英语教师在职学习而言，肯尼迪（Kennedy）（1991）曾指出语言教学从本质上说是一种认知行为，语言教师学会如何教学不是一个简单而短促的行为，而是一个长期的变化过程，其信念和思维方式都是其中的影响因素[1]。教师行动学习提倡教师尽可能参与到自身的发展过程中去，切实认识到学习的重要性，并倡导合作解决问题，是一种由个体到整体的、自下而上的学习方式。

第二节　教师行动学习的要素

根据上述对教师行动学习的定义可以看出，教师行动学习的组成要素包括拟解决的问题、参与学习小组的教师（学习者）、学习小组、小组促进者/引领者等。教师行动学习的行为要素包括解决实际问题、教师的合作/集体反思、教师之间专业引领和同伴互助。根据管理学领域的界定，行动学习应该遵循一定的步骤并按照一定的程序开展。然而，鉴于教师的工作与认知特征，教师行动学习具有一定的灵活性。如对于学习小组成员的数量，教师行动学习可以由6-8人组成学习小组，也可以不受这一人数的限制，但人数太多或太少会影响教师学习的质量；对于定期召开学习小组会议，教师开展行动学习可以根据所参与教师的具体情况和需要解决的问题性质灵活安排，可定期或不定期召开；对于学习的促进者，教师行动学习促进者可由校外专家担任，也可以由本校经验型教师担任，也可以不固定某人担任而由参与教师轮流担任；对于学习成果的总结，教师行动学习可以通过正式的研讨汇报，也可以通过非正式的谈话交流。总之，和传统的用于职业培训领域的行动学习法不同，教师行动学习结合了具体的学校环境和教师的工作特征，其实践模式具有一定的灵活性，但其中的核心要素却是不变的，即都存在下文所分析的四点要素。

1　Kennedy, M. (1991). *Research Genre in Teacher Education* [C]. East Laning: Michigan State University, National Center for Research on Teacher Learning.

一、教师行动学习的构成要素

（一）拟解决的问题

在行动学习中，我们应该从广义的角度理解"拟解决的问题"。教师在自身的工作中积累了很多经验，这是他们进一步学习和发展的基础。奥苏贝尔曾经提到，如果必须把教育心理学减少到一条原理的话，这一原理在于影响学习最重要的一个因素就是学习者已经知道了什么。教师先前的知识与经验可以帮助他们发现教学中存在的问题，思考这些问题，从而开始一轮行动学习。行动学习中的问题一般是没有标准的固定答案的，具有开放式的灵活解决方案，教师正是带着各自的具体教学问题参加行动学习的，这些问题是在教学中困扰他们的，迫切希望加以解决的。[1] 现代教育教学面临着诸多挑战，但从另外一个意义上说，应对这些挑战其实也是提高教学质量的机会，我们也可以将这些挑战理解为各种问题。另外，教师所需要完成的任务也可以被理解为"问题"。如学校要求英语教师完成提高学生阅读理解中利用上下文猜测生词能力的任务，这一任务就是教师需要解决的"问题"。问题是教师行动学习的关键要素，也是他们行动学习的起点。教师行动学习中学习者可以根据自己的教学情况提出各自的问题，也可以由学习促进者指定某一个问题加以讨论，前者一般存在于教师自发的行动学习之中，而后者则常见于他组的教师正式培训课程中行动学习法运用中。教师行动学习中的问题不是单靠理论知识可以解决的，更多地需要在实践中寻求解决的方案。在教师自发和他组的行动学习中，教师的个人问题和组织问题都会得到重视，但在行动学习中首先要思考的往往是迫切需要解决的问题，这也是教师行动学习的一大特征。教师行动学习中的问题一般具有典型性，如在英语课堂中怎样调动英语基础较差学生的学习积极性、如何在英语阅读教学中扩展学生文化知识等。这类问题的解决并没有固定的方案，需要教师在个体或集体合作反思中加以总结。此外，教师们的问题也不能无缘无故产生，需要教师在反思的前提下才能总结出自己在教学中的问题，而解决问题也需要在行动学习中的反思。可见，反思是教师行动学习中提出和解决问题的

1　石中和. 对行动学习的研究 [D]. 北京：北京交通大学硕士学位论文，2007.

关键，而拟解决的问题则是教师行动学习的起点。

（二）教师行动学习小组

学习小组是教师开展行动学习的基本单位，也是他们进行集体反思和批判性研讨的主要载体。按照行动学习的相关理论，小组成员不宜过多或过少，而且小组成员的来源应该尽可能做到多样化，以便在小组学习中提供多方位和多角度的观点与思维方式。学习小组中的教师反思一般是具有合作性的，教师合作反思是教师团队成员对教学过程、教学方式以及自身的发展进行公开反思和充分交流，并采取适当的行动进行改变，以适应环境的变化或解决自己所面临的实际问题。对于教师行动学习而言，其小组可以是同一年级同一学科的备课组，或是参与教学课题研究的课题组、教学行动研究小组；也可以是参与示范课听评课后交流环节的所有教师，或是校外培训课程中由培训专家进行分组研讨的学习小组。因此，其成员人数虽然相对灵活，但一般以 6-8 人左右最为适宜。教师行动学习小组成员的组成也应该实现多样化，应尽可能吸收各年龄层次、各类职称、职位教师的参与，如有可能也可以邀请校领导或校外教学研究人员如教研员参与，以此使得学习小组的学习讨论与交流更富信息性，从而提高教师行动学习的效果特别是针对具体教学问题方案研讨的质量。

教师行动学习小组的特点基本上是与其他职业人士行动学习小组的特点相一致的。行动学习小组应该具备如下特征：[1]

- 学习小组致力于真实问题的解决；
- 学习小组提供给组员们集体反思的机会；
- 每个小组成员都有责任为小组的发展做出贡献，成员们致力于小组整体而不是个人问题的解决；
- 学习小组是实践取向的，学员们不只关注理论上的问题解决方案，而是注重在实践中验证和评估方案。

对于参与行动学习的一线教师来说，他们可以将行动学习小组看成是一个发掘自我能力和构建同事之间相互信任关系的场所，也是一个教师集体为改进

1　McGill & Beatty. (1996). *Action Learning: A Practitioner's Guide (2nd Edition)*. London: Kogan Page.

学校教学而献言献策、发挥才智的场所。可以说，学习小组的构建与活动开展是教师行动学习的关键要素，也是决定教师学习质量高低的重要因素。

（三）教师的反思与质疑

反思是成人学习的重要特征。孔子有言，"学而不思则罔，思而不学则殆"，这句话很好地概括了"学"与"思"之间的辩证关系："思"是对"学"的总结和提升，只"学"不"思"必将影响"学"的效果。教师在日常的教学行为中如果没有反思，而只是简单地重复自己的教学行为，没有反思的环节，那么每一个教学事件就会失去其意义和价值，教师的经验也将会变得割裂，教师学习也就无从发生。可以说，反思才能使教师的课堂教学成为一种连续的、交互的经验。

对于解决具体问题的范式，长期以来人们一直存在技术理性与反思理性两种取向。技术理性要求人们通过科学的实证寻求问题解决的方法，而反思理性则倡导通过对实践的反思寻求复杂问题的解决，这也体现了社会科学研究领域科学实证主义与现象解释学的对立与综合。应该说，这两种理性各有利弊，适用于性质不同问题的解决。然而，随着事物发展复杂性的增加和外部环境多重因素的影响，反思理性对于解决特定的、情景化问题作用也越发明显。

由于受到众多流派和哲学思想的影响，对"反思"的定义目前仍众所纷纭，还没有达成完全统一的看法。[1]美国实用主义教育家杜威最早提出反思的概念，他认为反思是"对于任何信念和假定型的知识，按其所依据的基础和进一步结论和进行的主动的、持续的和周密的思考"[2]。在此基础之上，杜威还推出了"反思性经验"的教育思想，并详细论述了经验与学习之间的内在联系，并认为"只有对经验进行反思，将所做的事情与所承受的后果建立有意义的联系，学习才会发生"[3]。此外，杜威还指出反思性思维起始于"困惑的、混乱的和不一致的情景"，止于"清楚的、有秩序的和令人满意的情景"。其中的过程包括前反思阶段、反思阶段和后反思阶段，而其中的"反思阶段"又包括思索、判断、

1　Akbari, R. (2007). Reflections on Reflection: A Critical Appraisal of Reflective Practice in L2 Teacher Education [J]. *System* (35)：192-207.

2　[美] 约翰．杜威著，王承绪译．民主主义与教育 [M]．北京：人民教育出版社，2001.

3　Deway, J. (1963). *Experience and Education*. New York: Collier Books.

建议、假设和验证五个步骤。[1] 在此基础之上，舍恩（Schön）提出了"行动中反思"（reflection-in-action）的概念，他认为职业人士在复杂多变的情景中运用的是一种"行动中的知识"。[2] 这一理念对于教师发展的启示在于教学反思是教师学习的重要手段，是教师有效学习的基础。波斯纳（Posner）提出了教师的成长公式：经验 + 反思 = 成长。他指出："没有反思的经验是狭隘的经验，至多只能成为肤浅的知识。如果一个教师仅仅满足于获得经验而不对经验进行深入思考，那么即使他有 20 年的经验，也许只是一年工作的 20 次重复，除非他善于从经验中吸取教训，否则就不可能有什么改进"。[3] 所谓教学反思，是指"教师为了实现有效的教育、教学，对已经发生或正在发生的教学活动以及其背后的理论与假设，进行积极、持续、周密而深入的自我调节性的思考，并在思考的过程中发现和表征问题，并努力寻求多种方法来解决问题的过程"。[4] 根据舍恩提出的观点，教师的反思并不是自己的苦思冥想，而是在"行动中的反思"，即在教学实践中的思考，是一种实践性反思，也是一种批判性反思。教师的很多个人知识一般是不可言表的、隐含在行动之中的；教师并非在任何情况下都是先思而后行，在很多情况下是在反思中开展行动，即构建所谓"行动中的理论"。舍恩还认为，决定教师独特工作方式的正是这种行动中的理论而不是由外部强加的知识或理论。反思性实践者的任务是"外显"那些不可言表的个人理论知识，而这种外显正是通过反思特别是行动后的反思，并通过不断质疑自己的行为而实现的。按照社会建构主义的理论，这种反思不一定是单纯个人的反思，还可以在与他人的合作中完成。而这就体现了合作性反思的特征。教师行动学习尽管并不排斥个人反思，但更多地是以合作性反思的形式体现的，且这种反思大多为一种行动中或行动后的反思。

反思不仅是教师学习的重要手段，也是教师学习应该涵盖的内容。反思是教师在教学实践中建构知识的介质，也是教师在实践中学习和发展的专业能力。加拿大"现象学教育学"开创者范梅南（Van Manen）将教学看作是复杂

1　Deway, J. (1933). *How We Think*. Boston: D. C. Heath and Company.

2　Schön, D. A.(1983). *The Reflective Practitioner*. New York: Basic Books, Inc., Publishers.

3　转引自斯坦托姆著，王深译 . 怎样成为优秀教师 [J]. 比较教育研究，1983(1)：32-34.

4　申继亮，刘加霞 . 论教师的教学反思 [J]. 华东师范大学学报（教育科学版），2004（3）：44-49.

的生活经验，按时间顺序区分了教学事件中包含的反思：1) 采取行动之前的预测性反思；2) 行动中的即时性反思；3) 行动后的回顾性反思，目的在于帮助我们理解已经发生的经验，从中获得启发。格鲁什卡（Grushka）在前人的研究基础之上进一步区分了教学反思的三种时间维度：1) 行动之前的反思，主要是根据以往的经验对行动的发展轨迹和结果做出预测，并制定相应的行动计划；2) 行动过程中的反思，即对所出现的问题进行分析和解决；3) 行动后的反思，对行动的效度做出评价，并对未来的行动做出调整[1]。

由此我们可以得出结论，反思贯穿于教师学习的整个过程，从行动前的反思到知行合一是一个完整的教师学习过程。教师只有不断地对自己的教学进行反思，才能从中获得更多的学习资源，促进自己专业能力的提升。当然，在反思的过程中，教师要不断质疑自己或他人的教学行为，并将自己的质疑提出供大家讨论，一个集体的学习小组可以带来不同的视角，从而帮助解决疑问。

教学反思是教师对自身的教学行为、决策以及由此产生的结果进行的批判性思考。刘利平和刘春平指出："教学反思的真实意蕴有三：其一，反思本身不是目的，目的在于切实变革实践。教师不仅要注重对教育教学现象或问题的反思，还要将反思的成果用于后续的教学活动之中，以不断提高教师的教学能力；其二，反思是一个过程，而不是一次事件，教学反思是一个伴随教师专业发展的持续过程；其三，反思是一种合作性的社会实践，个体的反思效果比较有限"。[2]反思的三个层次，即从技术性反思、实践性反思到批判性反思，是一个动态的不断发展和深入的过程。只有当教师以民主、开放与自我批判的方式就教学实践中所面临的问题、困难与他人进行交流与讨论时，才可能促使教师在具有反思意识的基础上，从技术性反思出发，坚持不懈地进行自我解剖和反思，逐级走向批判性反思，从而促进教师的专业化发展。因此，在教师专业发展的过程中，教学反思应该成为教师最重要的自我发展手段。然而，教师的教学反思在实践中却存在很多问题，最为典型的就是"只反思不行动"，缺乏一

1　Grushka, K. (2004). *Reflective Practice in Teacher Education: Theory and Practice in One Australian University.* Presented at the Reflective Practice Conference. Gloucester, UK.

2　刘利平，刘春平. 在反思中促进教师专业发展 [J]. 天津师范大学学报（基础教育版），2011 (4)：1-5.

个不断重建实践行为的过程。事实上，教师应该使自己的反思具有行动性，使其直接指向教学实践行为的不断改善与重建，这就需要引入行动学习的理念。

教师行动学习并非教师机械地接受某种现成的知识，而是在不断反思的过程中主动地构建知识，反思贯穿于教师行动学习的整个过程，包括教师的自我反思、教师学习小组的合作反思；包括行动中的反思、行动后的反思。根据舍恩的反思实践理论，麦吉尔和布罗克利亚克（McGill & Brockbank）界定了行动学习中的反思实践的 5 个过程为：1）行动，2）行动中反思，3）对行动中反思的描述，4）行动后反思，5）对行动后反思的反思[1]。行动学习中的教师反思同样遵循这一流程，是一个反思实践贯穿其中的过程，反思是教师行动学习必不可少的因素，也是最重要的因素。值得一提的是，教师的反思行为与能力并非与生俱来的，而是需要外部的刺激和自身的培养。正如舍恩所言："教师个人能够发现使用中的理论（theory-in-use）的不当之处，但如果想要进行深层次的反思和回溯式的思考，则一般需要外来的刺激。"教师在行动学习中的需要解决的问题便可以作为刺激、是引发教师反思的外在因素，是教师批判反思式行动学习中不可或缺的条件。

（四）教师同伴互助

有效的反思是一种社会过程，但如果没有与他人的交流与对话，反思就会局限于个人的领悟。哈贝马斯指出，"个人的反思需要与自我的一部分来看自己的另外一部分，而这一过程中存在很大的误导风险。"[2] 个人在反思中需要与他人特别是同伴进行交流，这对反思的效果具有重要的作用。正如布德（Boud）等人指出的，"无助的个人反思会错过一个积极的过程，而这一过程会由于他人的支持、鼓励和参与而被大大加速。"[3] 阿基里斯（Argyris）也指出，"在追求反思技能的发展中，我们彼此是对方最大的财富。"[4] 从这一意义上说，反思是相

1　McGill & Brockbank. (2004). *The Action Learning Handbook* [M]. London: Routledge Falmer: 103.

2　Habermas, J. (1974). *Knowledge and Human Interest*. London: Heinemann: 239.

3　Boud, D., R. Keogh & D. Walker. (1985). *Reflection: Turning Experience into Learning* [M]. London: Kogan Page: 174.

4　Argyris, C. (1982). *Reasoning, Learning and Action: Individual and Organization* [M]. San Francisco A: Jossey-Bass.

互支持的，因此在教师行动学习中反思还需要集体的合作反思，这也是教师之间同伴互助的一种形式。

同伴互助的理念与形式最早是由美国学者乔伊斯和肖瓦斯（Joyce & Showers）提出的，一般是指在两个或两个以上教师间发生的、以专业发展为指向、通过多种手段开展的，旨在实现教师持续主动地自我提升、相互合作并共同进步的教学研究活动。[1] 在中小学校中，教师同伴之间的互帮互助是一种常见的行为，通常是为了探讨具体教学问题的解决。教师同伴互助活动可以分为创建问题情境、共同解决问题、评论问题和产生结果四个子过程，这一过程就体现了行动学习的理念。在日常教学工作中，教师同伴互助通常以如下几种方式开展：1）某个教师与同事之间进行针对教学的开展非正式对话，主要关注该教师的课堂行为、出现的问题以及对这些问题的解决；2）教师们在准备教学材料时的相互合作；3）教师之间相互观察课堂、并互相讨论从而改进课堂教学质量；4）两位教师共同教学，相互观察对方的教学流程和风格；5）某个教师对自己的课堂教学进行录像，然后与其他教师一起观看。[2] 教师行动学习主要是在学习小组内开展的，小组成员为解决问题开展的合作讨论就是同伴互助的一种形式。学习小组中的教师基于各自的教学和学习经验就所要解决的问题开展职业性对话（professional conversation），互相提问、质疑、协助，共同为解决问题而献言献策。在这一过程中，教师之间形成了一个共同交流对话的学习团体，参与的教师可以增加实践性知识，提升专业发展水平。

（五）对教师学习的专业引领

在学习化社会中，人人都需要终身学习。教师为了提高自己的专业素养，往往会向周围的同事学习，同时向书本和实践学习。但是在一般情况下，校内同层级教师的横向支援，明显缺少了纵向的引领，尤其是在当今我国课程变革的时期，先进的课程教学理念如若没有以课程内容为载体的具体指引与对话，没有专业研究人员或骨干教师等高层次人员的协助与带领，同事之间的横向互

1　朱宁波，张萍 . 教师同伴互助的校本教研模式探析 [J]. 教育科学，2007（6）：16-19.

2　Richards & Farrell. (2005). *Professional Development for Language Teachers: Strategies for Teacher Learning* [M]. London: Cambridge University Press.

助往往会囿于低水平的重复。[1]教师专业引领对于教师学习的效果十分重要，专业引领应同时关注具体经验、实践情境与理论提升，其核心任务是向教师展示教育理论与实践智慧的内在联系与转化方式。教师行动学习要求有专业引领，需要促进者的加入，其作用就是引领教师的小组讨论与深度反思。当然，随着行动学习的发展，促进者的作用会弱化甚至淡出。教师行动学习的专业引领人员既可以是校外专家，也可以由校内同事担任，具体引领人员的选择可根据具体教师行动学习的性质以及拟解决的问题而定。实际上，在教师日常的校本行动学习中，专业引领更多地表现为一种行为，并不一定由固定人员提供，其实施更多的是一种行为理念而非固定形式。而在运用行动学习法进行的校外教师培训中，专业引领人员的职责与作用则相对较为固定。

综上而言，教师行动学习的构成要素包括教师在教学中遇到的的实际问题、教师的集体/个人教学反思、教师之间的同伴互助和对参与教师的专业引领。这四个要素对于任何教师行动学习都不可或缺，问题是教师行动学习的起点，反思是教师行动学习的途径，而教师之间的同伴互助与专业引领则是教师行动学习的保障性条件。基于这一认识，我们总结了教师行动学习的行为要素如下图所示：

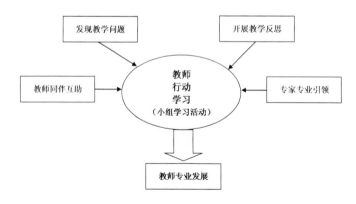

图 3-2：教师行动学习的行为要素构成图

在实际的学校教育教学环境下，教师在教学实践中进行学习已逐渐成为一

---

1 顾泠沅，王洁.行动教育——教师在职学习的范式革新 [M].上海：上海教育出版社 . 2007.

种常态。然而，教师行动学习却并非简单地等同于教师在"做中学"。教师行动学习是在学习小组中通过与同事合作完成的学习方式，解决具体教学问题或达到某种工作目标是其出发点，合作性专业对话是其基本形式，反思性实践是其核心要素，促进教师有效专业发展和提高教学质量是其最终目的。

二、教师行动学习的基本流程

行动学习的过程是以"小组支持下通过行动与反思不断循环来学习"为理念而构建的。在教师的行动学习中，"经验、反思、合作、行动"始终是学习的核心。教师行动学习是一个反复进行的、以行动获得经验、从经验建立深度反思从而获得循环学习的过程，是一个"反思→计划→行动→再反思→再行动"的循环过程。其中的具体循环要素包括：既有体验、界定问题、深度反思、总结分析、解决方案、行动评价。这六个过程要素的循环，同样构成了教师行动学习的过程，这一过程如下图所示：

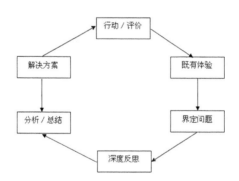

图 3-3：教师行动学习流程要素构成图

上述行动学习过程是一个行为不断跟进的循环，而连接行动的是反思和重新提出问题解决方案的活动。其中的反思包括：思考已有的行为与新的理念、新的经验之间的差距，完成更新理念的飞跃，反思新的理念指导下的试验，分析总结新的行动计划，完成理念向行为的转移。

教师行动学习遵循上述过程框架。首先，教师要不断总结自己的教学经验，并在经验中不断反思自己教学中的问题，确定自己的实际需求，为小组行动学习做好准备。其次，教师将问题在行动学习小组中提出，在同事的帮助下开展集体反思与研讨寻求问题的解决方案，之后将这一方案付诸行动以检验和评价方案的可行性。在检验的过程中教师又会发现新的问题，从而开始新的反思、展开新一轮的行动学习。可见，教师行动学习就是一个反思、计划、行动、再反思与再行动的不断循环过程。

根据上述流程框架，我们可以从教师日常工作中的行动学习与教师正式培训中的行动学习两个维度来介绍教师行动学习的实施过程。教师日常工作中的行动学习可以从以上流程框架图中的任何一个环节开始，即教师可以先发现问题，然后进行深度反思并在行动学习中开展实践，也可以先制定某一个学习计划，在计划实施中开展反思发现问题从而开始一轮行动学习。总之，反思、计划、行动、再反思与再行动的循环过程可以从任何一个环节开始，其实施过程与方法都相对比较灵活。在教师正式的培训课程中运用行动学习法的流程则相对固定，一般是教师带着问题前来参加行动学习小组，在小组环境与同事支持下进行深度反思形成解决问题的计划，然后付诸教学实践即行动之中，在行动中产生新的反思从而开始下一轮的学习循环。

第三节　教师行动学习的类型

从上述对教师行动学习的概念与内涵界定可以看出，教师行动学习具有广泛的内涵，存在着诸多的形式。上文虽然已对企业管理人员的行动学习做过分类，但学校和企业毕竟还是存在着一些差异，教师行动学习也有其独有的特征，因此有必要对教师行动学习重新进行分类。在学校中，教师行动学习根据发起者类型可以分为由学校组织发起的行动学习和教师自主开展的行动学习；根据促进者的有无和所发挥的作用可将教师行动学习分为促进者组织的行动学习和小组自我促进的行动学习；根据学习的发生方式可以将教师行动学习分为在线和在场的行动学习；教师的在场行动学习又可以再分为校内的和校外的行动学习，校内的教师行动学习一般以校本研修为主要形式，而校外的教师行动学习则一般表现为在教师培训课程中实施行动学习。图3-4所总结的行动学习模式就体现了这几种类型的教师行动学习。[1]

图 3-4：教师行动学习的类型图

在场行动学习是指教师在学校、培训机构等物理场所内所完成的行动学习，这也是教师行动学习的传统发生形式与场域，这类行动学习可以由学校或校外培训机构按照计划组织教师开展，也可以由教师自发开展，所采取的学习策略主要有案例研修、集体讨论、课堂观摩等。教师在场行动学习的优势在于教师们可以面对面进行交流，小组学习促进者可以更好地观察教师的学习过程并改进其中的问题，便于及时交流。随着技术发展所带来的网络学习方式的兴起，教师行动学习也出现了以网络为媒介的开展形式，这一形式同样也可以分为教师自发的和相关机构组织的两种类型。所谓网络在线学习，是指学习者及与之相关的学习群体为了完成特定的学习结果，利用网络与外部学习环境进行的交互总和。[2] 在线行动学习是在行动学习和在线学习的基础上形成的，是两者的交互融合，吸取了两者的优点和长处，是一种在线的、适时的、主动的能力建构过程。教师的在线行动学习又被称为教师电子行动学习，它不但具有在线学习知识更新快、易于操作、灵活性大等优势，而且还具有行动学习提出问题、解决问题的实践性特点。相比传统的教师在场行动学习，教师在线行动学

1　顾小清．面向信息化的教师专业发展研究：一个行动学习框架 [D]．上海：华东师范大学博士学位论文，2004．

2　乔爱玲．基于网络的教师在线学习活动设计与组织研究 [J]．电化教育研究，2011（6）：100-104．

习一般通过网络平台的在线聊天功能、网络论坛功能等为教师提供交流平台。在线行动学习的优势在于省时省力，而且由于网络的隐蔽性，参与学习小组的教师在讨论中不必顾虑自己的面子、同事的看法等行动学习的不利因素，这有利于教师之间对话的深入进行，发掘更多的问题。目前，网络研修已成为教师教研活动的一种常见方式，如笔者在对高中英语教师的访谈中了解到有的学校在听评课制度中实行网络评课的尝试，即听课教师在课堂观察后将所听课堂教学的意见、想法以及需要改进的地方通过学校的网络评课系统匿名发布。这样，听课教师的顾虑就可以减少，更有利于他们发表真实想法。网络远程教育技术的不断进步不仅使得教师在线行动学习成为可能，而且在实践模式上也越发成熟。但其缺陷在于不利于促进者观察教师的实际学习行为，且对于不具备在线条件的教师而言这一方式的意义也比较有限。

根据教师行动学习的组织形式可以将之分为有组织的行动学习和自发的行动学习。有组织的行动学习一般是由校外培训机构、教师所在学校或教研组将教师有组织地安排和召集起来的学习，是一种有意识培养教师或提高教学的手段，此类教师行动学习通常由专人负责，有专门的学习小组促进者，在学习流程上一般是以定期的研讨会议和成果汇报为主要形式的；教师自发的行动学习则是教师出于自愿，出于解决实际问题的需要自己组织起来的旨在改进教学的学习方式，教师自发的行动学习一般没有专门的促进者，往往由参与学习的教师自己担任，其学习流程也较为灵活。自发的教师行动学习存在着一定的局限，其中最大的局限在于无法保证小组成员参与学习的时间和资源；教师自发组织的行动学习另一个局限在于没有明确的发展目标。作为行动的起点，学习者都是带着自己的问题而来的，解决问题是他们明确的目标，潜在的目标是发展自己的能力，但是具体发展哪些能力、发展到什么程度，这些在自发行动学习小组中都是比较含糊的。相比而言，他组的教师行动学习往往带有明确的学习内容与目标，在学习者时间的外部资源等方面也比较有保障。有组织的教师行动学习在教师培训中较为常见，而自发的教师行动学习则在教师日常教学工作中比较普遍。当然，这两类教师行动学习的区分也并非特别清晰，而是可以互相转换。

行动学习在其发展历程中经历了很多变化，其类型也得到了不断丰富和增加。传统的行动学习模式严格遵循瑞文斯提出的要素原则，如学习小组的成员数量及各自的作用、小组研讨的开展形式、研讨问题的性质等；而现代行动学习的组织与实施方式则更为灵活。和其他职业人士的行动学习一样，教师行动学习的形式也是在其发展历程中不断完善的，从最初的传统单一的行动学习模式拓展到多元的学习形式如自主行动学习、在线行动学习、自我管理行动学习、批判反思行动学习等。但需要指出的是，不管是传统的还是现代的教师行动学习，不管是有组织的还是自发的教师行动学习，不管是在场的还是在线的教师行动学习，都是以行动→反思→新的计划→更新的行动为基本循环开展的，都是以学习共同体为核心的教师学习方式，都包含行动学习的上述组成要素与过程要素，且都符合教师行动学习的以上诸多特征。在现实教育教学环境中，教师在学校中开展的自组的在场行动学习是比较常见的，也是最容易操作的，但其他类型的教师行动学习也是值得提倡与推广的。各种类型的教师行动学习互有长处和缺陷，组织者和教师本人需要根据学习内容、学习环境以及教师个体的学习习惯、组织者的领导管理水平、学习内外部氛围和硬件设备等条件综合考虑加以确定。

综上，教师行动学习是学习化社会对教师职业的必然要求，终身学习理念、成人学习理论、实用主义理论、建构主义学习观、学习共同体理论、知识管理与转化理论、人本主义心理学理论、系统科学理论等都是教师行动学习的重要理论来源。由于教师行动学习以小组为单位，强调组员之间的合作反思与专业引领，因此其内涵还涉及群体动力理论。

第四节　教师行动学习的意义

从本书上述章节的论述中不难看出，行动学习对于教师而言是一种有效的学习与专业发展途径，在讨论其具体意义之前，我们有必要对普遍意义上行动学习的意义作出说明。有学者曾对行动学习在企业管理领域的作用进行过归纳，将解决实际问题、加强团队建设、提升组织领导力、促进个人进步和建设学习型组织总结为其主要意义。对于促进组织发展而言，行动学习的意义主要体现在以下这五点内容：首先，行动学习可以帮助组织解决所面临的实际问题，行动学习来源与实际问题，问题的性质越复杂，涉及的部门越多，就越适合采用行动学习加以解决。其次，行动学习可以促进团队建设，随着行动学习在组织内部的深入，团队型组织的活力也将同步成长。再次，行动学习所贯彻的是一种新的领导方法，这一方法鼓励学习成员之间民主、公开地讨论问题，学员与领导共同致力于解决问题，在学习中的地位是公平的，不存在等级差别，上下级之间会更加信任，这在组织内部形成了一种开诚布公的学习氛围，因此这一方法可以提升组织领导力。此外，行动学习可以促进个人的专业成长，在学习过程中每个成员都贡献自己的才智，分享他人的智慧，并找到自己的不足之处。更为重要的是，行动学习为组织成员提供了参与决策的机会，加强了组织成员的责任心和热情，而这些都对个人的专业发展有促进作用。最后，行动学习还可以营造一种以学习、进取、协助、共赢等为核心理念的组织文化，行动学习所强调的学习、进取、合作等价值观也将在学习成员的价值体系中积淀下来，从而成为组织文化的构成要素。

上述普通意义上的行动学习同样适用于教师的学习和学校的发展，但是其侧重点却有所不同。从世界范围来看，教师学习方式的变革已成为国际教师教育改革中的重要潮流。西方国家自 20 世纪 80 年代以来就高度重视教师学习问题并开展了一些理论与实践研究，制定了相关的教师学习政策、成立了教师学习研究和管理机构。同时，当代世界范围内教育教学改革对教师提出了更新更高的要求，加强教师的专业发展变得比以往任何时候都更为急迫，当前的教师专业发展范式在内容上注重教师的体验和反思，在方式上鼓励教师通过行动参与促进其自身的专业成长，这也正是行动学习理念所强调的。行动学习对于增强教师的教学反思意识及增长教师的实践性知识、对于教师学习共同体的构建、对于营造良好的教师学习文化以及革新教师在职培训模式、对于教师个人理论的形成、对于学生学习效果的提升等都具有重要的作用。教师行动学习实际上是一个集体验学习、创造性解决问题、获得相关专业知识以及小组成员相互支持于一体的一种综合性活动。这些活动每一个都非常必要，但每一个单项活动又不足以被称为行动学习，只有将这些活动综合在一起，彼此之间互相补充才能构成教师行动学习的整体，这一整体可用图 3-5 表示：[1]

---

1 Cusins, P. (1996). Action Learning Revisited [J]. *The Journal of Workplace Learning: Employee Counselling Today*, (6):19-26.

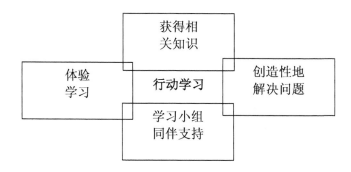

图 3-5：教师行动学习综合体图

由上图可见，教师行动学习是一个集这四种活动于一体的学习综合体，同时也可以促进这四种活动相对应能力的发展。如可以促进教师获得相关的专业知识尤其是实践性知识、提高教师创造性解决问题的能力、构建教师之间的同伴互助以形成学习共同体，以及引导教师更多地关注实践，从体验中学习。总之，教师行动学习对于解决当代学校教育领域诸多问题具有积极的效果，对参与学习小组的各类群体都有益处，以下就从教师个体成长、学校整体发展以及学生群体学习三个层面探讨教师行动学习的实践意义。

一、对教师个体成长的意义

尽管开展行动学习对于教师个体以及个体所在的组织（学习小组、教研组、课题组、学校等）的发展都具有积极的意义，但个体进步才是组织发展的前提与基础，这两者是互为联系和促进的，只有个体获得发展组织的整体进步才具有保障，而组织的整体发展也会促进良好氛围的形成，从而为个体追求进步提供良好的环境。从教师个体层面来看，行动学习的开展对于他们反思性思维的形成与发展、批判性能力的增强、实践性知识与教学技能的获得、合作能力的增长以及学习共同体的构建都有重要的作用。

（一）有助于教师反思意识的形成

上文已经提到，反思性实践是舍恩（Schön）在杜威（Deway）反思性思维研究的基础上提出的观点，是一个将实践者的实践行动与其介入到现场中的作用和后果相结合过程。教师的专业能力不应停留于专家或上级所规定的需要掌握的科学原理与技术上，而是要形成融合这些知识展开的"与情境的反思对话"，以及适应这种问题情境的判断基础。反思实践中的核心要素是反思思考，反思思考意识是教师自主发展意识和观念的直接体现。教师行动学习是建立在反思与行动相互联系的基础之上的，特别关注从教师以往的经验中进行学习、在实践体验中开展学习，这正是反思实践的内涵，它能够使学习者及时将行动体验上升到认识水平，并将新认识及时转化为行动，继而在行动中体验认识并产生新的学习体验。行动→反思→体验→再行动，循环反复直至问题得以解决，随着时间的推移，教师反思意识得以唤醒并形成，教师的反思习惯得以养成。

教师行动学习是以反思为核心的，反思贯穿于教师行动学习的整个过程，行动学习的过程从本质上讲就是不断反思。[1]在行动学习中教师要经历行动前反思、行动中反思和行动后反思，这些不同阶段的反思为教师寻求解决问题的方案，为改进教师教学提供了基础。同时，通过这些反思教师也提升了自身的反思能力，形成了反思的习惯，最终达到如 Wallace 提出的反思模式所表述的那样促进其专业发展。可见，教师行动学习的过程需要教师不断的反思，而这一过程又进一步促进了教师反思意识的形成与提高。

（二）有助于教师实践性知识的获得

从本书上述章节的讨论可以得知，教师知识包括学科取向的理论性知识和行动取向的实践性知识两大类。其中，教师实践性知识一般呈现为内隐状态，具有非系统性、缄默性等特征，是教师专业发展的主要知识基础。根据陈向明的解释，"教师实践性知识可分为教师的教育信念、教师的自我知识、教师的人际知识、教师的情境知识、教师的策略性知识和教师的批判反思性知识。由于上述六种知识在强度和力量上存在差异，越是处于中心的知识对教师行为的影响越大，也越难改变。"[2]基于理论性知识的共通性和实践性知识的主导性，实

---

1 伊恩·麦吉尔，利兹·贝蒂.行动学习法 [M].中国高级人事管理官员培训中心译.北京：华夏出版社，2002：41.
2 陈向明.实践性知识：教师专业发展的知识基础 [J].北京大学教育评论，2003（1）：104-112.

际指导教师教育教学行为的是教师的实践性知识。教师的实践性知识是教师在教育教育实践中形成并实际影响教师教学行为的认识，它包括个人的直觉、灵感、洞察力、价值观和心智模式等，是一种高度个人化的隐形知识。金忠明指出："教师的实践性知识深藏于教师的个人教学行为、价值观念与认知模式之中，直接影响着教师日常的教育教学行为。"[1] 这类知识具有情境性、实践性、缄默性、个体性等特征，是教师专业发展的主要知识基础。教师专业发展的程度与教师所拥有的实践性知识多少有关。实践性知识来源于教师的实际教学活动之中，是"行动中的内隐知识"。大部分实践性知识处于隐性状态，隐性知识显性化要经过信息提取、概念化、组织与系统编码、外化表达等过程。教师的隐性知识存在于教师已有的教育实践经验中，是教师不能意识到的默会知识。教师分析自己隐性知识的过程就是他们内省自己行为和认识的过程。至于教师实践性知识的特征，有学者总结了以下三点：[2]

（1）个体性与公共性的统一。教师的实践性知识源于实践、指向实践，在其形成过程之中教师自身的认知结构、经验、价值观等个体因素起着作用；就表现形式而言，实践性知识具有缄默性，属于纯粹的个人知识。然而，个体性的实践性知识在经过教师工作中的运用并确证后，常常被外化为可以与其他教师交流与分享的显性知识。所以说，公共化也是教师实践性知识的存在状态。

（2）情境性与普适性的统一。教师的实践性知识来源于特定的教学场所与领域，因而不可避免地带有情境性的特点。然而，来自某一特定教学情境的知识有时在其他教学情境之下也是适用的。因此可以说，教师的实践性知识并不一定只局限于单一的情境，而是具有一定意义上的普适性。

（3）非精确性与可证实性的统一。建立在概念分析和逻辑推理基础之上的教师理论性知识具有精确性和可证实性的特点，而生成于教师解决问题过程中的实践性知识却具有非结构化的特征。教师在实际教学工作中追求的是一种可以真正有效指导他们实际教学的知识，他们对知识有效性的追求要远远超过对精确性的要求。也就是说，尽管实践性知识和理论性知识对教师都很重要，两者缺一不可，但教师对实践性知识的追求要甚于对理论性知识的追求。非精确

1　金忠明，李慧洁.论教师实践性知识及其来源 [J].全球教育展望，2009（2）：67-69.
2　郑晓梅.教师教育模式转换：由学科到行动 [J].教育理论与实践，2010（7）：48-50.

性是教师实践性知识的主要特征之一，无法用评判理论性知识的标准加以证实，只能以在实际教学中的有效性作为判断的标准。

此外，还有学者指出教师的实践性知识具有个体性、境遇性、行动性、实践性、整体性以及对话性等特征。教师的实践性知识是一种对话性知识，是教师通过实践而形成的经验性知识，它虽然具有缄默性，是难以言传的，但却是可以对话的。教师在行动学习中通过反思先前经验、开展集体研修、参与教学观摩等一系列活动将获得实践性知识。同时，行动学习小组中的对话讨论将教师各自的实践性知识得以外化并供其他教师分享，教师们通过合作反思、方案实践、学习评价等此后的活动逐渐获得并增长了各自实践智慧。教师行动学习的本质就是教师通过合作不断实现反思性实践的过程。教师在行动学习通过一系列活动使得他们的隐性知识显性化，促使了教师实践智慧的形成。显然，行动学习是在"所提倡的理论"和"所采用的理论"之间架起了一座桥梁，为教师将教学理论与实践相结合，促进他们的专业发展提供了一条途径。

（三）有助于教师专业学习共同体的构建

所谓学习共同体，是指一个由学习者与帮助学习者学习的人员（包括教师、专家、家长等）共同构成的团体，他们具有共同的目标，在基于一定支撑环境中共同学习，分享学习资源，协作完成学习任务。[1]教师专业学习共同体则是以教师自愿为前提，以"分享资源和合作学习为核心，互相交流和共同学习的组织"。[2]作为一种学习方式，教师在共同体中学习可以提高教师解决实际问题的能力，增进成员之间的协作及信息交流，使个体在团队的互动中获益并培养个体与他人有效协作的能力。同时，学习型组织还有助于创建教师互相交流、表达情感的环境，同时激发教师的专业自我。

多年的研究表明，教师在实践中的学习与创新可以通过教师专业实践共同体为载体得以实现。麦克劳克林等人（McLaughlin & Talbert）指出："教师对实

1　时长江，陈仁涛，罗许成.专业学习共同体与教师合作文化 [J].教育发展研究，2007（11）：76-79.

2　Hardy, Lan. *The Basics of a Teacher Professional Learning Community* [EB/OL]. http://www.aare.edu.au/02pap/hai02149.htm. 2004.

践的合作反思可以更好地提高他们的教学与学习效果。"[1] 行动学习是在工作中学习的方法，这就使学习、工作和组织发展获得了有机的统一。瑞文斯指出，行动学习的目的不仅是为了促进某一具体项目或个人学习的发展，更致力于推动组织的变革，将组织转化为"一个学习的系统"。行动学习实行的是自下而上、由内而外的管理模式，不仅可以发挥教师个体学习的积极性、主动性和参与性，还能发挥教师群体的积极性，激发教师专业发展的成就感。教师行动学习解决的是教学中存在的实际问题，问题的解决能够给学校带来显著的变化并能给参与教师带来学习机会，形成凝聚性的群体学习文化。因此，行动学习有助于学校向学习型组织的方向转变，同时也可以促进教师的学习，提升其专业发展水平。

（四）有利于教师在职培训模式的革新

教师培训是一种有目的、有计划、有组织的培养教师适应课程要求，促进教师专业发展的教育活动。综观我国新课程改革以来的英语教师培训，整体上仍停留在行为主义模式水平，缺少人文主义和认知主义成分。在英语教师在职培训的实践操作上，目前同样存在重理论、轻实践，以离岗培训为主等缺陷，在实际培训过程中缺少平等协商、对话与交流，进而缺乏联动与整合、实际操作技能、研究素养和专业发展远见。[2] 作为对英语教学能力的培训，使受训者置身于真实的课堂教学情境和再造的课堂教学情境，对提升英语教育教学能力也是非常必要的；培训活动可以通过观摩、现场执教、听课、评课等方式获得亲身体验；也可以采取备课、说课、课后反思、案例教学、经验交流等方式，获得可以迁移到真实教学情境的经验和能力。教师作为成人学习者，其培训应以任务和问题为中心，以解决现实教学问题为导向。行动学习是一个不断循环的过程，教师如何在工作中学习，如何解决实际教学工作中的问题成为人们关注的焦点，行动学习成为这一领域的先进教师培训方法。行动学习法强调理论探索与解决实际问题的结合，一方面加强教师的理论学习，另一方面通过组织

1　McLaughlin & Talbert. (2006). *Building School-based Teacher Learning Communities* [M]. New York & London: Teachers College Press.
2　官群. 英语教师培训"新图"（NUMAP）模式研究 [J]. 教育研究，2011（7）.

教师研讨、相互交流寻找解决教学问题的方案。这样的学习方式既提高了教师培训的针对性，也增强了培训的实效性，且对于构建教师培训的"内塑"模式也有积极意义。行动学习培训模式从教师的实际问题开始，经过学习和反复思考、研讨，逐步理解问题并制定解决问题的方案，经过行动后再进行反思改进问题解决方案并再付诸行动。如此循环反复，构成教师行动学习的全过程。教师在行动学习的过程中工作和学习要同时进行，一方面通过对专业理论的学习获得丰富的知识，另一方面通过是实际问题的探究提高分析问题、解决问题的能力。以行动学习为核心的教师培训鼓励教师参与反思、支持合作，是一种关注教师个人全面发展的培训模式。行动学习既可以用于正式的教师校外培训课程，也可以用于教师的校本培训，对于提升教师培训的效果，革新教师培训模式具有积极的意义。

综上，行动学习对于教师的有效专业发展具有很大的促进作用。作为教师的专业发展，反思是其重要途径，实践性知识是主要知识基础，学习共同体和校本培训则是其外部动力，而教师个人理论的形成与完善是其核心要素。行动学习过程中的反思性实践促进了教师实践性知识的增长，合作探讨为教师构建了专业学习共同体，而这些都有利于教师个体理论的形成与发展。可见，通过行动学习增强或构建以上几点可以更好地提升教师的专业发展，并最终改进学校教育教学质量，提高学生的学习效果。反之，教师有效的专业发展提高了教师的反思意识，养成了教师的反思习惯，构建了教师的合作文化，这反过来又可以促进教师更加主动积极地参与和开展行动学习，从而使教师的行动学习与专业发展形成如下图所示的互动关系：

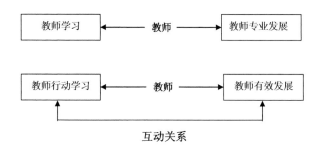

图 3-6：行动学习与教师专业发展的互动关系图

可见，教师学习是教师专业发展的基础与途径，而教师专业发展又可以促进教师更加有效地学习，提高他们学习的质量与效果，两者是一种相互促进，互相提升的关系。对教师行动学习而言，这一互动关系同样适用，即行动学习促进教师的有效专业发展，而教师专业水平的提升让教师更有自主学习的意识，从而形成良性互动，最终促进学校整体教育教学环境的改善、提高学生的学习效果。

二、对学校整体发展的意义

莱夫和温格（Lave & Wenger）曾提出过"学习作为实践共同体的参与"的概念。实践者共同体是指从事相同行业、有着共同行业规范的实践群体，学习是其本质属性。[1]学校中的教师群体特别是同一学科教师就具有实践者共同体的属性，其组织形式可以是年级组、教研组、课题研究小组或教案编写小组、读书沙龙等。教师实践共同体成员通过共同解决难题、分享资源、协同合作的方式实现学习。教师实践共同体的建立与发展有利于学校形成以实践为基础的学习氛围，对于学校整体的发展有很大的好处。

费曼（Feiman-Nemser）指出："通过与同事就教学内容与问题的专业对话，教师能够加深对学科课程知识的理解、提高各自的问题探究能力，从而成长为批判反思型教师"。[2]行动学习不仅是个人进步的有效手段，同时也是组织发展的重要途径，这一点我们在前文中已多次论述过。英格里斯（Inglis）曾指出行动学习在解决现实问题的过程中学习者个人和所在组织都能够得到发展。可见，行动学习不仅致力于学习者个人的进步，也追求组织的发展，其最理想的目标是达到两者的双赢局面。教师行动学习是以学习小组为基本单位的，小组学习是一种团体学习的方式。教师行动学习不仅可以促进教师个人的发展，其所构建的学习共同体对于整个学校学习文化的营造，对于建设"学习型学校"也具有积极意义。

1　Lave, J. & E. Wenger. (1991). *Situated Learning: Legitimate Peripheral Participation* [M]. Cambridge: Cambridge University Press.

2　Feiman-Nemser, S. (2001). From Preparation to Practice: Designing a Continuum to Strengthen and Sustain Teaching [J]. *Teachers College Record*, 103(6), 1013-1055.

所谓"学习型学校",是指"通过培养教师的自主学习和团体学习,形成学校的学习气氛,进而充分发挥教师的创造性思维能力,为实现学校的共同愿景而创造性工作的学校"。在学习型学校中,每个教师都应该充分理解并认同学校的发展目标,全心全意地为学校的发展努力。构建学习型学校要求教师把学习作为生存和工作的方式,作为教学工作和生活中不可缺少的组成部分,在教学工作的同时,不断吸收新的技术和知识。通过坚持不断地学习,创造自我,发展自我,促进学生学习质量的提高。学校组织的主体是教师,造就一个学习型、创新型的教师团体,是建构学习型学校的关键。行动学习是教师回应课堂教学问题、在职场中通过反思实践而持续学习的重要手段,为构建教师学习共同体提供了一种有效途径。一所学校的部分教师参与行动学习,形成行动学习的氛围,不仅提高了参与教师的教学能力,对周围其他教师也会起到带动作用。久而久之,学校的整体学习氛围得以增强,学校的学习文化得以构建,学校也逐渐向"学习型学校"转变。

三、对学生群体进步的意义

萨拉森(Sarason)曾指出:"学生的学习质量与效果在很大程度上要取决于所在学校教师的学习质量。"[1] 教师学习对其所从事的教学活动以及学生的发展具有重要的意义,教师的教学内容与教学方式对于学生学业的影响远大于社会、经济和家庭所产生的影响。[2] 作为一种符合教师工作与认知特点的有效学习方式,行动学习在促进教师反思自己的教学问题、增长教师的教学实践智慧、构建教师学习共同体方面可以发挥重要的作用。无论是在校的日常学习,还是专门的校外培训,行动学习对于提升教师在职学习效果具有积极意义。当然,教师学习质量的提升也间接促进了学生学习效果的提高,具体表现在以下几个方面。

---

1 Sarason, S. (1990). *The Predictable Failure of Educational Reform: Can We Change Course Before It Is Too Late?*, San Francisco: Jossey-Bass.
2 海伦·蒂姆勃雷. 促进教师专业学习与发展的十条原则 [J]. 教育研究,2009(8).

（一）树立学习的榜样，激发学生的学习热情

要培养好学生，教师首先必须树立好自身的形象，努力做到学高为师，身正为范。当今社会所需求的是高素质人才，教育理念和教学手段也在不断更新变化，这就需要教师们顺应时代步伐，学习新的教育理念，充实育人功能。同时，教师作为学生学习的榜样，不仅是在知识上对学生进行传授，其日常言行对学生也有着重要的影响。教师参与行动学习特别是自发的校本行动学习有利于形成浓厚的教师学习氛围和良好的学习习惯，这对学生的学习也有潜移默化的影响作用，可以起到示范效应，有利于激发学生的学习热情，让他们重视学习、热爱学习。教师的思维与行动不仅直接影响着他们自身的发展，也会间接地导致学生学习意识与行为的改变。在语言教学领域，弗里曼（Freeman）就曾提出过教师行为与学生学习的关系模式，并指出如下图所示的关系：

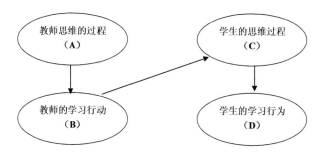

图 3-7：教师学习与学生学习关系图

由上图可见，教师的学习行为通过课堂教学可以导致学生思维方式的转变，相应地也会影响学生的学习方式与效果，形成一个从 A—D 的促进过程。教师在行动学习中所体现出的实践性、反思性等特征可以被学生所学习并借鉴。教师作为学生学习的榜样，只有以身作则开展实践学习才可以引领学生自主学习，扩大他们的知识面，树立他们正确的情感态度和价值观，并提高他们的自主学习的能力。

（二）解决教学问题，提高课堂教学效果

教师行动学习是针对实际教学中遇到的问题的，目的在于在解决具体问题的过程中获得学习。通过实施行动学习，教师不仅在教学实施中逐渐找到了解决问题的方案，同时也提高了整体教学质量，增长了自身的教学技能，而这些又都为提高学生学习效果提供了外部条件。教师通过行动学习提高了课堂教学质量，这也从另外一个层面上促进了学生学习效果的提升。因此，教师参与行动学习对促进学生的学习也是具有益处的。

综上，教师行动学习对于教师个人的专业发展具有积极的意义。同时，教师行动学习的团体合作性有助于学校构建学习型组织，对于教师良好学习环境的创设、最终提高学校教育教学质量、促进学生更有效地提高学习效果也有着重要的作用。此外，教师行动学习对于参与其中的教学研究人员、学校管理人员的发展也具有一定的价值。在教师与研究人员共同参与的行动学习中，教师构建了互信、互助的学习团队，形成了相对稳定的学习共同体，提高了反思、教学、研究与合作的能力；而研究人员则提高了与一线教师的沟通技巧，增强了他们理论联系实际的能力，双方在这一过程中实现了良性互动的专业发展。[1]

可见，教师行动学习的运作过程对于参与的各方都有益处。事实表明，研究者擅长于对学科知识的本质理解以及对学习方式内涵的深刻把握；但对日常状态下的学校教学生活却了解不够。一线教师的优势在于对课堂教学以及学生学习深入细致的了解，但容易局限于自身已有的经验。教师与研究者的亲密合作可以弥补各自的缺陷，有利于双方从对方的角度换位思考问题，以互补、互惠的方式建构个人的专业理论与知识，促进各自的专业发展。教师行动学习对于参与学校的各方都有积极的意义，是一种值得推广并运用的教师在职学习方式。对于教师行动学习的意义，在此可用下图进行总结：

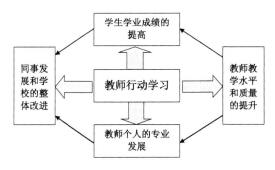

图 3-8：教师行动学习的意义总结图

1 文秋芳，任庆梅.探究我国高校外语教师互动发展的新模式 [J].现代外语，2011（1）：83-90.

图 3-8 反映了教师开展行动学习的意义（图中实线箭头表示一种直接的促进关系，而虚线箭头则代表一种间接的推动关系）。从人员上看，行动学习同时促进了教师本人、学生以及同事的发展；从层次上看，教师行动学习则可以提升学习小组、教研组、所在学校乃至地区教育教学质量的进步。综上所述，教师行动学习的意义不仅在于发展自己，还在于可以促进教学研究人员、学校管理人员的发展以及学校的整体进步，教师行动学习还可以通过提高教师的教学质量从而间接地促进学生学习能力和效果的提高。可以说，教师行动学习是一个多元的学习体系，其意义也是多层次地面向多元群体的，正因如此，教师行动学习才是教师在日常教学工作中应该积极倡导并实施的。

综上，本章从理论的角度分析了教师行动学习的诸多问题，包括教师行动学习的内涵、特征、要素、流程等。此外，我们还探讨了教师行动学习的类型、理论基础以及实际意义与价值。顾名思义，教师行动学习是由教师作为学习主体所开展的行动学习，因此其具有一般意义上行动学习的内涵与特征。然而，由于教师的职业和认知特点，其行动学习也具有其自身的特征。总的来说，中小学教师由于其工作的日益复杂性和学校的组织机构特点使得他们非常适合开展行动学习。行动学习的本质是一种建立在对工作中的实际问题反思与行动基础之上，并在学习小组支持之下致力于解决问题的学习方式，尽管大部分时候行动学习遵循一定的流程，但在实践中它是一个不断改进的学习循环。因此，教师行动学习并不是固定地遵循行动学习的实施流程，从理论上讲可以从学习循环圈的任一部分开始。另一方面，教师实施行动学习对于教师个人、教学研究人员、学生、学校乃至社会整体等各方面都有积极的作用，本章也对这些意义分别进行了阐述。那么，英语教师在实际教学工作中行动学习的实然状态如何？其中还存在哪些问题？该如何加以改进？英语教师可以通过哪些途径与策略开展行动学习？影响他们行动学习效果的因素又有哪些？这些问题就是下一章实证研究中所要探讨的主要内容。

第四章 英语教师行动学习的实证分析

在以上章节的讨论中，我们主要从理论的角度阐述了教师行动学习的内涵、特征以及其意义，回答了教师行动学习是什么，以及教师为什么要开展行动学习的问题，即探讨了教师行动学习的应然状态。那么，在现实的学校教育教学环境中，高中英语教师在职学习的现状如何？他们的学习内容、态度、动机和策略是什么？英语教师目前经常使用的学习策略中有哪些是属于行动学习的范畴？影响教师行动学习的因素有哪些？英语教师行动学习对于其他学科教师的在职学习有何启示？为了回答这些问题，研究者选取了部分学校对高中英语教师开展了实证研究，试图从实践层面上探究目前英语教师行动学习的实然状态，并通过这一研究过程思考如何结合教师学习的现状以及所处的环境更好地开展行动学习，为下一部分研究教师行动学习的实施策略提供实证基础。

在本研究中，我们主要通过问卷调查、深度访谈（包括对一线英语教师、中学校长以及教师培训人员的访谈）、实地观察（包括对教师开设公开课的观察、对英语教研组集体教研活动的观察、对教师在职培训课程教学的观察）以及对教师备课笔记、听课记录等实物资料的分析探究高中英语教师的日常学习现状，思考目前教师学习中存在的问题、总结其中具有的行动学习理念的成分，以便为更好地研究英语教师行动学习的意义、内外部条件、实施途径与策略等提供实证资料，为构建基于行动学习的高中英语教师专业发展范式奠定基础。之所以采用问卷、访谈、观察等多种方法收集实证资料，目的在于使得用这些研究方法所得到数据可以形成多角互证，从而确保本研究的科学性和客观性。

第一节 英语教师行动学习的问卷调查

问卷调查法是社会科学研究中的一种常用方法。问卷调查法也被称为"书面调查法"，或被俗称为"填表法"，是研究者用书面形式间接搜集研究材料的一种调查手段。问卷调查是通过向被调查者发放简明扼要的征询单（表），请他们填写对有关问题的意见和建议来间接获得材料和信息的一种方法。[1]

　　本研究使用问卷调查方法的主要目的在于大致了解目前高中英语教师学习特别是在职学习的现状。问卷的内容主要包括教师的学习动机、学习态度、学习策略与方法、学习的内外部环境等信息，通过问卷研究者旨在分析其中行动学习的因素，并了解其效果。研究者在参考相关研究文献并结合对高中教师工作状况的初步了解的基础之上设计预问卷，在预测的基础上修改并形成最终的"高中英语教师学习现状与策略调查问卷"（见附录 1）。该问卷分为四个部分，第一部分为答卷教师的基本信息，主要包括他们的性别、年龄、教龄、学历、职称以及目前的任教学校与年级；第二部分主要了解参加问卷调查教师的学习时间、学习需求、学习动机、具体的学习策略使用、所在学校的学习氛围等与教师行动学习有关的重要信息，该部分采用选择题的形式，前 10 题为单项选择，后 5 题是不定项选择（可单选或多选）；问卷第三部分采用里克特量表（Likert Scale）形式设计，共有 10 项与教师行动学习有关的句子表述，参加调查的教师按"非常不认同"到"非常认同"分为 5 级，分别选择对应的 1-5 选项。表述内容主要涉及教师行动学习的相关要素如学校的教研制度、培训体制，教师对课堂观察的态度、教学反思习惯、与同事的合作意愿、交往沟通能力等；最后一部分为开放式问答题，主要要求教师写下其在职学习的目的、目前的学习需求以及对理论学习和实践学习的看法等。

　　笔者于本课题研究过程中实施了该问卷调查，问卷发放共涉及了 7 所学校（用代码表示），分别为 JSZJ 中学、ZJDY 中学、ZJDE 中学、RGBP 中学、JSXH 中学、XHDY 中学、XHCS 中学。学校类型包括省四星级高中、城市普通中学和乡镇中学。总共发放问卷 160 份，后全部回收，经后期筛选分析得到有效问卷 151 份。参与问卷调查的高中英语教师性别、年龄、教龄、学历、职称以及目前任教年级的基本情况如下表所示：

1　张红霞 . 教育科学研究方法 [M]. 北京：教育科学出版社，2009.

表 4-1　参与问卷调查教师（151 人）基本情况表

	项目	人数	比例	合计
性别	男	46 人	30.5%	100%
	女	105 人	69.5%	
教龄	5 年以下	20 人	13.2%	100%
	5-10 年	54 人	35.8%	
	11-20 年	48 人	31.8%	
	20 年以上	29 人	19.2%	
学历	本科以下	3 人	2.0%	100%
	本科	126 人	83.4%	
	本科以上	22 人	14.6%	
职称	中学二级	50 人	33.2%	100%
	中学一级	52 人	34.4%	
	中学高级	45 人	29.8%	
	特级教师	4 人	2.6%	
任教年级	高一	47 人	31.1%	100%
	高二	50 人	33.1%	
	高三	54 人	35.8%	

　　从上表可以看出，受访的英语教师在教龄上以 5-20 年为主，学历则以本科为主，少部分教师已经取得了硕士学位（含通过在职攻读教育硕士而获得学位的教师），女教师人数要大于男教师人数；在职称比例上特级教师很少（仅占 2.6%），其他职称结构则分布均衡，这些比例基本上反映了当前我国高中英语教师的整体师资结构。

　　从问卷调查的结果来看，大部分高中英语教师认为自己的教学工作量繁重，没有太多的时间用于自我学习，每周用在自我学习的时间占业余时间总量 30% 以上的教师仅占所有参与问卷调查教师的 10% 左右。就学习压力而言，大部分教师认为有必要通过不断学习提高自己的教学水平，认为目前在职学习压力较大或很大的教师占所有参加调查教师的 72.1%。可见，目前高中英语教师普遍存在学习压力，其中最大的压力来自于提高学生的学业成绩（有 68.7% 的教师选择此选项），但在现实中却由于教学工作的繁重而无法保障学习的时间。就学习的内容而言，教师们认为目前最需要学习的内容依次为课堂教学技能、英语语言能力特别是口语表达能力、教育学和心理学理论知识和计算机操作能力。

从教师学习的机会来看，参与调查的绝大部分高中英语教师在过去的两到三年内平均每年参加过两次或两次以上正规的校外培训，但也普遍反映这些培训课程存在理论性强、实践性弱；专家单向授课，缺乏与培训专家互动的问题。超过85%的教师认为他们所工作学校的领导重视教师的在职学习，且大家普遍认为自己所在的英语教研组学习氛围浓厚，经常组织教师集体备课、课堂观摩、教学案例编写等活动。作为英语教师，教师们最渴望获得的学习形式为出国访问进修、教育硕士学位课程，其次才是参加在职培训课程和区域教研活动，这反映了教师们希望获得英语语言能力特别是口语表达能力和学历提升的普遍愿望。

对于在职学习的目的，所有教师都将解决实际教学问题作为其最主要的目的。其次，很多教师还将提高自身水平作为在职学习的目的之一，而选择将晋升职称和完成学校要求任务为学习目的的教师则较少。这反映出高中英语教师学习以问题为本的主要特征，同时还可以看出教师学习具有一定的自觉性，主要是以自我导向为主的，并非仅仅是迫于外界的压力。在教师经常使用并感觉有效的学习方式上，与同事讨论、模仿有经验的教师授课位居前列，而参加培训课程和阅读专业书籍则排在后面，这充分说明英语教师的学习主要是以实践性知识为基础的，这与行动学习的理念也是一致的。

除了该问卷第一、二部分选择题的选题分布百分比统计之外，研究者还对第三部分的里克特5级量表表述认可程度的结果用相关软件进行了统计分析。研究者将该部分10个与教师行动学习有关的表述用S1到S10进行编号并统计其各选项所占百分比以及各个表述所得的平均值，以此结果来判断教师行动学习的现状以及存在的问题。下表所列出的问卷第三部分的结果统计可供参考：

表 4-2　英语教师行动学习问卷结果统计（ n=151）

现状表述	基本认同 + 非常认同的百分比	平均值
S1 我所在的学校 / 教研组的整体工作氛围非常民主	75.4	4.021
S2 我与领导、同事及学生之间的相处非常和谐	80.7	4.208
S3 我主动与朋友或同事分析自己的教学问题	73.2	3.982
S4 我不断反思课堂教学事件和自己的教学行为	64.7	3.632
S5 我不断质疑他人眼中习以为常的惯例或事物	38.7	2.671
S6 我善于吸收新的教育教学理念与方法，思想开明、开放	41.2	2.876
S7 我有撰写教学反思的习惯，并感觉从中获益匪浅	23.5	2.245
S8 我乐意与经验丰富的老师讨论交流如何改进教学	70.6	3.832
S9 我把教学中的难题当成要探究的"研究资料"	62.1	3.120
S10 我乐意去听其他老师上课，并感觉很有收获	72.5	3.850

　　从上表的统计结果我们可以看出，大多数教师认为自己平时经常反思课堂教学事件与行为，该项平均量级为 3.632；但具有撰写反思日志习惯的教师却并不多，只占参加问卷教师的 23.5%，此项平均量级仅为 2.245，这一方面与教师的反思习惯有关，另一方面也反映出教师日常教学繁忙无暇撰写反思日志的现实。有 72.5% 的教师乐意去听其他老师上课，并感觉到很多收获。然而，很多教师自我感觉自身的批判性思维能力还有欠缺，能够做到不断质疑习以为常的教学行为的教师也只占 38.7%。尽管大部分不太擅长于接受新的教学理念；但值得欣慰的是，大多数教师认为自己所在的英语教研组整体工作氛围良好，学习风气比较浓厚，教研活动的开展较为频繁。这些都表明大部分在职高中英语教师具备了相对有利的行动学习外部环境。教师所具备的反思意识与习惯可以为行动学习提供一定的前提保障，但他们普遍的质疑意识仍比较欠缺，在行动学习过程中仍需要得到启发与指导，专业引领对他们而言必不可少。总体而言，从这一部分的统计结果来看，大多数高中英语教师目前具备了良好的行动学习内外部条件，但在反思意识、质疑精神、批判性思维等方面还需要进

一步得到提高。

对于问卷第四部分的开放式问题，我们也按从 TQ1 到 TQ151 的顺序进行了编号并分析。该部分的结果可以让研究者更深入地了解高中英语教师在职学习的态度和需求，从而分析其中行动学习的因素。从该部分问题的回答结果来看，高中英语教师普遍认为在职学习可以提升他们的教学水平，但在学习内容上应该以实践性的学科教学知识为主，辅以英语语言本体知识特别是与高考内容有关的语言知识，这一说法与问卷第二部分的调查结果是互证一致的。如有教师这样回答："英语教师的在职学习可以提升教师的专业素养，开拓视野，更新教育教学理念，我认为教师的在职进修应该多设置一些提升课堂教学水平的课程，以及培养教师如何将理论学习与教学实践相结合的能力。"

还有教师写道："英语教师要努力提高课堂教学质量，加深自己对教育教学理论知识的理解并将之运用到真实的英语课堂教学中去。除此之外，教师还需要学习教育心理学、语言学习心理等知识，并提高自己与他人沟通、与同事合作的能力、管理学生的技能特别是引导学生英语学习兴趣的能力。"

教师们普遍认同理论学习和实践学习的重要性，如有教师认为："理论学习是实践学习的基础，为实践学习提供了必要的前提；而实践学习则是将理论学习结果得以体现与传达的途径，两者在英语教师的个人成长中缺一不可。"还有教师回答道："理论学习是对书本知识的学习，获得的是间接的知识，而实践学习是通过亲自听课、评课，小组集体备课、教学经验交流等形式获得第一手资料，两者都很重要。相比而言，实践学习对于教师教学水平的提高更具直接意义。"还有教师从知识输入和输出的角度区分了理论学习和实践学习，认为："英语教师的理论学习是一个知识输入的过程，主要通过阅读专业书籍、期刊，听专家讲座等形式实现，而实践学习则侧重学习过程及知识的输出，如参加听课评课、开展案例研究，与同事交流讨论等。"从上述教师对问卷回答可以看出，英语教师在实际教学中更多的是需要实践性的知识，教师也普遍认同反思质疑、合作交流、听课评课等对他们而言是比较有效的学习策略。而这些策略与行动学习的理念是相一致的，也是教师日常行动学习的常见形式。从这个意义上说，大多数高中英语教师认可行动学习的理念，也需要行动学习的开展。

综上，对高中英语教师问卷调查的结果从一个方面反映出了目前教师学习的基本现状。由于社会和学校以及学生家长对教师提出的要求越来越高，教师们普遍存在学习的压力，学校也大都重视英语教师的在职学习。学习压力和动力俱在，因此教师们大都具备比较有利的学习氛围。教师的学习动机主要是以解决教学中的问题、提升自身教学能力和提高学生成绩为主；在学习内容上教师们自身需求的是实践性知识，但部分学习活动却以理论知识的学习为主；教师学习方式主要是参加培训课程、校内外课堂观摩、校本案例研修和教师之间的交流讨论，这些方式都具有行动学习的特征，且在教师的现实教学工作中易于操作。从这个意义上说，当前高中英语教师具备实施行动学习的基本条件，但存在的问题主要包括教师用于在职学习的时间比较有限，集体研讨和合作学习缺乏有效的专业引领，教师的反思习惯和意识、批判性思维能力还存在一定的差距，在所参加的正规的培训课程中过于重视对教师理论知识的传授，忽略他们实践能力的培养，而在学校的日常教研活动中又面临教学工作任务繁重、学习时间和精力难以保证；社会和学校考试评价制度影响他们在职学习的内容等问题。

第二节　英语教师行动学习的访谈研究

所谓访谈，就是研究者"寻访""访问"被研究者并且与他们进行"交谈"和"询问"以获得有效研究信息的一种活动。访谈是一种研究性交谈，是研究者通过口头谈话的方式从被研究者那里收集第一手研究资料的一种研究方法。[1]由于教师行动学习研究涉及教师的学习理念、学习感受、学习效果等需要用语言表达的内容，因此访谈是其研究中一个十分必要的研究方法。本研究的访谈不只是针对一线英语教师，还对部分学校的（副）校长以及教师培训专家进行了访谈，目的在于使得访谈数据可以形成互补互证，从而保证研究结论的客观性和可信性。

1　陈向明. 质的研究方法与社会科学研究 [M]. 北京：教育科学出版社，2010.

一、英语教师访谈分析

教师访谈的对象均来自参与问卷调查的教师，笔者在选择教师访谈对象时首先采用"自愿原则"，即根据问卷教师的意愿和当事人取得联系并逐一进行访谈。此外，在访谈教师的选择中还采用了"目的性抽样"的原则，即考虑到不同性别、年龄、职称、学校的教师在访谈对象中的分布。最后确定了8名高中英语教师参加访谈，并对访谈的全过程进行了录音，这8名教师既有刚刚从事教学工作的新任英语教师，也有教学经验丰富的特级教师；既有担任年级组长的"准领导型教师"，也有一线的普通教师。他们的基本情况可如下表所示（考虑到研究伦理，表中教师所在学校及个人的姓名均用字母指代）：

表 4-3　参与访谈的教师基本情况表

教师	学校	性别	教龄	职称	职务	学历
Z 老师	JSZJ 中学	男	18 年	中学高级	备课组长	本科
H 老师	JSZJ 中学	男	14 年	中学高级		本科
W 老师	JSZJ 中学	女	5 年	中学一级		硕士
S 老师	ZJDY 中学	女	12 年	中学一级	备课组长	本科
M 老师	ZJDE 中学	女	13 年	中学高级		硕士
L 老师	ZJDE 中学	女	23 年	中学特级	年级组长	本科
Y 老师	JSXH 中学	女	9 年	中学一级	备课组长	本科
C 老师	XHDY 中学	男	2 年	中学二级		硕士

研究者于某学年秋季学期实施了部分教师访谈，并在次年暑期利用参与观察高中英语在职培训课程的机会开展了另外一部分访谈。研究者以事先准备好的访谈提纲为主要框架，访谈内容涉及英语教师如何处理日常教学问题、教师的反思习惯与内容、教师校内开展合作的情况、听评课制度的制定与实施、备课小组或课题组开展活动情况、参加在职培训的需求与现实状况、教师在学校里学习的内外部环境等。在访谈中我们根据教师的回答情况还追问提出一些其他的问题，目的在于进一步了解信息，以便更为全面地了解一线教师的工作与学习状况，从而分析其中行动学习的要素以及对于他们专业发展的影响。

在访谈结束之后，我们对其内容进行了资料编号和归纳总结，重点总结教师在日常学习和培训中的行动学习要素，思考其效果与尚存的问题，采用内容分析法发掘其中的一般规律，从而理解英语教师开展行动学习的实然状态与现实意义。编号则采用 TI+ 教师代码的格式，如针对 Z 教师的访谈其编号 TIZ，针对 S 老师则是 TIS，依此类推。在下文中节选的部分访谈内容就用这一编号来加以区别和归类。

教师访谈的部分结果与我们前期所开展的教师问卷调查相一致。如访谈教师们也都认为自己存在学习的压力，学校对于他们的在职学习也很重视，这对职称较高的教师同样也是如此，L 老师作为一名有着 23 年教龄的中学英语特级教师，她表述道：

> "我们学校领导非常重视教师的在职学习，除制定了教师学历再进修计划，要求 45 岁以下教师攻读教育硕士，学校给予一定的经费支持之外；各类校内外培训也组织了很多。不可否认，这些进修计划的确提高了教师的专业能力，但教师们最大的学习压力还在于提高课堂教学质量特别是学生的考试成绩，因为这才是学校和家长考核教师的最主要标准，而这并不是仅通过进修培训可以直接达到的目标。"（访谈 TIL）

此外，所有受访教师都表达了自我学习的愿望，如 M 老师想通过学习晋升更高一级职称，S 老师则想成为学校的教学名师，Y 老师想通过在职学习提高学生的考试成绩和自己的教学水平。在具体的学习方式上，教师们提到了阅读专业理论书籍或期刊，参与公开课观摩、师徒制"传帮带"、开展教学反思、对教材进行研讨、向有经验的教师学习等形式。以下是我们根据访谈结果所归纳的高中英语教师常用的学习方式。

（一）教学反思中的教师学习活动

对于教师反思自己的课堂教学，受访教师均提到了反思对于提高自身专业水平的作用，但不同教龄的教师在反思内容上有所差异，职称较高、教龄长的教师经常反思学生对于教师教学的接受并思考改进的途径，而任职时间较短的教师则会经常反思自己的课堂教学行为，力争使自己尽早"站稳讲台"。两者都提出了教学反思的作用以及其中存在的问题。如 H 老师就谈到：

"我本人平时会经常思考自己在教学中遇到的问题，一般是考虑如何改进某一教学内容的处理，如在讲授完"Aspects of American Culture"这一单元后，我发现学生在开始学习时对其中的部分背景知识有一些认识，但了解的还不够深入，从而影响了他们对课文的深入理解。经过思考后我在类似主题单元的教学上采用了先介绍背景知识的教学方式，让学生分成小组自己查阅相关资料后在课上进行汇报。这一改变既提高了学生的学习兴趣，也改进了自己的教学能力。"（访谈 TIH）

作为一名刚刚入职两年的新手教师，C 老师也提到了自己对教学反思的看法，他提到说：

"每次上完课后我都会想一想自己在课堂上的表现如何，我这么讲课学生是不是可以理解？应该如何把握教学的重点和难点？有时候指导教师听完我的课后会指出我教学中的一些问题，回去后我就会想一想该如何改进，我觉得这一过程对自己不断提高教学能力有很大的帮助。有些问题自己也想不通，光靠自己去反思实践会走很多弯路，这时候如果有同事特别是指导教师给予指点就更好了。"（访谈 TIC）

教学反思对于教师改进教学行为具有积极意义，受访教师大多在日常教学中具备反思的行为，但一般局限于个体反思，缺乏专家的引导和同事的支持。有老师就指出他们的集体备课中所讨论的问题最终也没有能得出理想的解决方案，如果能有一些经验丰富的教研员或专家教师参与效果可能就会好得多。在集体教研活动中，教师们也会开展合作反思，在诸如集体备课、案例研修等活动中教师会就某一个特定问题展开讨论，教师们会交流自己的想法与建议，这一过程对于教师的成长有着更为积极的意义，因为教师在集体讨论中可以倾听别人的意见，其中有些经验丰富的教师所提出的想法对其他教师解决问题有很大的启示性。如在访谈中，W 老师就指出：

"我们学校英语组的集体备课都是以年级为单位开展，一般固定为每周二上午进行，主要是由备课组长总结最近的教学进度，布置下一周的教学任务，这些往往是流于形式，但有的时候教师们也会开展讨论，比如对本周教学内容中的难点的教学方法各抒己见，甚至就某一道习题的答案进行讨论。我记得有一次我们组集体备课中讨论英语动名词与过去分词的使用区别，这是英语语法学习中的难点，我之前也不是特别清楚，上课时感觉底气不足。备课组长在讨论中总结了他的教学经验，把动名词和过去分词的用法用一个口诀总结区别出来，这让我豁然开朗，也使得我在这一语言难点的教学中更有信心了。"（访谈 TIW）

由于教师长期埋头于以重复为特征的日常教育活动，因此往往会对很多教学问题习以为常，从而发现不了问题的存在。因此，一线教师们需要专业人员提供指导，以帮助他们重新思考自己的日常教学。在所做的访谈中，就有老师提到：

"我们的教研活动一般只关心怎么上好课，怎么设计板书和制作课件，如何对课文进行导入、上课向学生提哪些问题等技术问题等，缺乏从理论层次上对教材、教法和学生的认知特征进行的分析，因此就不能从整体上把握教学设计。此外，学校和年级组的一些日常性事务通知与安排也占据了很多的教研活动时间。我觉得我们的教研活动最需要的是专家的指导，可以是外来的专家，也可以是自己学校的优秀教师。"（访谈 TIY）

可见，提高教师的教研活动的有效性需要一定的专家指导，这实际上也是教师集体开展集体反思的过程。除了加深教师对语言知识的理解之外，教师集体的反思还有强化教师教学技能和课堂管理水平的作用。M 老师所在的学校是一所普通中学，学生生源质量不高，普遍存在学习动机不强的问题，很多学生对于英语有厌学情绪。因此，如何进行有效的课堂管理、如何调动学生的英语学习兴趣是教师们必须要考虑的重要问题。M 老师坦言在课堂教学管理上她曾是一个"失败者"，但通过集体备课中与同事的讨论，现在对于调动学生的课堂学习气氛、提高学生的英语学习动力已经有所心得。她提到：

"在集体备课中，大家交流了强化学生英语学习动机的方法，有老师提出将英语教学与学生的日常生活联系起来，更多地采用任务型教学方法；还有老师提出要打破教师'一言堂'的现象，鼓励学生更多地参与到课堂小组汇报、主题表演等活动中来；还有老师指出要针对学生的水平和兴趣对教学内容作适当调整，结合普通高中学生英语学习的特点开展教学；也有老师指出要强化对学生的严格要求，在作业布置量、课堂纪律等方面加强要求，并与家长取得联系强化对学生的课后学习管理。当然，平时在办公室我们老师也会讨论这个问题，老教师们提出了很多具体的办法，我在总结自己教学经验基础上结合其他老师的意见逐步对课堂教学和学生的学习管理进行了调整，自我感觉相比以前教学管理能力已经有了很大的改进。"（访谈 TIM）

集体备课等教师合作学习方式为教师们探讨共同存在的问题提供了一个平台，教师学习活动的效果要靠教师们的团队合作加以提升。在访谈中，还有教师提出：

"合作研修的方式告诉我们很多问题是可以靠集体的力量进行互动来一起解决的。我们平时教学中的很多问题都是靠自己个人去思考和解决的，合作讨论的方式让我们把很多困惑可以带到团队当中，并利用同伴互助的形式帮助你分析问题、解决问题，其他老师的经验和智慧往往会给我们提供一种新的思路，让我们摆脱个人的苦思冥想，走向集体的合作反思。在这一过程中自己获得了受益，其他老师也得到了启发。尽管这一过程是从个体的反思开始的，但最终使在集体的反思中获益的，很难说哪一种反思真正帮助了自己的成长，我想两者都很重要，但起关键作用的还是和与其他教师合作学习中的集体反思。"（访谈 TIL）

可见，受访的教师普遍认同教学反思的作用，通过反思他们得以提高和完善自身的教学能力。英语教师的教学反思既是他们学习的前提，也是他们学习的一种方式，可以说是教师学习中最重要的因素。反思可以以个体或集体形式开展，个体反思尽管有其效果，但往往会局限于教师的个体智慧；而集体反思则可以汇聚不同教师的经验与智慧，起到群策群力的作用，对于教师成长的促进作用更大。高中英语教师在日常教学工作中可以在集体备课、示范课听评课活动、教学案例研修、考试总结分析会议、课题项目小组研究等正式场合中开展集体反思，也可以在与同事随意的教学工作交流中进行反思。

（二）听评课中的教师学习活动

听课评课活动在我国中小学教师教研制度中已有相当长的历史，也是所有学校都制定并执行的日常教学制度。受访教师 H 老师所在的 JSZJ 中学就规定35 岁以下青年教师每学期至少开设两节公开课、骨干教师每学期至少开设一节示范课、结成师徒关系的教师每学期互相听课不少于 5 次，还要求各学科教研组开展公开课竞赛活动。此外，区市教研室也会定期举办教学观摩活动，教研员会参与其中并评课。但问题在于有些教师只是将其作为一种任务去执行，在听评课活动中存在"只听不评"和"只评优点、不谈缺点"的问题，H 老师说很多教师在听课时并没有带着问题去听，也没有具体的听课准备，听完课之后对授课教师的评价基本上都是正面的意见，这对授课教师和听课教师都起不到太多的学习作用。

事实上，课堂观察如何组织是教师能否从中获得有意义学习的关键，科学安排的教师听评课活动对于听课教师而言是很好的学习资源和机会。L 老师在访谈中就回忆起一次给她留下深刻印象的市级教学观摩活动：

> "去年镇江市教研室在我们学校组织了一次教研活动，我们英语组一位年轻教师开设市级公开课，全市各学校都派老师前来观摩。为了将这次活动搞好，我们英语组事先做了大量的准备。先是由这位开课教师设计好自己的教学安排，在教研活动中大家讨论这一安排并提出意见与建议；然后再由开课教师在学校范围内试开公开课，所有英语老师都要参加听课评课，在评课环节我要求每位教师都指出教学中的问题与不足，而不只是表扬。之后，开课教师在听取这些建议后继续完善自己的教学设计，并再次在教研活动中说课，其他教师则再作补充。经过这几轮的'磨课'，开课教师对课堂的教学安排已经胸有成竹，最后此次公开课取得了很好的成效，其他教师也在这一过程中获得了学习的机会。所以说，课堂教学观摩本身不是重点，重点还在于课前的准备工作特别是课后的讨论，这一过程需要发挥集体的力量，同时也是教师们提升自己教学水平的机会。"（访谈 TIL）

其他受访教师也都提到了课堂观察的意义，大家普遍认为听课特别是听有经验教师上课是他们很好的学习机会，也都认同课堂观摩活动中听课和评课都很重要的观点。但是大多数教师也反映了目前在听课环节中存在只听讲不思考，而评课环节中则存在批判性不强、缺乏专家引导的问题。很多教师碍于情面在评课中只表扬不批评，还有些教师保持沉默，不愿意太多地去评价别人的课堂。为了解决这一问题，Y老师所在学校尝试采取了网络匿名评课制度，即在课堂观摩后先组织现场评课，之后再要求教师在校园网评课系统中对所听的教师课堂授课作出评价。这一举措虽然可以在一定程度上解决教师碍于情面不愿过多评论公开课缺点的问题（事实上有很多教师也不愿意之后再去网络上评课），但还是解决不了学校课堂教学观摩活动中特别是课后评课环节中缺少专业引领的问题。

从上述访谈可以看出，尽管存在一些问题，大多数教师还是认可教师听评课活动的价值，并希望学校多组织一些这样的活动。实际上，教师课堂观摩活动具有行动学习的元素，课堂观摩并非只是单纯的"听课"，其中的评课环节更为重要，这实际上是教师的一种集体反思，同时也是同事之间互助的一种形式。教学观摩中的授课教师在听取意见后会再反思，并努力改进今后的课堂教学，其他听课教师也会从中获取信息，对照自己的教学进行有意义的实践改进。从访谈中我们还可以看出，教师们并不欢迎流于形式的听课活动，缺乏批判性是目前评课活动中存在的主要问题。普通英语教师的课堂观摩活动如果不加以组织管理，不引入同事间的批判性合作反思和一定的专家引导与指点，其效果就会大打折扣，起不到应有的效果。

（三）教案研讨中的教师学习活动

教学案例中凝聚了典型的教学行为与内容，是教学中诸多问题的集中体现。案例是教学情境的故事，不同的人对故事会有不同的解读，因此案例十分适于用来进行交流和研讨，可以成为教研活动和教师培训的有效载体。教学案例集中反映了教师在教学活动中遇到的问题、矛盾、困惑，以及由此产生的想法、思路、对策等，就这些问题和想法开展交流讨论，对教师提高分析能力和业务水平，是非常有益的。在学校教学工作中，教师在集体备课等教研活动中开展研讨已成为一种常态。所有受访教师都提到了他们曾经参与过的教学案例研讨，其中Z老师则作为备课组长介绍了他们学校组织教师编写和研讨教案的实施办法。

> "我们高一年级目前共有 12 位英语教师，这学期所使用的教材老师们都已经教过一轮，对其中的内容也已经相对熟悉了。我们将教师分成四个小组，每组三人，布置给每个小组三个单元的教学案编写工作。先由教师小组们利用假期自己组织编写，在开学前的一次集体备课中每个小组将编制好的教案提交给年级组，由我本人汇总后在每次备课活动中对将要教授的单元教案开展讨论，大家指出其中的问题并提出改进意见。最后各小组再修改自己负责的单元教案形成终稿，交由年级组存档后给下一级教师参考使用。我觉得这个过程让所有教师都参与进来了，教师们在其中有很多的学习机会，首先是在小组中共同讨论教案的编写，其次是在集体研讨中听取别人的意见，发表自己的看法，这就是一个互相帮助，互相学习的过程。"（访谈 TIZ）

此外，英语教师在区市各级教研室组织的教研活动中也会经常参与案例研修活动。M 老师提到：

> "市教研室去年曾经组织过一次青年教师教学案例撰写比赛，要求参赛教师就规定好的主题进行案例撰写。当时规定的主题有英语虚拟语气、宾语从句、情态动词等高中英语语法教学中的难点问题，要求教师详细写明教学过程，包括教师教学方法和学生的反应。之后教研室还专门组织了交流活动，要求参赛选手参加并邀请了一些资深的特级教师和省教育学院的教授参与点评。大家在交流会上开展讨论，结合各自的教学经验和各自学校的教学条件对所撰写的案例进行再反思，专家也会给出一些建设性的意见。我觉得这样的活动对我加深对教学难点的理解，掌握更有效的教学方法有很大的作用。之后我还可以将这些案例在自己学校的教研活动上推广。"（访谈 TIM）

除了正规的教案研讨之外，有受访教师还提到了教师们合作参加学科教学竞赛的学习经历。Y 老师就谈起她们英语教研组参加市级学科信息化教学大赛的准备过程。

　　"为了在这次比赛中取得好的成绩，我们教研组专门成立了筹备小组，遴选了三个年级的骨干教师参加，期间共召集小组会议 5 次，教师自发组织讨论 10 余次，主要讨论参赛内容的选择、课件制作细节、相关网络资源的利用等。选定教学内容后大家分工协作，各负责一个板块的内容，我当时主要负责的是从网络上收集与参赛教学内容有关的图片和视频文件并将之提出用于小组讨论后有选择性地使用。在讨论会上大家各自提出自己的想法，共同修改教案，不断完善课程设计。在这个过程中我自己感觉从其他老师那里学到了不少东西，以后对类似课程内容的教学也更加有信心了。"（访谈 TIY）

　　此外，除了传统的在学校日常教学工作或培训课程中的案例研修之外，C老师还提到了他在学术会议上和网络上参与的教学案例研讨活动的经历。

　　"去年我参加了由中国教育学会外语教学专业委员会主办的全国高中英语课堂教学观摩研讨会，会议邀请了部分专家学者和特级教师对该次研讨会的课例进行点评；会议主办方还组织我们一线教师召开了座谈会，听取我们大家对所观摩的课例的评价，并邀请了外语教学专家与我们一线教师面对面探讨高中英语教学的实际问题，这些专家都亲自参与了课程标准的制定工作。会议结束后外语教学委员会还开通了优质课例研讨 QQ 群和微博平台。我发现在这些网络平台上参与讨论活动的效果有时比现场研讨还要好，大家更加容易提出自己的真实想法和建议，而其中的一些建议很有针对性，对我本人的实际教学也有很大的帮助。"（访谈 TIC）

　　以上 Y 老师所说的合作参赛经历实际上就是教师们对教学案例开展的集体研修过程；而 C 老师所提到的在场和在线相结合的课例评论也是一种案例研修，两者都体现了教师行动学习的合作性、反思性、实践性等要素。教学案例是教师在上课结束后对教学过程反思后总结得出来的，而教案和教学设计一般是教师事先设计好的教学流程。教师撰写和讨论教学案例可以推动教师开展教学反思、促进教师交流讨论、提高教师的理论水平与实践能力。然而，与课堂观摩活动相似的是，也有教师反映在案例研修中存在"重撰写轻讨论"的现象。此外，还有教师觉得在典型案例的集体讨论中缺少经验丰富教师的引导，因此需要自己花很多时间在实践中探索，大家花很长时间讨论的是一些低层次的问题，因此在改进自我教学效果上也不是特别理想。最后，H 老师也提到他们教研组开展的教案讨论中的大多数内容并没有典型性和针对性，无法引起大家的共鸣，因此相应的研讨也流于空谈，无法起到真正的作用，其对教师学习的意义当然也很有限。

（四）课题研究中的教师学习活动

除了上述几种常见的教研活动形式之外，还有受访教师还提到了自己参与课题研究的经历。据调查，受访教师中除了 C 老师之外，其他教师都有主持或参与教学研究课题的经历。教师们都认为课题研究为他们提供了学习理论和解决实际教学问题的机会。S 老师谈起来她曾经参与过的一次课题研究活动：

"早几年前我们英语组一位资深教师申请到了镇江市教育科学规划课题'提高高中英语后进生学习动机的实践研究'，当时共有 6 位教师参与，我也有幸参加了该课题研究。开题之初组长就给大家都布置了具体任务，我主要负责在三个年级各选取一些英语学习后进的学生进行问卷调查和访谈，以了解他们的真实学习现状。我们规定每两周课题小组开一次研讨会议，每位组员都要汇报自己负责部分的进展情况，其他组员可以提出质疑和改进方案，之后大家再互相讨论。在反复几次研讨的基础之上课题组形成方案并要求组员们将之运用于自己的课堂实践。当时提出的方案有：1) 教师要和后进生多交流沟通，了解他们的学习困难，帮助他们树立学习信心；2) 要努力增加课堂的师生互动特别是与后进学生的互动；3) 要增加课堂教学内容的趣味性，多补充课外内容，使之更贴近高中生的生活世界；4) 要和那些英语学习暂时后进学生的家长加强联系，一方面要求家长鼓励学生，另一方面要求他们加强课后的学习监督。这些方案在实施一段时间后取得了一些效果，但又暴露了新的问题，如课堂内容趣味性与考试压力之间的矛盾等。之后课题组又进行了研讨分析，提出改进措施。这一课题研究持续了两年时间，最后课题组撰写了研究报告，我本人也就这一课题研究中的一些体会撰写了两篇论文，其中一篇还发表在全国核心期刊《中小学英语教学与研究》上，该课题结题后还被评为了市优秀教育科

学研究成果二等奖。我感觉参加这样的课题研究对我们参与教师的成长特别是教学能力的提高是很明显的。"（访谈 TIS）

M 老师是一位中学英语高级教师，她从课题主持人的角度谈了课题研究对教师学习的意义，她提到：

"我曾经主持过校级课题'中学英语课堂输入与输出的均衡性研究'，那也是我第一次独立主持课题研究。我将课题组成员召集起来要求大家先查阅相关文献，了解语言教学中输入与输出及其作用的相关理论。我觉得在我们的日常教学中往往注重学生的英语输入技能培养，即针对学生阅读、听力技能的训练，这也是目前高考英语的重点和难点所在。事实上，输入与输出要保持一定的均衡才能保证学生英语综合运用能力的提高。我们不能仅为了高考而教学，为了高考而学习，所以在教学中要增加对学生英语输出能力的培养，即提高学生的口语和写作能力。在这一假设下，我们课题组开展定期的研讨交流各自想法，并结合我校目前的实际情况制定了增加学生英语口语和写作能力培养的方案。这一方案经过了几次修订最终定稿，在此过程中课题组成员献言献策，提出了很多建设性的意见，最终由我本人在此基础上撰写成课题研究报告。课题组所有教师也都在自己的教学中实践了这一方案，从目前来看效果还算不错。通过这次课题研究，我个人不仅系统地学习了语言输入与输出理论，同时还将之用于解决实际教学问题提高了自己的实践能力。这是一个教学理论与实践相结合的过程，同时也是自己不断学习的过程，既从书本中学习，也从实践中学习，还在与同事的交流讨论中分享了各自的经验。"（访谈 TIM）

在访谈调查过程中，我们还了解到行动研究是受教师们普遍欢迎的一种教学研究方式，大多数教师都有开展行动研究的经历。所有接受访谈的高中英语教师都认可行动研究的意义，认为这是一种易于操作且贴近实际教学问题的教师学习形式。在他们所组织的课题研究中有很多也是采用行动研究来开展研究的。如 W 老师就提到过：

"我们高中教师没有必要做太深奥的理论研究，校内外课题研究的目的一般是解决现实问题，我们在教学过程中会对自己的教学观念、所采用的教学方法，以及由此所产生的教学效果进行反思，在反思中重新审视自己的教学观念，探讨、研究和改进教学方法，以进一步提高教学效果。在这一过程中我们也增加了知识。"（访谈 TIW）

可见，高中英语教师开展课题研究也是他们学习的一种方式。和大学教师多从事理论研究不同，高中教师的课题研究一般来源于教学问题并为解决教学问题而服务，需要教师在教学实践中验证研究的结论，是一种典型的教学行动研究。课题组由多个教师组成，教师之间开展研讨，在课题主持人的带领下致力于改进教学实践。从这个意义上看，教学课题研究实际上也是教师行动学习的过程，其实施过程符合行动学习合作性、实践性、反思性、循环性的特点。然而，目前的教师课题研究也存在着一些问题，W 老师也回忆起自己参与的课题研究活动：

"我刚参加工作时也参加过一次课题研究活动，主持人是我们高一年级的英语备课组长，但整个课题研究过程中除了开题会议之外没有再组织其他研讨了，所以这个课题的具体内容和进展我自己也不是很了解，当然从中也学不到什么东西了。后来我自己也尝试申报学校的课题，但可能是由于自己积累不够，也可能是资历比较浅，申报了两次都没有获准立项。我自己目前还是希望有机会参与一些真正的有价值的课题研究活动，一来为提高自己的教学和科研水平；二来也为自己今后独立主持课题做一些积累。"（访谈 TIW）

L 老师却提起自己主持过的一次"不成功"课题研究经历，她将原因归咎于教师们忙于日常教学事务，没有时间真正投入教学研究；学校主要关注的是学生的学业成绩，用所教班级的考试成绩来衡量教师的教学，这导致部分教师不愿意冒险改革自己的课堂教学，参与教改研究课题的积极性不高。另外 L 老师还提到部分教师参与课题组只是为了评审职称之需，对课题研究本身并不感兴趣，因此参与课题研讨只是一种"形式"，并不能对课题研究进行反思，更不用说提出批判性的建议了。

从 L 老师的经历可以看到，教师开展课题研究只有在具备一定条件的基础上才可以发挥其积极作用，这些条件包括课题立项单位对课题研究进展的监督管理、所在学校给予课题研究时间和经费方面的保障、课题主持人的整体研究设计与思路、课题组定期研讨规章制度的设立、课题组成员的组成结构以及参与研究过程的意愿和积极性等。此外，很多学校的课题组研究活动功利主义倾向比较突出，开展课题研究往往只是为了发表论文或评审职称的需要，课题组有转化为备课小组的倾向。课题组研究活动中一线教师主动参与的热情不高，学校尽管一方面鼓励教师申报各类课题，另一方面又不能给教师们提供足够的时间和其他条件开展研究，这样课题研究就容易沦落为学校为满足科研评比的工具。事实上，解决这一矛盾其实也并不困难，教师应多开展一些致力于解决教学实际问题的课题研究活动，使得这些研究可以切实提高自己的教学效果和学生的学习效果，让学校既能看到短期的效益又意识到教师课题研究对于学校长远发展的好处，这样才可以获得教师个人和学校对于课题小组研究活动的真正支持。

综合以上对教师访谈的结果我们可以得出结论：高中英语教师一般能够做到经常反思自己的课堂教学，但存在反思内容单一、以个体反思为主的问题；集体备课、公开教学观摩、教学案例研究和课题组研究等教研活动为教师提供了集体反思的机会，这对教师获取知识、提高能力具有正面作用，但这些集体教研活动也存在诸如缺乏专业引领和校本支持等问题，还需要进一步加以改进完善。尽管如此，总体而言教师的很多教研活动已经具备了行动学习的理念，这对于他们提高自身教学能力是很有利的。

二、学校校长访谈分析

为了使实证调查研究的结论更具客观性，从多方面证实数据，我们还对三所学校的校长／副校长进行了简短访谈，对校长访谈的录音也进行了编号，分别为HI1—HI3。访谈内容主要涉及校长的教师学习观、学校对教师在职学习的支持与管理制度、学校教研活动的开展形式等。校长访谈的目的在于了解高中英语教师行动学习的外部支持与管理，同时验证教师访谈结果的准确性，从而更全面地了解教师行动学习现状，发掘其中存在的问题和可能的改进途径。

从校长们的教师学习观来看，三位校长均认同"在教学实践中学习"的理念，因此应该要求教师们多关注自己的课堂教学，在课堂教学中发现问题、思考问题、解决问题。其中有一位校长就提到：

> "对于高中教师来说，理论知识的学习固然重要，但教学实践性知识的获得则更具意义。对于教师们开展教学改革实践，我们学校方面是非常支持的，但我们希望这样的教改实践最好是以团队的形式开展，由资深教师或学科骨干作为带头人，带动所有教师的共同进步。我认为不断探索和突破教学中存在的难点，这对于教师的自身教学能力的提高，对于学校的整体发展都是有价值的。"（访谈 HI2）

从学校对教师行动学习提供的外部环境来看，校长们都提到了各自学校的教师在职进修和校内教研活动计划。总体来说，学校对于教师的在职学历进修都比较支持，在工作安排和经费资助方面都制定了相关的优惠政策；对教师们改革教研活动也很支持。但和教师们的感受相似，校长们也觉得学历进修主要还是以系统地学习理论知识为主，尽管大多数英语教师攻读的是教育硕士的英语学科教学方向，但此类进修仍是以学员个人完成课程学分和学位论文为主要内容，缺乏教师之间的合作。对于学校的教研组活动，校长们都提到学校的听评课制度、集体备课制度、校本课题研究项目、专家讲座活动等。其中有校长还特别提起了该校的专家讲座安排：

> "我们学校设有定期的专家讲座活动，一般是邀请大学教授或资深教研员和特级教师前来，就具体教学和教师开展座谈。上个月我们就邀请了安徽淮北市一位特级英语教师来参加我校英语组的教研活动，先是安排了这位教师开设讲座，谈谈高中英语阅读教学中的难点及其教学策略；之后邀请她参加我校的英语公开课并进行点评，教师们在评课环节提出了很多问题，气氛很热烈。我个人觉得这样的活动让更多的教师参与进来了，而且与教学实际联系密切，是教师学习的一种很好方式，今后我们学校还会继续这么做下去。"（访谈 HI3）

对于开设公开课以及对公开课的观摩交流活动，校长们均认为这是一种非常有意义的活动，但也承认目前在操作中还存在着一些问题。如一位校长提到他们学校近年来所开展的"一日公开课"活动，该活动本着"以生为本、因材施教，打造高效课堂"的理念，邀请市教研室教研员和学科专家以及来自丹阳、句容、扬中、丹徒等县区兄弟学校的领导、专家、一线教师近百人前来听取该校开设的各门学科公开课，部分学生家长也会应邀走进课堂观摩教学活动。通过每学期开展一到两次"一日公开课"活动，开课教师们感觉到了压力，但却给他们提供了向同行学习、向专家请教的机会。该校还规定每位年轻教师（40周岁以下）每两年至少要在"一日公开课"活动中开课两次以上，还要求各学科备课小组对选派的开课教师在正式开课前就所要讲授的教学内容、授课程序、教学重点与难点处理等方面进行集体研讨。这位校长对这种形式的公开课活动效果表示满意，并表示要坚持下去并将此作为该校的一项传统加以制度化建设。同时，他也提到目前这一活动的覆盖面还比较有限，在集体备课阶段和公开课授课过程中还存在开课教师表演色彩过浓的现象；在课后研讨阶段缺乏对课程教学实际难点的思考等问题。在教师的课题研究方面，该校制定了"课题研讨周"活动，即每学期设一周时间对学校在研的各类课题进行检查，要求课题组在全校进行汇报，其他教师参与聆听并提出意见。参与活动的老师能认真记录，课后积极交流，谈自己的所思、所感、所惑，并提出自己的建议，从而达到互相学习、共同提高的目的。

此外，也有另一位校长提到了学校教研活动内容比较单一的问题，他将这一现象归因于教师对提高学生高考成绩的压力。

> "作为校长，我每学期都要参加一些集体备课和听评课活动，其中当然也包括英语组的活动。我感觉教师在集体备课时还是主要围绕教材开展，讨论最多的还是语法教学和高考试题；在评课中对于授课教师的评价也以语言点知识的教学效果为主；选派老师外出开会教师们最愿意参加的是高考分析和出卷预测会议，这些现象和我们重视学生应试能力的传统有关。当然，我们学校也是强调学生的考试成绩的，社会对我们也有压力，这也关系到我们学校今后的发展。但我个人觉得这种对考试成绩的过分强调在一定程度上影响了教师日常学习的深度和效果。"（访谈HI1）

学校对教师学习的管理对其顺利开展也非常重要，学校应该制定相关的政策鼓励教师在教学实践中学习、以小组合作的形式开展学习、在不断反思自己教学行为中学习。三位受访校长都提到了他们学校"师传带"的新教师指导制度和教研课题申报制度，同时表示还要加强对教师在职学习特别是以校为本的集体教研活动制度的改革。在学习资源方面学校要努力加以丰富，要加大对校本教研课题的资助力度和广度，加强对教师集体教研活动的监督管理等。

综上，校长们对于行动学习的理念也是认同的，学校也支持英语教师们开展具有行动学习元素的教研活动，这些是教师行动学习的外部有利条件。在访谈中，三位校长都介绍各自学校的特色教师学习活动，如"一日公开课""课题研讨周""读书沙龙会"等，这些活动都带有明显的行动学习理念，但由于目前高中英语教学以考试为中心的评价体系以及部分学校对教师学习管理的松散，导致了教师行动学习的效果受到影响，这也是教师行动学习中存在的不利因素。

三、教师培训人员访谈分析

除了对一线教师和校长进行访谈之外，研究者还利用参与观察高中英语教师暑期培训的机会对相关的教师培训人员进行了访谈。与教师和校长访谈不一样的是，我们对培训人员的访谈并没有事前拟定好提纲，而是根据其培训的内容与形式提出与教师学习有关的问题和培训教师进行交流。这些看似随意的谈话可以被看成是培训教师的叙事，是他们与研究者共同就教师培训中的教师学习活动的叙事探究。笔者观摩了三次教师培训课程，分别为某市中学英语教师引智培训、某市高中英语教师新课程培训和"国培计划"某省高中英语骨干教师培训。所访谈的教师培训人员包括英语教研员、大学从事英语教学研究的教授，几位受访者从事教师培训工作多年，积累了相当的经验。大家都认同教师在职学习的重要性，认为教师客观上需要不断接受外部培训和保持自我学习才能满足教学工作的要求。对于教师所参加的校外培训课程内容，几位均认为应该以教师实践性知识的培养为主，即注重教师提高解决实际教学问题的能力，当然也需要一定的理论知识学习。Z老师是一位资深英语教研员，他每年暑假都要担任培训教师，从事市教育局组织的教师新课程培训的教学工作，他谈到他们的培训目前还是以传达上级精神为主，一般是让教师们了解新学年各年级英语教学的重点，对于那些刚入职的新教师则组织他们学习一下最新版《普通高中英语课程标准》，或是培养他们从事课堂教学管理的能力。在培训形式上都是由教研员开设讲座传授上级精神，与学员之间几乎没有互动。

"新课程培训中教师们对我们的讲授似乎兴趣不大，尽管我们规定有考勤制度并将教师的出席情况汇报给他们所在学校，但每天缺席的老师还是很多，我觉得我们的培训内容和形式都存在问题。平时我们去参加学校教研活动则感受较深，作为教研员尽管我们也是教师出身，但长期不上课使我们对实际课堂教学越来越陌生，尤其对于学生的真实学习情况不够了解。去参加学校组织的案例研修、听课评课活动、课题组研究等活动也给我们提供了了解真实教学现状的机会，而且在那些活动中教师们把我们视为专家，我们也可以根据自己的经验和知识给他们提出一些现实性的建议，这一过程也提升了我们的能力，是一个双赢的结局。所以我在想如果培训课程中引入这样的活动效果肯定会好得多。"（访谈 EIZ）

Z 老师的想法也印证了我们在上文教师行动学习意义章节中论述的行动学习可以促进教师与教学研究人员互动发展的观点。事实上，目前很多英语教师培训项目已经引入了教师行动学习的理念，在培训方式上有了很大的改进。K 教授作为省属师范大学一名长期从事英语教师培训工作的专家，他提到这几年培训课堂中的主要特点：

"我搞英语教师培训已经有很多年了，最开始主要也是对受训教师单向的知识传授，内容以教学理论和英语语言知识点为主，当时我们讲得最多是二语习得理论。近年来我们的培训课程中增加了教师的参与性，目的在于提高他们的学习效果。在培训中我们通过组织教师观摩公开课、撰写并研讨教学案例、小组讨论与汇报增加与教师之间的互动，我们作为培训教师也更为真实地了解了教师的学习需求。我要求教师在培训期间每天都撰写学习日志，记录他们对课程学习的感受，我本人则会分析这些日志并调整教学安排。在培训过程中我也会经常与教师们交流，和他们一起思考教学上的困惑，指出他们学习上的问题，大家也都比较信任我，愿意接受我的意见。当然我个人的能力也是有限的，很多时候需要发挥教师集体的智慧才能完成学习任务、解决教学难题。这种培训方式对我们也提出了更高的要求，我们要不断地学习理论知识，并多走进英语课堂才能更好地与教师们在培训中实现互动，我想这可能就是国培计划培训课程标准中所提出的教师行动学习吧。"（访谈 EIK）

可见，教师培训者已经意识到教师行动学习的意义并在他们的课程教学中加以实践，这是英语教师在职培训的一个正确的方向。前文中对于成人学习特点的论述也可以佐证教师培训中开展行动学习的切实性。

L 教授今年参与了省级"国培计划"英语骨干教师培训的授课工作，他谈起了自己对英语教师在职培训的理解：

"赴京参加国培计划培训项目的大多是各地选派的优秀英语教师，我们在培训中不仅要注意加强学员的理论功底和教学水平，更为重要的是要更新他们的教育理念和培养他们的批判思维能力。在培训过程中，有老师问我为什么不提供讨论问题的正确答案，我觉得这是一种可怕的现象。我认为英语教学中的很多问题是没有标准答案的，比如怎样进行新课文的导入等，授课专家所提供的示范也仅仅是一个示例，并非标准的模板，教师需要结合自己的教学现实反思适合他自己的导入模式。在讲授式和讨论式的培训方式中，我更倾向采用讨论式的教学方式，因为这可以有效促进学员的反思、增强他们的批判意识。在一次授课中我为学员提供了一段英语对话，要求学员以小组为单位围绕这一对话进行教学设计并说课，小组交流完毕后再进行评课活动：学员中有些是教研员，有些是一线骨干教师，我让他们分别开展评价。结果，教研员评课时先谈教学设计的优点，后谈问题；而一线教师则先向设计者提问，然后再谈其优缺点。最后我本人也进行了评课，我请一位刚说完课的教师与我就刚才的示范课进行了对话式反思性评课。最后，我请学员们就刚才进行的三种评课方式进行讨论：你最喜欢哪种评课方式？为什么？大家一致认为反思性评课方式效果最好。"（访谈 EIL）

综上而言，教师培训人员对于英语教师行动学习的理念也是比较认同的，但由于受传统学习观念的影响，目前还有很多培训课程是以讲授式教师被动学习为基本方式的。事实上，讲授式和讨论式培训方式都有其各自的利弊之处，只不过讨论式培训方式更好地结合了教师的自我反思、集体反思和培训专家的专业引导，对于解决英语教学中的现实难题更具操作性而已。同时，这种学习方式也对受训教师本人和培训专家提出了更高的要求，他们必须具有更强的合作意识和批判精神，在培训中通过共同参与示范课观摩讨论、问题小组研讨汇报、课题小组案例研修等方式提高双方的专业能力。作为教师培训人员，他们本来就应该走进真实的教学世界，多了解教师的教学现状、困难，掌握学生的学习需求与学习特征。教师培训中的理论学习如果不能转为为改进教学的实践行为那只能成为束之高阁的理论，对于教师教学和学生学习的实际意义都很有限。这一点也已经成为教师培训人员的共识，他们认为只有在培训中和受训教师形成有效的互动、多组织并参与教师之间的讨论才能更好地了解教学现实，从而开展有针对性的研究，提高英语教学质量，同时提高自己的研究水平。

第三节　英语教师行动学习的实地观察

"耳听为虚，眼见为实。"问卷和访谈的研究方法还需要通过观察加以验证，这是保证质性研究结论可信性的一种途径。观察是人类认识世界的一种基本方法，也是从事科学研究的一个重要手段。一般而言，观察可以分成日常生活中的观察和作为科学研究的观察两种类型。日常生活中的观察是人类的基本生活方式，一般没有明确的目的性和计划性。作为科学研究手段的观察则是研究者有目的、有动机地对事物进行深入研究。[1]本研究中所使用的观察是为研究目的而服务的，是在自然环境下对英语教师集体备课、培训课程教学等活动所开展的"半参与型"实地观察，是一种作为科学研究手段的观察。与上文中提到的教师课堂观摩有所不同，此处所指的是对教师教研活动和培训课堂的观察，旨在了解其效果与存在的问题。我们在本研究中主要开展了两类观察，一是参与观察教师的集体备课、课题组研讨会；二是上文所提到的对英语教师培

1　陈向明 . 质的研究方法与社会科学研究 [M]. 北京：教育科学出版社，2010：145.

训课堂的实地观察。

观察的结果与通过问卷与访谈所得出的结论基本吻合，尽管部分学校的集体备课、公开课观摩评课等教研活动中存在"流于形式"的现象，如某个星期二上午，我们在一所学校观察的一次高二年级组英语教师集体备课活动，教师们先拿出备课记录和教案册，按照事先定好的计划，由 W 老师主备。他先说了一下下周教学内容中的重点和难点，分析了教案的设计，然后其他老师提出了一些意见，大家讨论后确定了下周所教单元的教学目标、教学过程、进度、方法、练习设计等，最后备课组长做了总结，布置了近期的月考安排和下一次集体备课教案准备内容和主备人选。据了解，上述这一集体备课流程与方法目前在各中小学中还比较普遍，但问题在于这一模式缺乏教师后续实践操作与行为反馈的保障，无法使得教师做进一步深入的集体反思，仍属于一种单向的输入式学习。相比这一模式，强调集体合作、小组研讨、批判性反思的行动学习方式对教师具有更大的意义。以下作者在 JSZJ 中学所观察的一次高一年级组英语集体备课活动就可以说明这一点。

这次集体备课是一次常规的教研活动，按全市统一要求安排在每周二的上午举行，除一位教师因公派赴海外从事对外汉语教学工作之外，其余高一英语教师均悉数参加。备课开始后首先由教研组长总结近期的教学情况特别是上周的月考情况，然后又布置了下一周的工作安排。进入正式备课环节后，由两位教师主备《牛津高中英语》模块四中的第三个单元"Tomorrow's World"，其中一位教师介绍这一单元的授课安排，包括课文导入、主体课文的讲解（其中重要单词的解释与练习）、本单元对应课后阅读材料的处理等；另外一位教师则介绍了该单元的语法教学任务即被动语态的授课安排。从内容来看，两位教师事先均做了充分的准备，第一位教师准备了很多有关未来世界科技发展的图片，其目的是在课文导入部分引发学生的兴趣，并就图片内容让学生用英语进行描述。此外，他还设计了学生的课堂主题汇报活动和课后作文题目，并对主体课文中的重点词汇的处理方法进行了解释。

第二位主备被动语态语法教学的老师也做了大量的准备工作。她将近年来高考中对于被动语态的考点进行了汇总并计划在课堂上给学生讲解；此外，她还根据自己的经验总结了学生在使用被动语态中常犯的错误并在备课中提出以供其他教师参考；最后，她汇报了自己从教学参考书中选择的供学生当堂训练的习题供大家借鉴。

两位老师陈述完后备课进入了讨论阶段。就课文导入的方法有教师提出了不同的看法，他们认为尽管主题是"明日之世界"，但在导入阶段可以先回顾历史，分析现状，再展望未来，这样才让学生的思维有一个时间上的连贯性，使他们对课文内容有一个更为直观的了解。另外考虑到部分学生课前没有认真预习和思考过课文，在导入部分直接让学生发表看法似乎效果不是很好，可以先由教师介绍自己的观点，然后学生分成小组讨论，最后再集体汇报，集体汇报甚至可以安排在第二次课再进行。还有教师提出用很多时间介绍课文背景和进行学生小组汇报使得本来就有限的课时更加紧张，背景介绍的时间和程度应根据课文的具体内容而定，就这一单元而言可以考虑简化这一环节。在语言点的学习上，有教师认为对于部分使用频率不高的单词或词组如 count sth. against sb.、jealousy 等在讲授时要求学生理解即可，不一定再详细分析并举例说明，因为这些词汇在《英语课程标准》中属于超纲词汇，只要求学生识记。对于被动语态教学的备课，老师们都非常认同主备教师的做法，认为应该经常性地总结学生的常见错误并利用课堂反复讲解，这可以让学生的印象深刻一些。有两个年轻教师还提出要求该备课教师给他们提供一份她总结的历年考点和常见错误汇总，并表示这些资料很有价值。也有教师提出被动语态的教学应该和其他语法现象结合起来，因为学生在被动语态使用中最容易犯的错误的正是几种语法现象混在一起的情况。如在英语虚拟语气 It's important/necessary that sth. should be done… 结构中、过去分词表被动 have sth. done（如 have my bike repaired）结构中学生就很容易忽略其中的被动语态而犯错。因此，在课堂教学中教师可以进行拓展，将这几种语法现状进行比较并总结，对于学生的掌握很有必要。在备课快要结束时，教师们还交流讨论了使用《牛津高中英语》模块4的体会，有老师提出该模块强化了学生的语言综合能力特别是阅读能力的培养，但对学生词汇量的要求却不是很高，这对学生的应试会造成一定的负面影响；也有教师认为这不是一个很大的问题，教师们在日常的阅读教学中应该培养学生利用上下文语境猜测生词意思的能力，而且这也是课程标准所明确提出的要求。

研究者在 ZJDE 中学所观摩的一次集体备课也体现了行动学习的理念。此次高二年级英语组集体备课由备课组长 L 老师主持，她按照学校提出的"五步教研"流程，即介绍备课议程、研读课标考纲文本、初备说课、集体研讨、下次活动分工，组织备课组教师进行了研讨和展示。整个活动流程规范，主备人认真思考，有教学分层考虑，组内成员积极发言，不仅研讨教学的内容，也讨论了教学方法、教学呈现时机等。最后 Z 老师展示了如何利用多媒体动画创设趣味性的问题情境，给大家很大的启发。整个备课过程气氛热烈，老师们都感到有所收益。

从上述两次集体备课活动我们可以看出，尽管是常规的教研活动，如果其内容和程序安排合理对英语教师也是可以产生积极的学习效果的。集体备课汇聚了不同教师的教学经验与观点，体现了教师之间的合作和对教学实践的反思，具备行动学习的部分要素。然而，在实际操作过程中集体备课还存在主题不够聚焦、内容较为分散、缺乏后期行为跟进监督等问题。尽管如此，学校还是应该重视集体备课制度的改进与完善，争取使其发挥效果。令人欣慰的是，在一周后对这些教师备课活动的再次观察中发现他们对上一周教学活动进行了总结，继续研讨了上次备课中所提出的教学方案的实际可操作性，并对其中出现了问题又提出了一些想法。这样教师的备课活动就成了循环反复的学习过程，符合了教师行动学习循环性的特征，这是教师们在设计和实践集体备课活动中可以借鉴的。

校外培训是教师在职学习的一种重要途径，也是为大多数教师所熟悉的一种在职学习方式。为了实地考察英语教师通过这一方式的学习内容和效果，研究者选择了部分英语教师培训课程进行了实地课堂观察。以下是作者所观察的几次教师培训课堂活动的组织和安排。

XX 市高中英语教师引智培训是由市教育局组织的暑假骨干教师培训，培训由该市教育学院承办，由各高中选派优秀教师参加。培训的授课专家是两位来自加拿大具有丰富中小学语言教学经验的教师，培训内容主要是文化知识和语言技能，目标在于提高学员的英语口语表达能力、扩展教师的跨文化特别是英语国家文化知识。培训以单元为基本形式开展，每单元为一个主题，如第一单元为西方主要节日介绍、第三单元为英美国家人们的饮食习惯等。授课教师要求学员们在每个单元授课前先自己准备素材，并将学员分成小组，每个小组在上课时轮流上台汇报。此外，该课程还设计了一个"讲新闻"环节，即要求每位教师每天的培训课堂上用英语讲一则新闻并进行简短评论。总之，该培训课程仍是以事实性知识的学习为主，通过口头汇报，小组讨论等形式提高受训教师的英语口语能力。尽管在课堂小组讨论环节中我们注意到有部分教师使用汉语进行交流，但总体而言在此培训中教师参与性大大提高了，英语表达机会也得以增加。课程结束后受训教师普遍感觉自己增加了对英美文化知识的了解，也提了口语表达能力，但就具体的教学实践性知识却没有得到太多的训练，但外籍教师这种课堂组织的方式却给他们带来了思考，受训教师们普遍表示今后如有可能也许会在自己的教学中借鉴这些课堂组织方式。

总体而言，尽管目前高中英语教师的在职培训中仍存在以理论接受学习为主的现象，但具有行动学习元素的教师学习活动在教师培训项目中已经受到重视并运用。在实地观察的三项高中英语教师在职培训项目中，有两项在其培训活动的组织中带有行动学习的反思实践、合作研修、行为改进等元素，相关的活动如公开课观察与评价、课题小组研讨与汇报、反思学习日志撰写与交流等。应该说这些活动大大提高了受训教师参与学习的积极性以及与培训专家之间的互动性，对双方都有积极的意义，但从目前来看这些活动在操作过程上仍存在问题。比如说，在一些教师培训学员研讨中存在缺乏焦点问题、专家引领不够、有效评价体系缺乏的问题，此外对于受训教师在实际课堂中的行为改进也缺乏后续监督与指导，这些都是在今后设计基于行动学习的英语教师在职培训活动中需要改进的。

第四节　英语教师行动学习的实物资料分析

实物分析是质性研究中除问卷、访谈和观察之外的另一种主要的资料收集方法。任何实物都是一定文化的产物，都是在一定情景下人们对一定事物看法的体现；因此这些实物可以被收集起来，作为特定文化中特定人群所持观念的物化形式加以分析。[1]与其他研究手段相比，实物分析具有一些独特的优势。首

1　陈向明. 质的研究方法与社会科学研究 [M]. 北京：教育科学出版社，2010：257.

先，实物可以扩大研究者的研究手段和分析视角；此外，在一些情况下实物可以比访谈中的受访者所使用的语言更具有说服力，可以传递一些用语言无法表达的思想和情感。最后，从整个研究的可靠性来看，实物分析还可以用来与其他渠道获得的材料进行补充和相互检验。

在本书中作者收集了教师备课笔记、听课记录、教案、评课记录等实物资料加以分析，旨在了解教师行动学习的过程与效果，并总结其中尚存的问题。我们对一次公开课的评课活动记录和某位教师的一次常规听课记录以及另一位教师的备课笔记进行了分析。

该公开课听评课记录表所记录的是由某市教研室在 ZJDE 中学组织的一次公开课听评课活动。当天开课的教师共有两位，所教授课程类型为课文讲解和语法复习，分别由 L 老师和 Y 老师授课。参与这次公开课评课活动的教师均是来自于各个学校的英语备课组长或骨干教师，此外市教研室也派了教研员参加。L 老师所开设的课文讲解课主要内容为介绍去非洲旅行的信件，教学目标在于培养学生的阅读能力以及了解英语信件的书写格式。从评课记录表来看，大多数教师所给出的评价是正面的，特别是对于课文的导入部分以及开课教师的课件制作，评课教师们均表示了较高的评价。对于该课的缺点，大家讲得并不多，只有一位评课教师和教研员提出了开课教师在授课过程中的时间安排存在一定的问题，需要加以改进。在 Y 老师所开设的语法复习公开课评课记录中，尽管相比 L 老师而言评课教师所提出的批判性建议有所增加，但从整体来看还是以正面评价为主。这一现象和之前通过问卷与访谈所得出的结论基本一致，即在公开课观摩活动的评课环节中，目前还普遍存在批判性不足的问题，评课教师往往出于各种原因如考虑到开课教师的感受等不愿意多谈授课的缺点。事实上，教师行动学习中的小组讨论需要参与教师开诚布公地质疑与提问，只有批判质疑的氛围才能引发教师的深入反思，探究行动中的问题及其改进方案。从这一意义上说，目前大多数高中英语课堂观摩活动在组织形式与实施过程中仍有待得到进一步改进。

另一实物资料分析的是 ZJDE 中学某位教师的课堂听课记录表。与公开课评课记录相比，教师个人的听课笔记对课堂教学细节的记录更为详细，也更能反映出听课教师的个体反思与学习过程。该听课教师目前虽任教高一年级，但其所听课程为初三年级的一次英语课，这是一次常态课而非公开课，课程内容为第二单元的导入和课文讲解部分。任课教师的课堂教学分为十个步骤，包括课堂问候、学生自由讨论、角色扮演、语言点分析以及最后的课堂练习等。听课教师详细记录了任课教师开展教学的细节，在提出正面意见的同时也结合自己的反思提出了质疑和授课教师需要改进之处。比如就任课教师引导学生开展小组讨论时播放课件这一教学行为，听课教师就会质疑这一教学行为的目的，并提出图片播放应该慢一些，让学生有一定的时间思考；当学生一时回答不出教师的提问时，听课教师认为授课教师应该将问题重复一遍或者给予学生一些提示；其它的记录还包括教师板书的书写规范、课堂教学录音播放的声音大小等细节问题。从这些记录来看，听课教师在课堂观察的过程结合自己的教学经验中融入了反思，但还是存在反思层次不深，以个人反思为主，缺乏集体反思和专业引领的问题。有效的教学反思是一种社会过程，如果没有交谈与对话，反思就仅限于个人的领悟。因此，当听课教师与授课教师在课后就这些问题开展讨论时，教师学习才会得以真正发生，此外，教师的行动学习还需要教师们在后续的教学实践中不断反思和改进教学，在这一过程中教师可以获得更多的专业知能。

综上而言，对教师学习实物资料的分析基本上印证了在问卷和访谈研究中所得出的结论，即教师在日常工作中具有很多开展行动学习的机会与方式，但目前这些方式的开展仍存在反思程度不深、同伴互助批判性不强、外部资源不足等问题。只有有效地改进这些问题，教师行动学习才能够真正发挥其作用。

第五节　实证研究小结

本章主要总结了高中英语教师学习特别是行动学习的实然状况，并结合这一现状分析了其中存在的问题和有可能的改进措施。为保证研究结论的客观性，研究者在研究中通过问卷调查、访谈记录、实地观察、实物分析等多种研究手段揭示问题，并对一线教师、教育管理人员以及教学研究人员展开考察，从而使得研究结论形成多角互证，从而确保了研究的信度。总体而言，随着时代要求的提高，英语教师的学习需求和压力正在日益增加。在行动中学习、在实践中成长已经成为教育研究者、学校管理人员以及一线教师的普遍共识。事实上，目前高中英语教师在校内日常学习以及校外的在职培训学习活动中都存在着行动学习要素，如校内开展的课堂观摩、集体备课、课题小组研究、案例研修等；校外在职培训课程中的示范课观摩研讨、学员小组主题讨论、撰写学习反思日志等在一定程度上都符合教师行动学习的某些特征。然而，目前这些活动在实际操作上仍存在误区，如在日常的教师课堂观摩中存在"只听不评、评优避缺"的现象；在集体备课中普遍存在缺乏专业引领的问题；在课题研究中存在参与教师反思不足、功利化倾向的问题等。如果这些问题不得以解决，那么上述这些教师学习活动就不能称之为真正的行动学习。正如布德所言，无助的反思会错过一个过程，这个过程会"由于其他人的适当支持、鼓励和参与而被大大加速"。[1] 行动学习的要素不仅包括学习者的个体反思，还要求学校小组的集体反思、小组成员之间的同伴互助、学习过程中的专业引领以及在实践过程中的评价与再反思，这是一个不断改进实践与提高学习者个人能力的循环过程。从这个意义上说，教师行动学习的诸多形式在实施中还需要加以改进完善才能使其发挥促进教师专业发展和提高教学质量的作用。

从教师行动学习的学校环境来看，本章的研究表明对教师开展日常行动学习影响较大的外部因素包括现行的教育制度、教师的传统思维方式、学习时间和资源的限制、高考英语的题型设置等。具体而言，目前高中英语教师最关注的还是提高学生的考试成绩，因此在集体备课等教研活动中主要是围绕学生考试成绩提高而开展的，这本身无可厚非，但同时这也限制了教师学习的内容。行动学习要求参与者具备较强的批判反思意识和互相质疑的行为，这和我国传统的教师思维习惯是有一定冲突的。在教研活动中发现很多英语教师的批判性能力不够，这使得小组讨论的深度受到了影响，教师们因此很难透过现象发现其背后的真实问题。此外，无论是以校为本的日常学习还是校外的培训课程学习，教师行动学习的过程都需要有专门的组织和管理，而学校或培训机构应该承担起其管理功能。因此，学校应该努力为教师学习活动提供专业的支持，并积极创设教师自主探索的学习环境。目前大多数学校尽管都制定了各学科的教

1　Boud, D., R. Keogh & D. Walker. (1985). *Reflection: Turning Experience into Learning*. [M] London: Kogan Page: 174.

研活动和在职培训计划，但不足之处在于对教师的这些活动缺乏有效的监督与管理，致使很多时候这些活动会流于形式。最后，教师开展集体教研活动也需要一定的时间和经费保证，这也是学校管理部门应该提供的支持，而这恰恰也是目前大多数学校所缺乏的。

总之，从对目前高中英语教师在职学习的现状考察来看，教师们一般都有参与行动学习的机会与场所，在实际工作和培训中也开展了各种形式的具备行动学习要素的学习活动。然而，教师本人和学校管理人员对这些学习方式的实施存在的误解致使其效果受到影响。在下一章的论述中，我们将就教师行动学习的具体策略展开分析，探究这些策略的实施要素与细节问题，从而使其更好地服务于英语教师专业发展，同时为教师教育机构设计行动学习项目提供参考和借鉴。

第五章 教师行动学习的实施策略与途径

本书前三章从理论角度论述了教师行动学习的内涵、特征、要素、实施意义等问题，旨在从理论上探究教师行动学习的应然状态与本真意义。之后的第四章从实践角度分析了英语教师行动学习的实然状态及应然要求，指出了英语教师日常工作中经常采用的行动学习策略。然而不难看出，教师在现实教学工作中由于诸多原因在开展行动学习的过程中仍存在很多问题，即应然状态与实然状态之间仍存在着差距。那么，如何缩小这一差距？如何结合教师目前的工作特征与教学环境构建教师行动学习的有效实施途径？教师在行动学习的过程中需要注意哪些问题？针对这些问题的思考有助于学校更好地实施教师行动学习，促进教师的成长发展。本章仍针对英语教师，探究他们行动学习的可行途径与策略。因此，本章将主要探讨教师行动学习该"如何做"的问题，旨在为教师开展日常行动学习、为学校制定教师行动学习规划与措施提供参考、为培训机构运用行动学习法开展教师培训提供建议。

英语教师行动学习是教师以完成预定的任务或解决实际教学问题为目的，在学习小组支持持续不断思考与学习的过程。在真实的教育教学环境下，英语教师可以通过很多策略实施行动学习，以下作者就分节介绍这些策略，同时分析其中行动学习的元素，并指出这些行动学习策略在实施过程中需要注意的问题。

第一节 课堂观察与交流

课堂观察是我国中小学最常见的一种教研活动，也是教师之间互相学习的主要途径。如果合理实施，教师课堂观察活动可以成为他们实施行动学习的有效策略。本节就从教师课堂观察的概念、内涵、特征等方面出发，总结教师课堂观察活动与行动学习的关系，并从行动学习理论与实践的角度提出对英语教师课堂观察实施的相关改进建议。

一、教师课堂观察的内涵与特征

"课堂观察"也叫"课堂观摩"，在我国也被俗称为"听课""听评课"等，在学校提高教师课堂教学质量的过程中发挥着重要的作用。课堂是学校教育的主阵地，课堂教学是学校教学活动的基本组织形式，课堂教学质量是影响学校整体教学效果的关键因素。我国各级各类学校对教师开展课堂观察即听课都有相应的规定，这在基础教育阶段中小学校尤为如此。作者在本研究的实证部分对三位高中（副）校长的访谈结果也证实了这一点，三位均提到除公开课之外，各校对本校教师特别是同学科教师之间的相互听课有着硬性的规定。如有学校规定新教师每学期听课不能少于 30 节，其他教师之间的互相听课每学期不少于 16 节，在结成师徒关系中的"师父"每学期听"徒弟"（一般是刚进校的新教师或者是初次担任高三年级教学工作的教师）的课不少于 10 节。此外，还有学校对教学管理人员的听课工作提出了要求，他们按照每周／天随机抽查听课的形式安排教研组长和学校领导深入一线课堂开展教学观摩。可见，课堂观察在学校教学中已经成为一种常态，对几乎所有的老师都不陌生。然而，很多教师对课堂观察的认识仍存在一定的偏差，如简单地将其理解为"听别的老师上课"；在实践中教师大都为了完成任务而听课，且普遍存在"听而不评"的现象，多数学校主要还是将其作为评价教师教学的工具，忽略了教师听课的学习功能，这些现象在前文的实证研究部分已有阐述。

本研究中所指的课堂观察有别于传统的教师职前培训和在试用期中评价新教师的课堂观察。两者的本质区别在于是否将课堂观察作为教师的一种学习工具。课堂观察的对象不只局限于上课的教师，而是包括对学生、课堂教学环境的观察。事实上，课堂观察不仅是教师互相学习提高的一种手段，同时还是研究者研究课堂教学的一种方法。那么，什么是"课堂观察"？有研究者指出，"课堂观察是指观察者（教师、教学管理人员、研究人员）带着明确目的，凭借自身感官及有关辅助工具，直接从课堂情境中收集资料的一种教育研究方法。"[1]可见，课堂观察并非简单地"听别的老师上课"，而是作为一种研究

1　陈瑶 . 课堂观察方法之研究 [D]. 上海：华东师范大学硕士学位论文，2000.

方法需要观察者在课后进行思考，总结并解决问题。观察分为日常观察和科学观察，课堂观察是不同于日常观察的科学观察，课堂观察要求教师要按照预定的计划，有目的地收集课堂数据并加以分析研究，从而获得对课堂教学的深入认识。

鉴于上述观点，我们对课堂观察的概念做如下界定：课堂观察是观察者（教师、研究人员）有计划、有目的地通过感官和辅助设备，在教室等从事教学活动的场所中，对处于教学状态下的人、物、或事进行系统的考察，从而获得经验认识，并在课后加以分析的一种研究方法。教师开展课堂观察主要考察授课教师教学内容的整合、教学行为、教师素质、课堂氛围、课堂中的学生参与情况、教师课件设计、教师对学生错误的处理等。课堂观察是教师学习的一种工具，它不仅包括教师在课堂中观摩的时间，还包括听课教师课前的准备和课后的研讨时间。课堂观察并非简单的听课，同时还需要在听课的过程中对课堂进行全面的考察并在课后加以交流分析并从中发现问题、吸取经验、获得学习。因此，课堂观察也是教师之间互相学习提升教学质量的一种途径。

课堂观察根据不同的角度可以有不同的分类，从观察的情景和对象是否经过严格控制的角度可以分为实验观察与自然观察；按观察时是否借助辅助设备可以分为直接观察与间接观察；从研究者在研究中所扮演的角色可以分为参与性观察和非参与性观察；按观察情境的范围及观察的系统化程度可以把课堂观察分为开放式观察、聚焦式观察、结构化观察和系统化观察。[1]课堂观察作为一种以收集课堂第一手资料为特征的教育科研方法，以资料收集的方式以及所收集的资料的本身属性来划分，可以分为定量课堂观察与定性课堂观察。定量课堂观察主要是运用时间抽样和事件行为的方法对课堂进行结构分解，根据分解的类别和因素设计观察工具（量表），从而收集到较少作价值判断的、事实化的量化资料。对这些资料做进一步的统计分析量化处理，就能得到相对客观而公正的结论。定性课堂观察则包括用书面语言、用录音录像或照片等记录课堂教学的真实情况，所以要求观察者必须尽可能深入和长时间地介入课堂情境，充分地参与课堂，以收集大量的第一手资料，从而得到最贴近被观察者真实情

1　梅云霞.课堂观察：内涵、分类与价值 [J]. 教育导刊，2012(3).

况的结论和解释。

从上述对教师课堂观察内涵的界定来看，课堂观察是技术，也是一种方法，能否掌握课堂观察的技术和方法，在很大程度上决定着课堂观察的效果。从现状来看，教师普遍存在对课堂观察技术和方法不熟悉的问题，这在很大程度上影响了课堂观察的质量。因此，我们有必要了解课堂观察的特点，以突出重点，让教师更好地运用这一方法。课堂观察是教师在学校教学中常用的研究课堂和提升自我的一种手段，它具有如下一些特点：

（1）课堂观察的对象具有选择性。从一定意义上说，课堂教学是一种非常复杂的活动，随时充满了各种不确定的事件。教师在课堂观察前必须要有明确的目的，才能集中注意力在要重点观察和研究的对象上。否则，课堂观察将会是无针对性和无序的，效率也会比较低下。只有教师在听课前有明确的目的和重点，才能确定观察的内容、形式、方法等一系列细节问题。如情态动词的用法在高中英语学习中是一个难点，也是教师教学过程中的难点所在，有新教师就专门去听老教师讲授情态动词用法的课，以观察老教师的教法；还有教师在课堂观察中重点考察授课教师与学生互动中提问方式，并加以记录，以便课后与授课教师讨论交流。可见，观察教师应带着明确的目的和具体的任务对课堂加以观察，这样才可以提高课堂观察的针对性和有效性。

（2）课堂观察的观察者具有客观性。课堂观察一般是在自然状态下进行的，听课人员不能对授课教师施加干预和控制。在课堂观察的过程中，观察者一般坐在某个位置直接观察课堂事件的发生，从而客观地收集课堂数据。但由于观察者具有自己的经历、知识、信念，所以在观察中不可避免地会带有一定的主观性。福西特（Fawcett）提到："我们有观察我们所要寻找事物的倾向，也有寻找我们已知事物的倾向。"可见，在课堂观察中观察者有可能会由于自己的客观因素而影响观察的内容与方法选择，而这也是教师在课堂观察中要尽量避免的。

（3）课堂观察的过程具备思考性。课堂观察并非只"观"不"察"，所谓"察"，即意味着思考，没有思考就不能称之为"观察"。课堂观察包括准备、观察、分析、判断、思考等一系列过程。对于课堂观察者而言，下课并不意味着观察的结束，他们还需要用科学的理论去分析、判断和理解课堂观察记录，从而得出客观科学的结论。理性思考应贯穿于课堂观察的全过程，没有思考和分析的课堂观察是没有意义的，课堂观察中的思考应包括观课前的准备、观课中的记录、观课后的讨论等一系列过程。

课堂观察可以采用多种方法，一般可以分为单一的方法、多元的方法和因人而异的方法。单一的方法往往用于个人的课堂观察之中，无论是使用量表的定量观察，还是一般意义的"田野笔记"，都属于一种单一的课堂观察方法。当然有时专家引领的团队观察会从多个维度围绕一个主题进行，其实质还是一种单一的观察方法。[1] 多元化的方法指采用两种或两种以上的观察方法。课堂环境是非常复杂的，课堂教学中的许多现象和问题是无法用具体的数据来说明的，需要观察者根据观察主题、观察对象的某些行为做详尽的多方面的观察描述，并在课后根据回忆加以补充和完善，从而较为完整地反映教学的真实情况。此外，观察教师还要根据自己、上课教师以及合作者的需要确定观察主题、观察方法与工具。处在不同发展阶段的教师关心的问题不同、需求不同，因而确定的课堂观察主题、观察方法与工具也不同。由于学科差异，每个学科教研组在观察主题和方法的选择和确定上也不尽相同。因人因科而异的课堂观察方法要求教师根据教学目标、课型类别、教师个人风格等具体情况确定具体的观察方法与工具。

二、教师课堂观察的价值与实施

如前所述，课堂观察在教育界得到了普遍运用，并在很大程度上发挥了积极的作用。课堂观察具有探索课堂发生机理、反思课堂存在不足和完善教师成长路径等实践价值。概括而言，教师课堂观察的价值主要体现在评价教师教学和提升教师教学质量，促进教师专业发展两个方面。

首先，课堂观察是收集评估教师教学状况最直接的途径，唯有真实的课堂教学才可以反映出教师的教学水平与效果。课堂教学中包含着丰富的信息，其中有些是难以量化的隐形的但很有价值的信息，获取这些信息只有通过课堂观

1　钱金明. 方法与工具：教师课堂观察的必要准备 [J]. 江苏教育研究，2011(7)：24-27.

察才可以得以实现。观察者深入到课堂中去可以收集关于教师授课的教学思想、教学方法、课堂气氛、课堂互动等信息。正如苏霍姆林斯基所言："校长评价分析教师最适当的形式，就是定期去听所有教师上课。"[1]可见，课堂观察是评价教师的一种主要手段，这也是开展课堂观察在大多数学校所发挥的主要功能，但过于强调这一价值显然会忽略课堂观察促进教师学习和发展的重要意义。

事实上，课堂观察对于教师自身的发展也有着积极的意义，对观察教师和被观察教师都是如此。课堂观察能力是教师专业素养的重要组成部分，也是成为一名优秀教师所必备的能力之一。对于处于不同发展阶段的教师课堂观察都可以起作用，比如职前教师通过课堂观察了解教学的真实状态，熟悉课堂教学流程；初任教师通过课堂观察学习经验，不断改进自己的教学；熟练教师通过课堂观察指导新教师，同时反思自己的教学，互相学习。听课教师通过课堂观察学习其他教师的长处，改进自己的教学；被听课教师则通过课堂观察特别是课后的评课研讨活动发现自己教学中存在的问题，并思考改进的途径。总之，课堂观察对于处于不同发展阶段和承担不同角色的教师有着不同的作用，但都可以促进他们改进教学、获得进步。课堂观察的研究价值还在于：1）通过观察获得对课堂教学的最直接认识，有利于教育教学理论的提出；2）课堂观察也是检验教学理论正确与否的重要途径；3）课堂观察有助于教师形成新的思考，从而发现新的研究问题。可见，课堂观察可以帮助教师发现教学问题、分析问题、解决问题，最终形成一个不断改进教学、提高教学质量的循环。这一过程如下图所示：

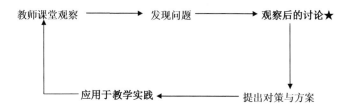

图 5-1：完整的教师课堂观察流程图

1　[苏] 苏霍姆林斯基，杜殿坤编译 . 给教师的建议 [M]. 北京：教育科学出版社，1982.

由上图可见，教师通过课堂观察旨在发现授课教师在教学中存在的问题，之后开展集体的或个人的讨论（公开课一般以集体研讨形式、"师徒制"教师之间一般以个人交流形式），讨论后大家一起提出改进授课教师课堂教学中存在问题的对策与方法，并将之运用于今后的教学之中。在讨论之中，教师们献言献策，各抒己见，有经验的教师或公开课评课中的专家往往会起到一些引导讨论的作用。事实上，课堂观察活动之后教师之间的交流讨论是课堂观察不可缺少的重要组成部分，也正是课堂观察的核心价值所在。如果没有听课之后的交流讨论，那么课堂观察就会停留在"只听不思"的状态，其效果也会大大受到影响。有学者指出，目前我国学校课堂观察还存在过于注重课堂教学细节而忽视有机整体、观察者的课堂观察技能普遍低下、被观察者的教学往往不是常态化教学而是表演课、观察教师与被观察教师往往缺乏真正意义上的合作等诸多问题。[1]如果这些问题不得到解决，那么教师的课堂观察活动就不能算是真正意义上的行动学习。事实上，图 5-1 所示的课堂观察的流程就是教师行动学习的过程，符合行动学习中的具体教学问题、教学反思、教师同伴互助与专业引领的组成要素。教师课堂观察一般可以分为课前会议、课堂观察、课后讨论、实践检验等几个阶段。课前会议为观察者与观察者之间提供一个交流的平台，让观察者对被观察者的"课情"有所了解，以便确定观察点。课后会议主要是观察者结合自身经验讨论观察结果，为被观察者提出教学改进建议。实践检验则是教师在今后的改进教学的过程中反思、检验和完善课后观察提出的建议。整个上述过程符合教师行动学习发现问题、提出问题、反思问题、解决问题、再反思问题的流程，其实质就是一个反思→计划→行动→再反思→再行动的教师行动学习循环过程。

三、教师课堂观察与行动学习

课堂观察主要是通过系统的、有计划的观察活动，以及观察后的讨论、交流、分析、批判反思，使教师从中获得教学反馈，将课堂教学中的事件意义化。此外，课堂观察也是一种团队合作活动，具有明显的合作性。在课堂观察

1　陈瑶. 课堂观察方法之研究 [D]. 上海：华东师范大学硕士学位论文，2000.

的整个过程中，每一阶段都应是教师之间互动的过程，没有教师之间的合作，课堂观察就难以展开；没有教师的深层次合作，课堂观察就难以取得理想的效果。作为一种研究课堂的最基本、科学有效的方法，课堂观察为我们挖掘课堂的典型问题和疑难问题，为教师教学行为的改进，为提高教学效益发挥了重要的作用。当课堂观察的目的不单纯是为了评价教师的授课而是创造出有意义的同伴对话与讨论时，教师的行动学习就会得以发生。然而，尽管大多数学校已经制定了教师开展课堂观察的相关规章制度，但在实施中仍存在很多的问题。有学者曾指出当前学校的听评课活动中存在去专业化现象，长期以来被视为一种对教师的单项考核、一种需要完成的硬性任务。很多老师在听课之前并不作任何准备，也没有与上课教师进行过任何沟通；在听课的过程中主要关注教师的单向教学行为，对学生的有效学习关注不够；评课时缺乏有证据的观点，一般以即兴发挥为主。[1] 作者在本书第四章中提到的在几所高中的实地考察也验证了这些问题的存在，大多数英语教师只是单纯为了完成学校任务而被动地去听课，在听课过程中的问题意识较为薄弱。由上述分析我们可以得出结论，课堂观察与交流是教师实施行动学习的一种有效策略，当然其前提条件是教师科学地开展课堂观摩，使其更好地符合行动学习反思性、合作性、批判性、实践性等特征。

英语教师参与课堂观察包含着研究、合作、发展等要素。首先，教师参与课堂观察是教师研究课堂教学的重要方法。教师要开展课堂观察首先就要研究被观察的同行及其课堂教学，提出清晰的观察目的，有时候需要制作观察量表，还要充分考虑适合自己的观察与记录方式。教师进入现场之后，要将课堂中连续性事件拆解为一个个时间单元，将课堂中复杂性情境拆解为一个个空间单元，可以运用量表对各个单元进行定格、扫描、搜集、描述与记录相关的课堂信息，再对观察结果进行反思、分析、推论。这无疑是一项严肃而又专业的研究工作，事实上也是一种适合教师教学实践场景的研究方法。其次，教师参与课堂观察不是一个单个的事件行为，而是教师的一系列行为，是有系统、有计划的观察活动。教师参与课堂观察应该要经历观察前会议、课中观察与观察

1　崔允漷 . 听评课：一种新的范式 [J]. 教育发展研究，2007(9)：38-41.

后会议三个环节。

第一步：召开"课前会议"。课前会议是课堂观察的第一步。在课前会议上，被观察教师要说课，陈述自己的设计思路，指出自己认为是亮点的设计，提出自己在进行教学设计时遇到的困惑。课前会议一般在开课前一天召开，参与观察的教师要做好观察准备，不能随心所欲地观察，要确定好自己的观察点。

第二步：开展"课中观察"。参与课堂观察的教师最好要提前5—10分钟进入课堂，每位观察教师要明确自己所分工的或者特别关注的观察点，选择适合的观察工具和有利的观察位置，通过不同的记录方式，记录观察到的典型行为。观察记录要有定性描述和定量统计，也要有观察者的现场感悟，还要记录音像资料。如果观察的是"学生在英语课堂上回答问题的口语错误和教师的相应反应行为"，观察记录就要有所记载：在本次课上学生出现的知识性错误有几次，表达性错误有几次，思考不全面的有几次，由于口误所犯错误有几次。同时，还要对教师的反应和教师相应的行为作好记录。如果观察的是"教师的教学环节"，观察点要放在这节课由哪些环节构成？是否围绕教学目标展开？这些环节是否面向全体学生，学生显性参与度（人次）和百分比是多少？教学时间分配和目标达成度如何？听课教师只有记录好任课教师授课中的课堂片断，才能为课后研讨会议以及撰写课堂观察报告提供翔实的依据。

第三步：召开"课后会议"。课堂观察后，教研组及时召开课后会议，这是课堂观察活动的关键环节，也是体现其行动学习理念之处。在课后会议上，观察者和被观察者对上课情况进行探讨。被观察教师先就自己上课的优点和不足谈自己的感受与反思，参与观察的教师充分发表自己的意见。会后，每个参与观察的教师要从自己观察的角度，根据自己的课堂原始记录和课后会议的对话写出详细的观察报告，报告中要有数据分析和教学建议。

课前会议是为授课教师与听课教师提供讨论、反思教案的很好机会，其主要过程和内容是授课教师说课与听课教师确定观察内容与工具。进入课堂观察环节后，听课教师根据观察点，选择观察位置，运用量表做好课堂实录。课后会议时，观察者与被观察者分享观察收集的信息，开展讨论，形成后续教学行为的改进建议。最后，教师参与课堂观察还是教师之间的一种合作行动。课堂观察不是一个教师所能完成的，它需要教师间的合作，要由既彼此分工又相互合作的团队来完成，这一合作既存在于授课教师与听课教师之间，也存在于多个听课教师之间。参与课堂观察的教师（包括被观察者）之间，要基于有主体的意愿、可分解的任务、有共享的规则、有互惠的效益等要素构成一个致力于改进教学的合作共同体。

英语教师行动学习是以教师先前经验为基础的，以批判性反思为核心的，以解决实际问题为目的的合作学习方法。在教师课堂观察中，听课教师往往是带着自己的教学经验走入观摩课堂的，在观察过程之中听课教师要结合自己的知识与经验思考授课教师的教学策略与教学行为，在观察之后的交流讨论中听课教师与授课教师一起寻找解决问题的方案，并回到各自的课堂中实施与检验方案。可见，这一系列活动体现了行动学习反思性、实践性、合作性的特征，是一种典型的教师行动学习活动。

然而需要指出的是，并非所有形式的课堂观察都可以称之为教师的行动学习，只有按照一定的程序与步骤开展的课堂观察才具备行动学习的特征，从而发挥相应的行动学习作用。相对于传统的教师听评课活动，遵循行动学习理念的课堂观察不仅体现了科学研究的性质，还突出了教师之间的合作性，在赋予教研活动动力的同时也增强了教研活动的生命力。首先，基于行动学习的教师课堂观察中听课教师必须带有问题意识，并在观察的过程中细化具体的教学问题；其次，课堂观察必须涉及教师的集体反思；再次，教师课堂观察之后的合作交流与讨论是其关键所在，通过集体评课不仅可以探究改进教学的方案，还可以提高和巩固教师的反思意识；最后，参与课堂观察的教师（授课教师与听课教师）都需要将方案用于今后的教学实践，这是学校教师课堂观察很容易忽略的一个环节，但却是很重要的一个环节。在整个教师课堂观察的过程中，既有同伴教师的互相交流，也有专家教师的引导，还有付诸具体行动的教学实践，体现了教师行动学习的构成要素与实施过程。

总之，课堂观察是促进英语教师专业发展、改进课堂教学的一种有效方法。系统完整的教师课堂观察活动具有行动学习的特征，是教师开展行动学习的一种简便易行的方法。[1]然而，鉴于目前英语教师课堂观察中存在的问题，其

1　李国强，魏春梅.“课堂观察”的实践探索 [J]. 教师教育研究，2012（2）：48-51.

具体实施还需在实践中不断改进与完善，以增强课堂观察研究的实效，使其更好地切合行动学习的理念，从而更好地促进教师的在职学习效果与专业发展。

第二节　案例总结与研修

教学是教师的主要工作，教学中的案例是指在真实的教育教学情境中发生的典型事件，是围绕教育事件展开的故事。[1] 也可以说，教学案例就是教师在教学中遇到的典型问题。案例教学最初运用在法学教育领域，主要是以已经判决的案件作为教材，在教师的指导之下，让学生运用掌握的法学理论知识，分析思考和讨论案件中的各种疑难情节，逐步形成具有各自特点的处理法案，它能培养学生系统掌握与运用专业理论，提高综合分析与解决问题的能力，培养积极进取的良好品质。随着案例教学方法的传播，这一方法后来也逐渐被运用到了医学和管理学领域，用于培养医生和管理人才的教学之中，如在企业管理人士 MBA 课程教学中该方法就曾得到普遍使用。然而，案例教学在教师教育领域特别是在教师在职培训中得到运用还是 20 世纪 70 年代以后的事情。事实上，案例研修体现了教师学习以问题为本的特征，对于教师学习效果的提升具有重要的意义。

一、教师案例研修的内涵

教师的案例研修要求教师结合实际教学对学校教育实践情境中的事件、现象和问题进行的叙述和探讨。案例研究作为一种研究方法，在教育研究领域中有其独特的价值，并发挥了重要的作用和影响。案例研讨对于教师应对复杂教学情境和提高认知水平具有重要的价值。首先，案例具备典型性，通常凝聚了一类课型的典型特征；其次，案例具备情境性，教师对案例的解读实际上也是一种理解教学情境的训练；最后，案例研讨可以起到汇聚教师智慧的作用，促进教师之间的合作，从而使得教师集体建构知识成为可能。教育案例知识是教

1　蔡守龙. 走向教育案例研究 [J]. 教育理论与实践，2003(7)：45-48.

师知识结构系统中不可缺少的重要组成部分，而案例教学与研究为教师提供了对典型教学问题的解决方式，是教师成长的有效途径。案例教学则是一种教学方法，在教师在职培训中可以发挥作用。因本书主要探讨的是教师的在职学习，因此我们主要针对教师在校外培训或校内自主学习活动中开展的案例研修进行讨论，并探究其与教师行动学习的关系以及对教师专业发展的促进作用。

在当前的教育理论和实践中，案例、案例教学、案例研究、案例研修是几个很容易被混淆的概念，有必要对它们加以明确和界定。从教师的角度来看，案例就是典型的教育教学事件，或者是教师典型的教育教学实践过程，一般以记叙文的体裁表述出来。案例教学是一种教学方法，既可用于教师的课堂教学，也可以用于教师培训课程的教学。它与传统的讲授法相对应，强调教师或教师培训人员在精心选择并具体描述案例的基础上，组织学生或受训教师对案例进行分析和讨论，以获得对教学案例的深刻认识。案例研究则是教师所使用的一种定性研究方法，是指教师在描述教学案例的基础上，对案例进行深入地反思并开展研究。案例研修和案例研究的内涵基本相同，但研修的概念更为广泛，不仅包括教师的研究活动，还包括研究之后改进实践的活动。从这个意义上说，案例研修包含案例研究。然而，无论是教师的案例教学还是案例研究抑或是案例研修，一定数量的优秀教育教学案例是它们得以开展的前提条件。教师教学案例研修主要是指教师对典型的教学问题开展反思、讨论、总结并在此基础上得出解决问题的方案并加以实施的过程。从这个意义上说，教师案例研修不只局限于对问题的讨论，而是包含从寻找问题到解决问题的整个过程。

美国学者舒尔曼曾指出，"教师专业知识应该由三类知识构成：一是相关原理规则的知识；二是专业的案例知识；三是运用原理规则于特殊案例的策略知识"。[1] 我们可以将之简单分为原理知识、案例知识和策略知识，运用原理规则的策略知识是一种实践性知识，是教师专业知识的重要组成部分。入职初期教师的知识结构以原理性知识为主，对英语教师而言包括一般教学知识、英语语言与文化知识、英语教学法知识等。随着教师教学经验的积累，他们获得的教育案例知识和实践性知识会不断增加，这是教师对自己教学实践不断反思的

1　Shulman, L. (1987). Knowledge and Teaching: Foundation of New Reform [J]. *Harvard Educational Reform*, 57:1-22.

结果，是教师专业发展水平提升的标志。教师由新手成长为专家教师要经历多次跨越，而案例则是连接教师成长各阶段的纽带。教师开展的案例研修则成为教师不断完善自身知识结构、实现可持续发展的途径。

二、教师案例研修的价值

教学案例是教师在日常教学工作中所遇到的典型的实际问题的集中体现。教学案例描述的是教学实践，它以丰富的叙述形式，向人们展示了一些包含有教师和学生的典型行为、思想、感情在内的故事。

上世纪 70 年代后，随着教育研究中现象学解释学的兴起以及案例研究方法的广泛使用，案例讨论被引入到教师教育之中，只有以案例为载体，教育理论与实践才能被联系起来。事实表明，教师学习往往是基于案例的学习，教师的理解和常常是基于案例的理解。教师案例研修是教师在对典型教育事件进行具体描述的基础上，通过分析、归纳和解释，概括出具有普遍性的结论的研究方法。[1]案例研修是近年来教育教学研究中出现的一个热点，受到了教育研究人员和一线教师的广泛关注。案例研究是教师易于操作且有助于改进教学实践的一种研究方法。从众多教育案例及其研究的过程来看，教师的案例研究表现出主体性、情境性、内驱性等一些鲜明特点，与以往的研究手段和方式如文献研究、调查研究、论文撰写等相比，案例研究在教育研究领域中具有独特的价值。案例研究以教师的日常教学工作为基础，以教师个体的经验为背景展开，使教师作为研究者的主体性得到了发挥，有助于激发教师进行研究的主动性、积极性和创造性。案例研究是自然真实的，它与具体的教育教学工作相结合，着眼于解决实际的教学问题，强调实践反思与合作分享，最终目标在于调整与改进教学，增加教师的实践性智慧。因此，教师的案例研究是一种能从深层次上促进教师专业内生式发展的重要方式。从有利于教师学习的角度来看，教学案例应该具有系统性，只有对案例进行系统的理性分析，才可以促进教师知能的持续增长；其次，教学案例还应该具有多样性，不同形式的案例研讨如名师、

1　吴义昌. 教师案例研究刍论 [J]. 教师教育研究，2004（3）：32-36.

同事和自己的案例对教师的成长具有不同的作用；最后，教学案例的研修应该具有深刻性，教师在讨论过程中要结合案例的具体发生情境进行行为与讨论的互动，而不能只是空对空地理论探讨。

教师案例研究有很多种类，根据不同的分类标准，其具体分类也不尽相同。如根据案例研究的范围、问题大小等可以分为专题性教学案例研究和综合性教学案例研究；根据所研究案例的数量多少，教师案例研究可分为单个案和多个案研究。相对而言，多个案例研究所得出的结论科学性更强，但相应所需要的研究时间、精力也会更多，研究难度也更大。从案例中的当事人来看，教师案例研究可以分为针对自己教学的案例研究和针对其他教师的案例研究；从研究结果的创新性来看，教师案例研究可分为证实性案例研究和探索性案例研究，证实性案例研究的目的在于证实或验证已有的理论，而探索性案例研究则是通过对自己或他人案例的描述和分析，提出新的假说，并试图归纳出新的结论。从研究的结果成败来看，教师案例研究可以分为成功的和失败的案例研究，需要强调的是，尽管成功的案例研讨对教师发展和教学改进更具意义，但失败的案例研究可以给教师提供经验教训，或证伪某个理论，因此同样具有意义。最后，从具体内容领域上看，有学者指出教师的案例研究主要包括："（1）课程与教学案例研究；（2）组织和管理学生案例研究；（3）教师与家长或社区关系案例研究；（4）教师与同事或学校领导关系案例研究等。"[1] 其中，教师应该以与学生发展密切相关的教学案例为主开展研修活动。

只有充分认识到教师案例研究的价值，教师本人才能自觉有效地开展案例研究，教师教育者才能在教师培训中指导教师开展案例研究，教育管理人员也才能为教师制定相关的案例研究制度并积极推动其实施。基于这一思考，我们认为有必要对教师案例研究的价值特别是对于教师自身提高的价值进行阐述。和案例教学相似，教师开展案例研究也能够让教师更好地理解典型的教学问题、增强他们的反思能力和实践智慧、凝聚他们的合作精神、促进他们的专业成长。

在实践过程中，案例研究是英语教师参与探讨典型教学事件与问题的一种

1　吴义昌 . 教师案例研究刍论 [J]. 教师教育研究，2004（3）：32-36.

方法和过程，是以教师的反思、实践、合作为核心的教师专业发展途径。案例研究以教师的经验为基础，协助教师从行动和反思中学习，获得发展。事实上，教师通过研究中的观察、反思和概括等过程，并通过识别出复杂经验中的模式，可以从经验中获得学习。从教师众多的教育教学案例及其研究的过程来看，教师的案例研究表现出主体性、情境性、倾向性、内驱性等特点。与传统的研究手段如课题研究、论文撰写等相比，案例研究在教育研究领域具有独特的价值，是一种能从深层次上促进教师自主型专业发展的重要方式。

英语教师在日常的教育教学工作中会遇到很多现实的问题，也会反思这些问题，教师在职学习与培训的目的之一就在于帮助教师解决这些问题。案例教学与研究的基本思路是将教学过程中的事件与问题记录下来，形成案例，然后围绕案例中的问题进行分析与讨论，提出解决问题的方案。在教师学习活动中，教师开展案例研修要经历案例收集、案例引入、案例讨论、方案实施、案例验证等阶段。这一步骤绝不是由单个教师完成的，而是教师集体在集体教研活动中所开展的。

在英语教师培训课程中的案例研修一般由案例引入、案例讨论两步组成，教师的案例研究只是其中的一个环节。教师培训人员可以向参训教师简单介绍该案例的来源、基本内容、需要解决的问题等；之后，教师们开始对案例开展讨论，确定其中的问题所在。之后，教师们还要讨论这一最佳方案的实施细则，如该方案在教师的日常课堂教学实施中会遇到什么问题，如何克服这些问题等等，该讨论阶段的目的在于尽可能地确保方案的顺利实施。最后，教师培训中的案例研修还需要加以概括总结，这一阶段主要是通过案例讨论引申出一些结论，为后继的讨论与培训提供准备。有研究者提出："在案例教学中对案例讨论不做任何总结就结束是不合适的，概括总结可以帮助参训教师对案例产生进一步的认识和理解，增进他们的学习经历。"[1]

教师案例研修的思路是教师在教学中总结案例，然后围绕案例进行分析或集体研讨，提出案例中的具体问题与解决策略，最终形成教学案例。教师的案例研修一般要经历材料收集、分析研究和案例形成三个步骤。

1　张明霞.案例在中小学教师培训中的应用[D].南京：南京师范大学硕士学位论文，2004；17.

案例材料收集是教师开展教学案例研究的基础，教师可以通过课堂观察、调查访谈等方法了解课堂教学的真实情况，也可以通过自我反思总结教学中的典型问题。在教学案例分析研究阶段，教师可以采用集体研讨的方法，分工合作，共同研究。需要指出的是，教师案例研究并不排斥理论研究，必要时也可以运用文献分析从过去或现有的研究成果中寻找思路，从中找到课堂教学现象的理论依据。在这一阶段中，参与案例研究的教师要注意对案例进行整体分析，并将之与实际课堂教学环境结合起来作深层次分析。最后，在对案例进行分析讨论的基础之上，教师要按照一定的格式撰写教学案例，该案例撰写还需要经过讨论—修改—再讨论的多次反复而不断完善。

三、教师案例研修与行动学习

教师案例研修体现了行动学习的诸多要素，是教师开展行动学习的可行策略。本书第三章对教师行动学习的过程要素和组成要素进行了分析，指出行动学习是一个以反思为核心的包含既有体验、界定问题、深度反思、总结分析、解决方案、行动评价的系列循环过程。教师行动学习的组成要素则包含具体教学问题、教学反思、专业引领和同伴互助。对于教师学习而言，其他任何活动都无法超越教师的经验，而经验则来自行动，反思更是以行动为基础。在教师学习活动中我们要为他们提供学习的起点，即案例，教学案例实际上是教师实践性知识社会化的产物，相当于行动学习公式中的 P，即典型的问题。行动学习是学习者为完成某个项目或解决某个问题在同伴支持下学习的过程，教师案例研修也是为解决典型教学问题而开展的教师集体反思与研究活动。通过案例知识分享，教师可以进行模仿和实践以及实施由这些案例研修所带来的行动。在研修的过程中，教师们提出自己的见解和看法，其中难免会有相互质疑，这相当于行动学习公式中的 Q（Questioning insights）。在这一过程中，教师们互相学习，在反思、质疑、实践、评价的过程中实现了学习，教师的专业知能也得到了发展。

从案例研修的流程来看，英语教师首先需要在自己教学经验的基础上总结出问题，将其中典型的问题提炼出来形成案例。之后，在教师培训人员或其他专业人员的组织下对案例进行深度反思，集体合作研讨案例，并总结出案例中教学问题的解决方案；或者教师在教研组中对案例开展集体研讨拟定解决方案。最后，教师将在案例讨论中形成的问题解决方案用于课堂教学实践中加以验证评价，并在此过程中观察思考方案的不足之处，以便在下一次的讨论中提出方案的改进意见。案例教学与研究的这一操作流程符合教师行动学习的过程要素，是一个"发现问题—反思问题—解决问题—再发现问题"的循环学习过程。教师在行动学习中也是针对教学中的现实问题开展反思，在反思中与其他教师合作讨论出解决方案，并在行动中不断验证方案的。可见，教师的案例研修也是教师行动学习的一种形式，是值得在教师培训和日常学习中推广的。

从教师行动学习的组成要素来看，案例教学与研究同样符合其基本理念。教学案例实际上是教师日常教学工作中遇到问题的集中体现，而在案例研究中教师对案例的讨论则体现了教师之间的同伴互助；培训课程中的案例研修一般由培训人员引导教师开展研讨，而学校日常教研活动中的案例研究一般都有老教师或教研组长的引导，这体现了教师案例研究中的专业引领。此外，教师对教学案例的反思贯穿了案例教学与研究的整个过程。上述这些都体现了教师行动学习中的教学问题、同伴互助、专业引领和教学反思的因素。

综合以上因素，我们认为教师案例研修是一个完整的行动学习过程，可以被看成是教师实施行动学习的一种具体策略。从运作机制、操作流程、实施要素看，案例教学与研究与教师行动学习的对应关系可如下图所示：

图 5-2：教师案例研修与行动学习关系图

上图中的上一行为教师开展案例研修的流程，下一行则为与其相对应的行动学习要素。从这一关系图可以看出，教师通过确定案例、讨论案例等一系列研修活动改进了教学，同时得到了专业能力的提升。在一轮案例研修之后，教师还会对此进行评价，这实际上是一个再反思的过程，以此形成一个行动学习的循环过程。如在英语教师的在职培训中，案例教学法应该成为主要的教学方法，这也是目前很多培训项目中所强调的，上文也提到在"国培计划"中针对受训教师所开展的案例教学。在学校内部，教师可以以教研组、课题组、评课组等为载体开展案例研修，这对教师将教学理论与实践相结合很有好处。由此我们可以得出如下启示：在英语教师在职培训中我们可以将案例教学作为一种教学方式，积极组织参加培训的教师开展案例研修，并在实践中不断改进这一培训模式，从而提高培训的实际效果；在日常的学校教研活动中也可以引入并实施教师的案例研修，力争使其成为教师学习的日常制度，校长和英语教研组长要积极组织教师开展案例研修，并探索其具体的实施细则；教师则要做到勤于反思教学，从日常教学中总结典型问题形成案例，并在案例研究的过程中积极参与讨论。最后，需要指出的是，案例研修和其他教师学习方式一样同样具有其自身的局限性，比如，教学案例的形成和选择需要较长的时间，他人的案例与自己的教学实际不一定相符等。这些局限也是教师教育者在设计教师案例研修方案时需要考虑和努力突破的。

第三节　行动研究与践行

本书曾对行动研究与行动学习的异同做过系统的比较，并指出两者都是通过行动与反思的不断循环而促进个体的发展，都关注学习者的反思并注重理论与实践的结合，都具备行动性、实践主体与研究主体（学习主体）一致性、反思性、循环性等特征。然而，作为一种研究手段与方法，行动研究更关注学习者的研究活动。苏霍姆林斯基曾说过："如果想让教师的劳动给他们带来一些乐趣，使天天上课不至于成为一种单调而乏味的义务，你就应该引导教师走上从事研究这条幸福的道路上去。"[1] 教师行动研究正是一种教师针对实际教学问题致力于解决问题改进教学的研究活动，也是教师易于操作的一种研究手段，对教师的专业发展有着重要的意义。以下就简单介绍教师行动学习的内涵、特征与实施，并探究其与教师行动学习的关系。

1　[苏]苏霍姆林斯基.给教师的建议（修订版）[M].北京：教育科学出版社，1984.

一、教师行动研究的内涵与特征

行动研究的概念最早出现在美国,最初出现"行动研究"这一术语始于20世纪30年代美国社会工作者 Collier 为探讨改善印第安人与非印第安人之间关系的方案中,让局外人士参与到研究过程中来,与他和他的同事合作,他称这种方式为"行动研究"。将行动研究第一次定义到教育中来,并在行政管理、课程、教学等各方面实际问题解决中应用的是美国哥伦比亚大学教师教育学院院长科里亚(Stephen Corey)。他鼓励教师、校长、督学运用行动研究的方式来改进他们的教学和管理。[1]此后,行动研究很快受到重视,被应用于社会研究和教师研究。尽管行动研究在教育研究领域的受欢迎程度也经历过起伏,但总体而言已成为目前公认的教师有效提高教学质量与自身能力的途径。因本研究主要探讨的是教师行动研究,故文中的行动研究均指教师针对教学工作所开展的行动研究。

行动研究兴起后不久便受到科学界的质疑,一些学者认为行动研究缺乏理论性,因而在实际工作中没有太大的价值,缺乏科学性和严谨性。因此,20世纪50年代后期到60年代中期,行动研究的热潮迅速降温。到了70年代中期,在 Stenhouse 和 Elliott 研究的影响下,行动研究再一次兴起。Stenhouse 和 Elliott 在他们的研究中明确指出,行动研究是对教学理论的进一步发展,行动研究主要立足于解决实际问题。[2]自此,有很多行动研究的案例报告发表。行动研究再一次受到了教育界包括语言教育界的关注,被公认为解决教学实际问题、提高课堂教学质量和促进教师发展的有效途径。

(一)行动研究的内涵

关于"行动研究"的定义,前人已经有了很多的观点与界定。这些定义从不同角度分别回答了行动研究是什么、由谁来做、在哪儿开展、如何开展等问题,也说明了行动研究的目的和意义,也就是行动研究是为什么而做的问题。下面列举一些行动研究的定义,以便更好地理解其内涵并进行比较和分析。

1　刘良华. 行动研究的史与思 [D]. 上海:华东师范大学博士学位论文 . 2001.
2　Stenhouse, L. *An Introduction to Curriculum Research and Development* [M]. London: Heinemann, 1975.

艾特略（Elliott）指出："行动研究是针对社会现状以提高其行动质量的研究。"Verma & Beard 指出：行动研究是一种不同于其他研究的应用性社会研究。这种研究更加关注解决实际问题而不是发展理论，它主要针对特定情况下的具体问题的解决。换言之，教育行动研究把教学理论引入了实际课堂教学应用。麦克莱恩（McLean）则指出："行动研究是系统评价教育决策后果和采取措施完善教学的一种过程。这要求教师和教育管理者记述他们的教学和管理策略，认识到其后果并观察这些效果是否真正出现。实际上，行动研究就是提升对于教学和学生积极的因素，是一种自我检测行为的过程。"[1]

最为大多数人接受的行动研究的定义还是 Kemmis & McTaggart 提出的："行动研究是一种自我反思方式，社会工作者和教育工作者通过这种方式来提高他们（1）对自身所从事的社会或教育事业的理性认识和正确评价；（2）对自己的工作过程的理性认识和正确评价；（3）对自己的工作环境的理性认识和正确评价。"[2]对于教学行动研究的概念，艾伯特（Ebbutt）曾指出："行动研究是教师在教学过程中，对自己的教学观念、所采用的教学方法，以及由此所产生的教学效果进行反思，在反思中重新审视自己的教学观念，探讨、研究和改进教学方法，以进一步提高教学效果。"[3]纽南（Nunan）在他的定义中论述了语言教学行动研究的基本要点，即把"行动"和"研究"二者相结合，这种结合就体现了这一研究思想的基本特征，即在实践中探索新观点和新方法，从而提高和改进教学，提高对教学大纲、教学过程和学习过程的认识，其结果是教学的改进和教学实践更深入的发展。教学行动研究需要具备三个条件：1）存在问题或疑惑，2）收集与问题相关的资料，3）对资料进行分析。[4]可见，教师行动研究是一个系列的过程，是教师针对实际教学问题，旨在解决问题而开展的研究活动。由此可见，教学行动研究是教师所开展的自我研究，与其他理论研究不同，行动研究要求教师自身的参与。从上述定义也不难看出，行动研究也鼓励

1　转引自吴宗杰，黄爱凤．外语课程与教师发展—RICH 教育视野 [M]．合肥：安徽教育出版社，2005.
2　Kemmis, S. & R. McTaggart. (1982). *The Action Research Planner*[M]. Geelong, Victoria: Deakin University Press.
3　王蔷．英语教师行动研究 [M]．北京：外语教学与研究出版社，2002.
4　Nunan D. (2001). *The Learner-Centered Curriculum* [M]．上海：上海外语教育出版社．

教师与研究人员、同事、教学管理人员共同合作，在研究中追求教师、学生、课程和学校的共同发展。

（二）行动研究的特征

行动研究理论也是属于行动科学的范畴，对于行动研究的特征，国内外学者也提出过很多看法，其中反思性、行动性、实践性、循环性是被普遍认同的特点，这些特点与行动学习的特征也是吻合的。

行动研究的特点体现在以下几个方面。首先，行动研究是教师直接参与的对自己的课堂教学所进行的一种研究，这体现了教师行动研究的主体性；其次，教学行动研究所提出的问题是教师在日常教学中遇到的非常具体和实际的问题，这体现了教师行动研究的针对性；再次，行动研究的过程与目标必须与教育的总体价值观、学校环境和教师工作条件相符合，这体现了教师行动研究的实践性；此外，行动研究一般采用一套简便的研究方法，通常不会干扰正常的教学秩序，这体现了教师行动研究的可操作性；最后，行动研究倡导持续推进行动与反思的过程，鼓励将具有改进效果的方案加以发展和推广。此外，肯博（Kember）等人也总结了教师行动研究的主要特点。首先，行动研究是对教学实践活动的研究，其目的在于改进教学实践，是一个不断循环的过程；其次，教师行动研究的主题由教师本人确定，是一个注重参与的反思过程，且这一过程的实施需要运用系统的研究方法来进行。

英语教师开展的教学行动研究优势在于与教师的具体教学工作有直接的联系，具有明确、快捷的效果，虽然不一定具有广泛性，但研究结果的针对性却很强。[1] 张正东曾非常精辟地总结了外语教师行动研究的四个特点：一是研究的对象限于自己的学生或自己的活动，一般不挑选被试；二是研究内容主要是研究者在教学和自身发展中所遇到的具体问题；三是研究者一般就是研究的设计者、实施者和评估者；四是研究方法主要属于内省反思和准实验法。[2]

教师行动研究的优点在于研究信息反馈及时，利于适时调整行动计划；研

1　Wallace, M. J. (1991).*Training Foreign Language Teachers: A Reflective Practitioner* [M]. Cambridge: Cambridge University Press.

2　张正东.回顾与展望——中国教育学会外语专业委员会成立 20 周年纪念文集 [Z]. 北京：人民教育出版社，2001：40-55.

究一般着眼于解决实际问题，研究范围较小，周期短，容易收到实效；研究易于应用，研究成果容易直接应用于教育工作中，推动教育改革。需要指出的是，行动研究也有一些不足之处。首先，行动研究的环境是开放的、动态的，许多无关变量较难控制，而且资料搜集和处理方法比较简单，这些都会对研究产生不利影响。其次，一线教师往往教学负担重，缺乏教育学、心理学等相关理论的指导，这对研究的效度也会产生影响。最后，在评价结果时，参与研究的教师的主观意见时常占有较重的分量，以致形成主观认定研究结果符合假说，而实际上无助于问题的解决。教师在行动研究的过程中应该扬长避短，尽量避免这些不足的负面影响。

行动研究上述这些特点使得它对教师的教学工作尤其具有实用性。中小学课堂教学环境各异，不可能单纯用统一的教学理论指导，需要教师亲自开展有针对性的研究。此外，行动研究预示着对于新的理念、方法、经历和过程采取一种开放的态度，它本着行动的具体过程对学生进行教育，同时还本着对教师具有自我教育的价值和意义来进行，其主要特征就是教师的参与性、合作性、系统性和实验性。这是非常适合一线教师参与其中的一种因地制宜的研究方法，也是英语教师提升自身教学与研究能力的一种途径。[1]

二、教师行动研究的实施

关于开展教育行动研究的实施步骤，国内外多位学者已经做过了总结。但教师们在按照这些步骤开展研究的同时也必须考虑具体的研究性质、研究过程、研究状况等因素恰当地调整这些步骤。

Kemmis & McTaggart 精辟地总结了行动研究的基本流程：[2]

- 计划：针对具体的问题设计一个研究方案以改进现状
- 实施：把这个方案付诸实践
- 观察：观察并记录实施这一方案的效果

---

1 王栋. 行动研究：大学英语教师专业发展的重要途径 [D]. 南京：南京大学硕士学位论文，2009.

2 Kemmis, S. & R. McTaggart. (1982). *The Action Research Planner*[M]. Geelong, Victoria: Deakin University Press.

- 反思：在实施过程中进行反思，分析评估效果，在此基础上思考下一步的研究方案。

需要指出的是，行动研究是一个不断循环的过程，在研究的过程中教师需要不断地重新观察、重新计划和反思直到达到满意的方案。因此，在上述四个基本步骤的基础上我们可以用下图表示不断循环的整个过程：

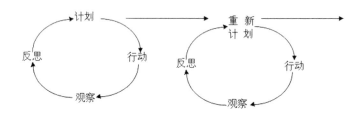

图 5-3：行动研究流程图

在此基础上，麦克尼夫也提出了教学行动研究的流程，并将这四个步骤进一步描述为：1. 发现自己教学中的一个问题；2. 设想一个解决的办法；3. 在教学中实施这个办法；4. 调查并收集数据对实际效果进行评估；5. 在评估过程中发现新的问题，准备下一个问题的研究。

纽南（Nunan）针对第二语言和外语教学的环境把行动研究的过程总结为以下的过程，这对外语教师开展行动研究很有指导意义。

1. 教师发现教学存在的一个问题或疑惑，对教学进行反思。

2. 通过各种方法如教学日志、课堂录像、学生访谈、请同事听课观摩等方法对问题进行初步研究。

3. 通过上述初步研究提出对问题的假设。

4. 制定行动研究计划并在教学过程中实施计划。

5. 经过一段时间的实践，继续反思教学效果，继续改进教学过程。

6. 学校教师之间互相交流并撰写研究报告，将报告发表在教学通讯或学术期刊上以便在更大范围内推广供其他教师参考和学习。[1]

总之，行动研究的大致过程就是教师首先发现教学中的一个问题，然后设

1　Nunan, D. (1993). *Action Research in Language Education* [M]. Oxford: Heinemann.

想一个解决问题的办法，之后教师在实际教学中实施这个办法，在实施办法过程中教师应该调查并收集数据对实际效果进行评估，最后教师要在分析、评价的基础上重新确定教学问题，最终达到教师与教学同步发展的目的。

三、教师行动研究与行动学习

在本书前文核心概念解析中，作者曾对行动学习与行动研究的概念做过对比。教师行动研究与行动学习的理论都来源于行动科学，单从名称来看，两者之间就有很多相似之处。在行动性、主体性、合作性和反思性等方面两者有着共同的特征。当然，由于内涵与外延的不同，两者之间也有很多区别。以下我们就简单介绍一下教师行动研究与行动学习的异同点，并总结两者之间的关系。

（一）教师行动研究与行动学习的共同特征

教师行动研究与行动学习的理念都来源于行动科学，两者在理论基础、实施过程、实施效果等方面都有很多共同点，是一种互相包含的关系。

首先，教师行动研究与行动学习都具有行动性。行动研究和行动学习的问题都来源于教师的日常教学工作，研究和学习的过程从行动开始，在行动中进行，并以行动为结束。教师的研究和学习并不是在书斋中完成的，而是在解决现实问题的行动中完成的。

其次，教师行动研究与行动学习都具有实践性，且两者的实践主体与研究／学习主体是一致的。教育研究与实践的发展历程一再证明，实践主体与研究主体的分离必然会导致理论与实践的脱节。实践性是行动研究与学习的主要特征，在行动研究中教师以研究的方式开展工作，而专业研究人员也可以参与其中，两者之间在研究中可以沟通交流达成一致。专业研究者通过帮助实践者反思使他们成为研究者，研究成果可以直接转化为实际行动，理论与实践被紧密结合起来。[1] 在行动学习中，学习小组中的教师既是教学过程中的实践主体，又是行动学习中的学习主体，同样体现了实践与学习的一致性。可见，实践主体

1　鞠玉翠. 行动研究何以联接教育理论与实践 [J]. 山东教育科研，2002（7）：15-17.

与研究／学习主体的一致性是教师行动研究与行动学习的又一共同特征。

再次，教师行动研究和行动学习都具有合作性。尽管从原则上说行动研究可以由单个教师独立完成，但通常情况下行动研究都是由一组教师或研究人员围绕共同的问题展开研究，在行动研究中大学教授与中小学教师之间的合作是最常见的一种合作形式。此外，教师行动研究有时还需要家长、学生的合作。行动学习是在学习小组中进行的，小组成员在不同的情况下可以担任陈述者、支持者和促进者等不同的角色，小组之间的互动合作也正是在这一转换过程中实现的，也是在这些角色之间产生的。可见，合作性是教师行动研究与行动学习的共同特征。

最后，反思是教师行动研究与行动学习的核心机制，也是两者的共同特征。教师行动研究的操作过程包括计划、实施、观察、反思等环节，这一过程强调各个环节之间的及时反馈和相应的行动计划、行动的及时调整和纠正。教师行动学习是以体验学习循环为主要理论基础的，无论是库伯提出的体验—反思—概括性判断—检验的学习流程，还是佩德勒等人提出的体验—理解—计划—行动的学习循环，都是通过对教学实践的不断反思与行动，以实现最佳的行动。可见，教师行动研究与行动学习的过程都需要教师的不断反思，反思不仅是教师行动研究与学习的途径，也是其运作机制。

（二）教师行动研究与行动学习的区别

尽管存在很多相似之处，教师行动研究与行动学习之间也存在着一定的区别，主要体现在主体活动形式与目标、研究或学习的内容等方面。首先，行动研究是一种研究方法，而行动学习则是教师的一种学习理念与方式。相比行动研究，行动学习有着更为广泛的内涵，不仅包含教师知识技能的获得，相互之间的支持与交流，而且还包括行动研究在内的各种研究活动。从这个角度看，行动研究可被认为是行动学习的一个下位概念，从本质上说，任何研究都涉及研究者的认知活动，因此都可以算是一种学习活动。与行动学习相比，教师行动研究的内涵则相对较窄，一般是教师在相对较短的时间内完成的一种基于实践的研究过程。

尽管教师行动研究和行动学习的主体都是教师或专业研究人员，但两者的主体活动形式却不尽相同。行动研究的主体可分为三类，一是教师，二是专业研究者，三是教育行政人员和其他社会人士。在不同的行动研究类型中（技术性行动研究、实践性行动研究、解放性行动研究）他们的活动方式是不一样的。在技术性行动研究中专业研究人员基本上是旁观者，实践者是"执行者"，理论与实践的联系并不紧密；在实践性行动研究中，专业研究人员作为促进者，其作用是促进研究的开展；而当教师形成自己的学习共同体，由教师自我引导反思时，则转向解放性行动研究，教师成为独立的研究者。在教师行动学习中，教师和专业研究人员更多的是一种平等的关系，有时候促进者就是由教师自己轮流担任。按照行动学习的分类，教师行动学习可以在三种不同的行动小组活动中进行：由组织发起的学习小组、自主的学习小组、自我促进的学习小组。从长远看，教师行动学习的目的就是要从最初的由专业人士促进到最后的小组自我促进。在这一过程中，促进者的活动形式也在不断发生变化，从教师学习的具体指导到教师学习的宏观建议再到融入教师学习的整体，成为完全意义上的学习小组平等的成员。

此外，教师行动研究和行动学习目标的侧重点也不同。尽管行动研究和行动学习都是以促进教师个人发展和整体素质提高为目标的，但其侧重点却不同，教师在行动学习中成长，在行动研究中发展。行动学习更普遍是一种学习理念和方法，研究并不是其主要目标，在很多行动学习中根本没有什么研究项目。[1]教师行动研究作为一种研究范式，它不仅改变了日常教学活动的性质，而且使教学研究从过程、目的和人员的组成上都发生了很大的变化。在日常教学活动中，改变了教师的身份，使之成为研究型教师，增强了他们对教学的敏感度。教师行动学习的目的在于首先使教师学会了解自己，这是一种有意识的学习，其次行动学习还是整合教师认知、情感和行为三方面的过程。教师行动学习的侧重点在于通过思想和行动、行动和反思之间的互动，来使教师有能力学习所需的知识，而合作还能使教师获得与他人共享的知识。

最后需要提出的是，尽管教师行动研究与行动学习都来源于教师的实际生活，但其内容却不完全相同。行动学习的内容可以是"任何事情"，可以是教

1　秦旭芳. 行动学习法与幼儿教师专业发展关系研究 [D]. 北京：北京师范大学博士学位论文，2004：39.

学中的研究课题、也可以是教师日常工作中的其他问题。此外，行动学习关注的内容也是因人因环境而异的。行动研究的内容一般来源于教师在教学实践中急需解决的问题，研究的问题通常局限于本校或本班级，表现出较多的某校或某班级的具体特征，不带有普遍性，具有特殊性，研究的问题而相对较为微观。[1]

（三）教师行动研究与行动学习的关系

教师行动研究和行动学习都是一种经验的学习。在本书第一章中的核心概念解析中作者就归纳总结了行动研究与行动学习的关系。事实上，就两者的关系而言，目前学术界还没有达成统一的看法。有学者认为行动学习是一个广义的概念，行动研究只是其中的一种应用；也有人认为正好相反，认为行动学习是行动研究的一种应用；还有学者将两者等同起来，认为它们之间没有实质的区别，是一种互相包含的关系。但不管如何，以上几种观点都认可行动研究和行动学习的密切联系，即它们都是遵循同一过程并按照同一运行机制运行的，其核心都是教师的反思性实践。Grundy 就曾指出："行动研究不仅仅是实践者行为变化的过程，而是还是一个实践者专业学习的过程。"[2] Mills 则强调："教师行动研究是锻炼教师性格、培养教师素养的一种方式，其结果和目的都是促进教师成为持续的学习者。"[3] 行动学习和行动研究的目的都是为了提高实践，两者都是为了改变教学效果，而在这一过程中，作为活动主体的教师或其他人员都通过反思与行动的循环过程获得了学习。如前所述，教师行动学习和行动学习有着相似的范式、理论框架与实施流程。两者都以参与者的反思为核心，反思是行动学习与行动研究的重要组成部分。此外，从两者的诸多特征来看，教师行动研究与行动学习具有很大的一致性，但两者又不能完全等同起来。实际上，行动研究与行动学习从本质来看是一致的，它们的区别更多的只是表现在组织形式上。

1 毛景焕 . 论教育行动研究的功能 [J]. 教育科学，2000(2)：5-7.
2 Grundy, S. (1995). *Action Research as Professional Development* [M]. Perth: Arts Accord Affiliation of Arts Educators.
3 Mills, G. E. (2003) *Action Research: A Guide for the Teacher Researcher* (2nd Edition) [M]. Upper Saddle River, NJ: Prentice Hall.

在我国的教育教学领域，教师开展行动研究已有悠久年的历史，这些研究"有效地提高了教师的素质，提高了他们的教学业务水平"。[1] 事实上，对于教师而言，从事行动研究的过程必须要进行学习，通过对现实教学问题的思考、总结方案、实践与解决得出结论这一过程本身就是一个生动的学习过程。因此在本研究中，我们基本认同行动研究与行动学习关系的第一种看法，即认为行动学习是一个广义的概念，从事研究的过程本身也是一种学习，是学习的一个下位概念，因此教师行动研究只是教师行动学习的一种实施途径，行动研究可以促进教师行动学习的发生。然而，需要指出的是，教师行动学习是在学习小组内完成的，小组一般由 6-8 名教师学习者组成，小组成员的经历、资历、能力等应该尽量避免趋同，成员们在合作交流讨论中完成学习，因此合作性是行动学习的重要特征。对于教师行动研究而言，尽管合作开展的行动研究也是其发生常态，但仍存在由教师独立完成的行动研究，即单个教师针对自己的实际教学问题开展的观察、反思、计划、实施的研究循环。单个教师完成的行动研究因其缺乏合作性就不属于行动学习的范畴，而教师之间或教师与专业人员之间合作开展的行动研究则属于教师行动学习的一部分。

教师行动学习和行动研究两者都基于同样的体验学习循环，都是一个不断反思、计划、实践、再反思的过程。尽管从一定意义上说任何研究活动都是研究者本人的一种学习过程，因此教师行动研究属于行动学习的一种方式，但只有合作的行动研究才具备行动学习的合作性特征；而行动学习也可以属于行动研究的范畴，前提是学习者学习的内容带有一定的研究性。对于教师而言，合作是他们开展教学行动研究的一种常态，因此可以说大多数的教师行动研究属于行动学习，是教师开展行动学习的一种途径。从另一方面看，教师行动学习是为了解决实际教学问题，其过程也具有研究性，因此也可以被归属为一种教师行动研究。在符合特定条件的前提下，两者是一种互相包含的关系。本研究将教师合作开展的行动研究界定为一种行动学习的方式，同时认为具备研究性质的教师行动学习是教师所开展的一种行动研究。

通过教师行动学习与行动研究的比较可以看出两者都是通过行动与反思的

1　张民生，金宝成 . 现代教师：走进教育科研 [M]. 北京：教育科学出版社，2002.

不断循环促进个体和组织的发展，都是以反思性实践为核心，都能够将理论与实践结合起来。然而，教师行动学习与行动研究也有不同的特点，具体表现在行动学习是不以研究为主要导向的，而是将学习小组的组建与维系作为重点，并借助学习小组这一结构化的组织形式保证教师学习中行动与反思循环的效度。

除了课堂观察、教学案例研修和行动研究之外，英语教师还可以通过集体备课实施行动学习。教师集体备课是以教研组为单位，组织教师开展集体研读大纲和教材、分析学情、制定学科教学计划、分解备课任务、审定备课提纲、反馈教学实践信息等系列活动。集体备课一般由教研组组织管理，由教研组长具体主持，教研组长还要指导并参加各小组的备课活动。集体备课不仅是备课教师主讲其他教师聆听，而应该采取集中讨论与个人钻研相结合的形式。如果仅仅是听主讲教师的说课，那么备课的效果是很有限的。集体备课应该要发动全体参加的教师事先认真思考教学内容，这样在备课讨论的时候才可能互相质疑、各抒己见、集思广益。所以说，在集体备课中教师个人的反思是前提，但合作反思则更为重要。集中讨论时，教研组长要善于引导，把大家的积极性都调动起来；此外还要善于总结，概括各位老师所提出的意见的可行性，并监督相关人员记录和整理备课提纲。集体备课的主讲教师一般挑选教研组的骨干教师，也可以由各位任课教师轮流担任。此外，集体备课活动应贯穿于每学期教学的全过程，要形成并完善教师集体备课制度。

教研组集体备课是中小学常见的教师学习形式，但在实践操作中还存在很多问题，本书的实证研究部分也提到了这些问题。由于受考试评价制度、学校管理方式、教师时间和精力等各方面因素的限制，很多学校英语教师的集体备课还是按部就班地讨论课堂教学流程，此外还注重对语法教学和学生解题技巧的讨论，教师集体备课中缺乏有效的专业引领，还有些学校的集体备课只是流于形式。事实上，组织良好的教师集体备课很有意义，不仅能有效发挥个体的特征，还可以凝聚集体的智慧，从而有效提高教师的教学效果。由于每位教师的教学年限、业务水平和教学经验各有不同，导致教师们教学水平的差异，而开展集体备课就可以在一定程度上解决这一问题。通过与同事们的积极讨论，教师可以集思广益，博采众长，在讨论的过程中相互启发，在思想的碰撞中擦出智慧火花。面对课程改革，教师们往往不缺乏先进的理念，而是缺少理念与实践有机结合的能力与机智。集体备课活动让教师们取长补短，补充专业知识的不足，明显提高教育教学效果。对于师资比较薄弱的学校和教学能力较弱的教师其效果更为显著。总之，集体备课是对教学工作进行全程优化的教研活动，使教师在教学的认知、行为上向科学合理的方向转化。集体备课中教师自我钻研、集体研讨、分工主备、教后反思的过程，就是教师开展学习，实现专业发展的过程。

需要特别指出的是，上文只介绍了几种比较常见的英语教师行动学习策略，而且它们之间的关系也是互相交叉的。比如说，教师课堂观察中的课后研讨阶段有时会对课堂中的典型问题开展研讨并继续深入，这就属于案例研修的范畴；教师集体备课中也存在案例研修活动；教师所开展的系统的案例研修很多时候实际上是一个教学行动研究的过程。因此，教师行动策略之间并没有清晰的界限，教师在开展学习的过程中也不必去刻意区分这些具体的策略。它们的共同点在于都符合行动学习的理念，其实施过程都具备教师的反思、同事之间的合作研讨与交流以及一定的专业引领。事实上，英语教师在运用某一策略的同时其他学习策略的理念也得到了体现。它们之间的关系可如下图所示：

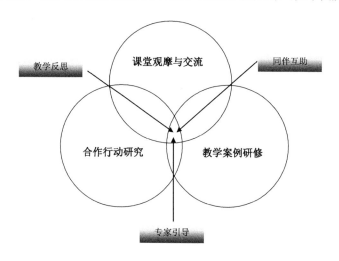

图5-4：教师行动学习实施策略关系图

除了上图所示的三种学习策略之外，教师还可以通过上文所提到的集体备课或磨课、课题研究小组讨论、合作参加学科教学竞赛、集体编写教学材料等活动开展行动学习，其共同点在于实施过程中都有教师的反思与合作。我们认为，只要是符合行动学习理念的教师学习方式，都可以被认定为其实施策略。然而，这些策略的实施往往需要一个载体，这些载体所具备的内外部环境特别有利于教师行动学习的开展，而这一载体可以通过校本研修、教师专业发展学校、校外培训课程等得以实现。

第四节　校本研修与分享

教师校本研修与行动学习的共同点在于：首先，两者都重视教师的经验，包括成为教师之前的学习经历和成为教师之后所积累的教学经验，认为经验是教师学习的前提，从这个意义上讲，两者都是以经验学习循环为理论基础的。其次，教师行动学习和校本研修都是以教师的反思为核心的，批判性反思贯穿于两者的整个运作过程。再次，两者都是以解决实际教学问题为目的的，行动学习起源于教师对实践问题的反思，并在此后学习循环中致力于探究问题的解决方案；校本研修一般也是对教学中典型的现实问题开展讨论，并在此过程中改进教学和获得学习。两者都强调参与教师之间的互动合作，行动学习是在学习小组中完成的，小组成员之间的合作是教师行动学习的必备因素；教师校本研修也不是由单个教师完成的，是教师在合作的"学习共同体"中完成的，因此，教师之间的合作是行动学习与校本研修的共同特点。最后，两者所能实现的效果也是一致的，教师校本研修和行动学习都可以在学习循环中解决实际教学问题、改进教师的日常教学效果，并实现教师的专业发展。校本研修同时又是一个广义的概念，在校本研修的实施中教师可以采取诸多的教师学习形式与策略如案例研究、课堂观察与交流、行动研究等，而这些具体学习活动又都带有行动学习性质。从这个意义上说，校本研修是教师在学校日常教学工作中开展行动学习的主要途径。

教师行动学习和校本研修的不同点在于：教师行动学习更多的是一种学习理念，而校本研修则是行动学习的一种组织形式，而且是教师以校为本在学校内针对本校实际情况的一种易于操作实施的形式。此外，校本研修还是一个含义相对宽泛的概念，它包括很多具体的教师学习活动。除了校本研修之外，教师行动学习还可以在校外的教师培训课程中得以实施，从这个意义上讲，教师行动学习包含校本研修。然而，并非所有的校本研修都具备行动学习的性质，只有合理组织实施的校本研修才可以被称为行动学习。在现实中，很多学校领导和一线教师将校本研修等同于教师集体备课或教研活动，教师也只是被动地参加这些活动，这种想法和做法忽视了校本研修所应该具有的主体性和反思性，不符合行动学习的理念，其效果也比较有限，应该得以改进。

由此我们可以总结出教师校本研修和行动学习两者的关系，前者是教师学习的一种载体与途径，而后者是教师学习的一种理念与方式。校本研修和行动学习都强调教师对教学的反思，并鼓励教师们在合作中开展集体反思；两者都注重教师在研修学习活动中的合作，强调专业人员在其中所发挥的作用。然而，教师校本研修与行动学习却不能完全等同起来，因为只有符合一定特征的教师校本研修活动才是行动学习，而且这是一种更高层次的教师行动学习。反之，教师的行动学习也并非只能通过校本研修得以实施，教师在其他场合如校外培训、学术会议研讨中也可以开展行动学习。鉴于行动学习对于教师各方面能力提高的促进作用，在教师的校本研修中应该积极实施这类学习活动，努力使教师在反思中加深对教学的认识、在与同事的研讨合作中进步、在专家的引导下实现专业成长。

综上，英语教师行动学习的实施包含其实施过程、实施的途径和具体的策略，三者之间互为联系、共同作用，可用下图来表示：

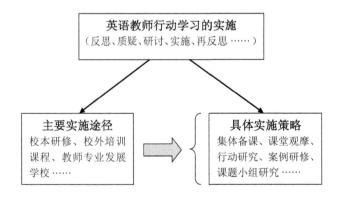

图 5-5：英语教师行动学习的实施途径与策略图

由上图可以看出，英语教师主要可以在校本研修或校外培训中开展行动学习，教师专业发展学校也可以作为教师行动学习的载体，其具体的实施策略包括教师集体备课、课堂观摩、课题研究、教学典型案例研修等。至于教师行动学习主要实施途径与具体实施策略，我们认为它们是一种形式与方法的关系，即教育管理部门、教师培训机构和教师本身可以通过开展校本研修、创建专业发展学校等形式促进教师开展行动学习，但在具体的实施中则需要教师通过集体备课、课堂观摩研讨等方法完成教师的行动学习。

综上，本章将英语教师行动学习的实施分为两个维度加以探讨。一方面从宏观层面指出开展教师校本研修和校外培训是促进教师行动学习的理想途径，并分析了其基本理论基础及特征，指出其中的很多教师学习活动都具备行动学习的理念。最重要的是从微观的层面介绍了英语教师实施行动学习的几种具体策略，如开展课堂观察、实施合作行动研究、鼓励案例教学与研究等。由上图可以看出，教师行动学习的实施途径并非完全是其具体策略，有些是他们开展学习的环境与载体，如教师专业发展学校、教师校本研修等。这些载体比较有利于教师开展行动学习，具体的教师行动学习策略可以在上述校本研修活动中实施，这是教师行动学习的一种日常状态；也是教师在职培训的一种形式。鉴于中小学英语教师的工作特点，我们既倡导教师在日常的教学工作中有组织、有意识地开展行动学习，也鼓励教师在职培训课程中更多地践行行动学习，从而改进教师日常学习和在职培训效果。此外，我们同时还倡导中小学应该与大学或科研机构开展合作，组建教师专业发展学校，并在其中开展具体的行动学习活动，以便为一线教师提供更多的行动学习机会与资源，更好地促进教师的专业发展，提高教育与教学质量。

第六章　英语教师行动学习与专业发展

　　尽管行动学习是一种有效促进教师专业发展的学习方式，但同时也是一种复杂的学习系统。教师在开展行动学习的过程中受诸多内外部因素的影响，而有效的教师行动学习必须要考虑到这些影响因素的存在，并较好地协调好这些因素之间的关系，才能更好地构建以行动学习为基础的教师专业发展模式。模式是指某种事物发展所遵循的路径，一般没有好坏之分，是一个中性的概念。在本章的论述中，笔者在分析教师行动学习内部运作机制的同时指出其外部条件与影响因素，并结合这些内外部条件构建以行动学习为基础的教师专业发展模式，以期为有效的教师教育与培训模式构建和有效的教师在职学习实践提供参考。

　　从上述章节讨论可以看出，教师行动学习是一种以反思性实践为基础的教师教育与发展范式，是一种有效提升教师专业素养、改进学校教育教学质量的学习方式。尽管行动学习的理念有着悠久的历史，但将之系统理论化并运用于职业人士学习与培训却还是近几十年的事情，而将行动学习用于教师在职学习与培训的历史则更短。就教师职业现状而言，教师在日常教学工作中的很多教研活动已具备了行动学习的理念；近年来教师培训的课程设计也越来越注重参与教师的反思、实践与合作，如在培训过程中更多地采用讨论式教学、组织教师的合作反思等。尽管如此，作为一种系统的学习方法，教师在开展行动学习的过程中还存在较多的误区，同时也有着一些外界和自身的不利因素。

　　基于行动学习的英语教师专业发展模式是一种有效提高教师素质、促进教学改进的教师学习模式。这一学习模式不仅可以用于教师的日常教学工作中，也可以运用于教师的在职培训课程中。本章试图总结上文所论述的教师行动学习的各个要素，并结合实证研究的结论将之归纳总结并尝试构建基于行动学习的英语教师专业发展范式，并思考这一模式的理论与实践价值。为达到这一目的，我们首先要总结教师行动学习的内部运作机制和外部促进条件，并思考各要素之间的关系，从而构建这一教师专业发展范式。

第一节　教师行动学习的内部机制

所谓机制，是指自然和社会现象的内部组织和运行变化的规律。在任何一个系统中，机制都起着基础的、根本性的作用，教师行动学习亦不例外。作为一种学习理念和方式，教师行动学习涉及教师认知过程中的诸多因素，虽然与外界的环境因素有着很大的联系，但决定其成效的关键还是其内部机制的运作。

尽管在半个多世纪前瑞文斯教授就已阐述过行动学习的特点与简要的操作方式，但他当时主要是针对企业管理者而言的，并未扩展到其他领域，也没有解释行动学习的运作程序与内部机制问题。作者在上文中曾提到库辛斯将行动学习看成是四种具体学习过程的交互融合，这四种学习过程即为：1）体验式学习；2）创造性地解决问题；3）获得相关知识；4）学习小组中的同伴支持。库辛斯同时指出，在行动学习中上述这四种学习过程是围绕具体的事件或活动而开展的，学习者在此过程中要进行反思性观察、计划、应用、总结，这一过程并非线性发展，而是不断反复形成一个学习循环。[1] 也就是说，行动学习并没有终点，在经过一轮学习之后学习者会进行总结评价，从而发现新的问题，开始新的学习。

对于英语教师行动学习而言，其主要包含四个学习过程，即教师的教学反思、组建行动学习小组并开展讨论、采取具体的实践行动以及得到反馈后加以改进。这四个过程是互相联系、互相强化的。整个过程构成一个学习系统，对教师学习效果的提升大有帮助。除此之外，学校教育环境中的其他一些因素对于教师行动学习的开展也有作用，如学校的学习文化、对教师学习的领导管理、学校经费资助和教师参与学习的时间保障等。以下就教师行动学习的过程机制以及其影响因素作简要阐述。

1　Cusins, P. (1995). Action Learning Revisted. *Industrial and Commercial Training* [J], 27(4):3-10.

一、英语教师行动学习的实施流程

上文笔者在介绍教师行动学习的相关理论基础与实践操作部分已经分析了其相关的学习过程，并对这些学习过程进行了理论分析。简而言之，教师行动学习是一种体验式的成人学习方式，它是以教师先前经验为基础的、以教师反思为核心的、以学习小组为环境的、以教师同伴互助和专业引领为操作要素的教师学习方式。在一定程度上，我们也可以将之理解为教师学习的一种理念，即通过反思、合作、计划、行动等系列行动提高教师专业能力的学习理念。教师行动学习一般可以分为五个过程：1）确定一个问题，即教师将各自的问题带到行动学习小组，在小组促进人员和组员初步讨论后确定一个急需解决的且有望解决的问题；2）学习小组成员开始讨论该问题的解决方案，以期探究合理的解决方案；3）参与学习的小组将方案运用于教学实践之中，必要时小组成员可以互相开展课题观摩，目的在于观察教师的行动以考察方案的实施效果，当然学习小组中的专业促进人员也有必要参与这一过程；4）学习小组的教师重新聚在一起讨论方案实施中存在的问题，并总结经验，对下一步行动提出计划；5）小组成员评估整个学习过程，总结在其中获得的知识与经验增长。

需要指出的是，尽管行动学习从本质上说是一个学习循环，从理论上说可以从其中的任何一个过程开始，但一般意义上的英语教师行动学习在时间顺序上仍遵循以下几个步骤：

1. 教师反思

反思是一种习惯，一种意识，一种职业态度，是教师专业发展所必备的一种实践能力。"教师工作是一种终身学习的专业，而反思则是教师终身学习所必备的能力。"[1] 教师学习往往是由教师结合自己的实际经验对具体教学问题的思考开始的，其作用不仅可以加深对当前问题的理解，还可以帮助教师更好地处理今后碰到的类似问题。杜威指出："反思性思考的作用在于将实践者从一个混

---

[1]　周南照. 教师教育改革与教师专业发展：国际视野与本土实践 [M]. 上海：华东师范大学出版社，2007.

乱的、困惑的理解状态转变为一个清晰的、和谐的状态。"[1] 此后，舍恩所提出的反思性实践理论也帮助大家加深了对这一问题的认识。在教师专业学习的相关文献中，有关反思所发挥的作用已经受到了很大的重视，相关的研究也并不少见。如拜尔德（Baird）就曾指出："反思是教师个人学习和专业发展的基础，也是教师不断改变、提升自身能力的工具。"[2]

尽管反思是教师学习的有效工具，但往往表现为一种个体行为，而单纯教师个体反思的作用存在着局限性。芬德尔（Fendler）近来批判了教师的个体反思，指出无论是杜威的科学理性反思还是舍恩的行动中反思都受到教师现有思维方式的局限。因为从某种意义上说，教师的个体反思会局限于自身的经验和能力而不能取得突破性的进展，因此很难取得实际效果，因为这一过程很可能成为教师对现存观念、做法的循环思考过程。[3] 可见，尽管反思是教师学习的有效途径，个体反思的缺陷也是显而易见的。教师需要在学习共同体中开展集体反思，采取行动并从中获得反馈，才能真正提高学习的效果，而这也是教师行动学习的必然要求。行动学习小组为教师的集体反思提供了良好的载体，小组成员各有所长，在讨论中提出各自的思路，这相当于给参与的教师们开展了"头脑风暴"，有利于他们对需要处理的问题产生更清晰的认识，从而找到合理的方案。

2. 组建学习共同体

英语教师行动学习中的学习共同体组建涉及多个教师在分享个人经验的基础上获得对问题更为深入的理解。学习共同体成员之间可以分享各自的活动与体验，因为他们有着共同的提升自己的学习目标，而这种经验分享过程也有利于教师学习效果的提高。学习共同体的这一理论同样也适用于教师的专业学习。当学校被视为一个教师学习共同体时，其主要特征就是教师之间的"社

---

1 Deway, J. (1963). *Experience and Education* [M]. New York: Collier Books.
2 Baird, J. R. (1992) Collaborative Reflection, Systematic Enquiry, Better Teaching, in T. Russell and H. Munby [J]. *Teachers and Teaching: from Classroom to Reflection*. New York: Falmer Press
3 Fendler, L. (2003) Teacher Reflection in a Hall of Mirrors: Historical Influence and Political Reverberation [J]. *Educational Researcher*, 32(3):16-25.

会性互动"，教师通过这一互动共享教学问题、思考问题解决方案、提高教学效果。

　　对于行动学习而言，教师学习共同体中互动与经验分享可以产生如下效果。首先，共同体使得教师可以将个人的反思与其他教师分享，从而发现其中的问题与不足；其次，这一同事之间的经验分享过程也为教师进一步的后续反思提供了基础；最后，教师需要在共同体中公开自己的反思结果与实践经验，这也给他们之前的学习提供了更大的动力。正如瑞文斯所言："行动学习实际上是一个社会性过程，其本质就是学习者在学习共同体中交流、讨论与分享经验。"[1]

　　综上所述，教师在行动学习中要组建学习小组，之后按计划有组织地举行定期的小组会议，教师在会议中交流讨论各自的经验与反思，共同制定解决困惑、处理具体教学问题的计划与方案。这一学习小组的组织形式使得教师可以自己决定所要学习的内容、时间、重点等，这对于他们增长处理教学问题的实践能力有很大的帮助。有了多样化的个体，才有教师个体在其中的贡献与分享，才能产生集体智慧，因此，在组建教师学习共同体的过程中还需要考虑到参与教师来源的多样化，尽可能使组员在经验、能力、优势等方面处于不同的层次。

3. 采取行动

　　行动是教师行动学习中最重要的环节，意即教师将学习小组中问题讨论结果形成方案，并将这一方案付诸改进教学的实际工作之中。事实上，通过行动或实践而获得学习并非是一个新的理念，早在古希腊时期亚里士多德就曾提出过在实践中学习的理念，近代杜威的"通过体验学习"和库博提出的体验学习循环理论也都强调学习者在体验行动中学习。在教师行动学习中，教师需要对自己面临的实际问题展开反思，然后在学习小组中交流各自的反思，将集体反思形成的结论运用于具体的行动，而这一行动又为教师下一步的反思提供了基础。可见，行动既总结验证了教师先前的反思，又促进了教师后期的进一步反

1　Revans, R. (2011). *ABC of Action Learning* [M]. Brookfield: Gower Press.

思，在教师行动学习的循环中起到了承上启下的作用。采取行动是行动学习中不可缺少的一个环节，只有在行动中教师才可以对学习小组中的研讨结果进行验证，并在此过程中继续反思发现新的问题，为后续的方案完善提供基础，并为开展新的学习循环提供可能。

4. 接受反馈

教师行动学习循环的另一个重要环节是对教师在行动阶段所做的改进教学实践的反馈。教师行动学习中的反馈可以来自多个途径，首先可以来自学习小组中其他教师，这就要求教师小组成员之间互相观摩各自的课堂，并从中找出尚存在的问题；其次这一反馈可以来自行动学习小组中的促进者，即专家教师、教研员或专业研究人员，这些人被邀请到某个教师的课堂中进行观摩并对教学提出反馈，或参与某次教师集体研修活动并提供指导。事实上，这些人也是教师行动学习小组的成员；最后这一反馈还可以来自教师所任教班级的学生，霍班就曾指出学生反馈也是一种非常有效的反馈形式，尤其是当学生与教师之间形成充分信任时，这一反馈的作用对于教师行动学习则更为有效。[1]

以上几种教师行动学习的反馈形式都要求教师开放自己课堂教学并建立对提供反馈人员的充分信任，行动学习小组成员之间的开诚布公、小组互信氛围的构建显得相当重要，而这些也是保障教师行动学习实施的重要外部条件。可以说，反馈为教师的进一步反思提供了基础，并为下一轮的行动学习提供了起点。

二、英语教师行动学习的运作机制

尽管近年来教师学习已经越来越受到教育界的关注，但研究者大多还是强调其学习形式的多样性与实效性。从本研究的实证调查结果来看，英语教师目前运用了很多的学习策略，其中也包含很多行动学习的因素与理念，如教师的

1　Hoban, G. F. (2004). Enhancing Action Learning with Student Feedback [J]. *Action Learning: Research and Practice,* 1(2): 301-323.

课堂观摩学习、案例研究分析、课题小组教学研究等，大多数受访教师认可行动学习对于他们专业能力提高的作用。然而，对于行动学习背后的运作机制，人们却鲜有考虑，学术界也缺乏深入的研究。事实上，要想构建教师的行动学习范式，并在此基础上思考教师如何通过行动学习促进自我的专业发展，就必须加深对教师行动学习机制的研究，并将其建立在有效的学习理论基础之上。有鉴于此，以下笔者将结合当前教师学习中的实施过程以及常见问题，从社会建构主义理论和组织学习理论的视角分析教师行动学习的运作机制，以此从理论上进一步解释教师行动学习的开展，并为具体的实践提供借鉴。

（一）社会建构主义理论视角

前文已经提到，建构主义学习观是教师行动学习的重要理论基础之一。社会建构主义认为人的学习并不只是由行为主义论者所言的简单的刺激反应过程，而是一个以文化为中介的文化建构过程。同时，它也不是一个纯粹的内省过程，而是一个与文化和他人交往的社会建构过程。[1]比如，在英语课堂中教师与学生共同操练某种句型结构，或共同对某种西方文化现象开展讨论，教师与学生一起的活动就是一个社会交往过程，学习就可以以此为起点，并逐步过渡到内心活动。根据维果斯基的理论，哲学家哈瑞（Harré）提出了一个如下图所示的学习环路模型（简称 Harré 模型），可以用来解释人的学习过程。[2]该模型把学习者的学习分为公共与私人、集体与个体四个空间，即公共的集体知识学习、私人的集体知识学习、私人的个体知识学习以及公共的个体知识学习（在下图中分别用 A、B、C、D 象限来表示）。这四个象限通过内化（internalization）、转化（transformation）、外化（externalization）和习俗化（institutionalization）的过程完成学习者的学习过程。学习者与他人共同讨论学习的状况出现在象限 A 内，通过将集体知识内化为自己的个人知识学习者就进入了象限 B 的状态；再通过私人知识之间的转化学习者将学到的知识完全内化为自己的个体知

1　毛齐明，蔡宏武.教师学习机制的社会建构主义诠释 [J].华东师范大学学报（教育科学版），2012(2)：19-25.

2　Harré, R. (1984). *Personal Being: A Theory for Individual Psychology* [M]. Boston: Harvard University Press. 107.

识，即为下图中的象限 C 空间；最后，学习者通过进一步思考提出问题、发言、表演等将自己的知识外化为公共知识，而这又为他人的学习提供了资源，当这种知识或能力获得他人认可并为他人效仿之后，这些知识就完成了习俗化的过程。可见，通过这一"内化 - 转化 - 外化 - 习俗化"的过程，学习者个人不仅吸收了集体知识，还通过自己知识的外化促进了集体的发展，并由此进入新一轮的学习过程之中。

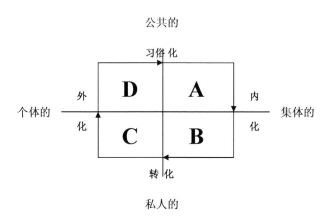

图 6-1：Harré 的学习环路模型图

上图所示的学习环路模型是针对所有建构学习者而提出的，它对于教师学习当然也是适用的，但对于不同形式的教师学习，其运作顺序和过程与机制却有一定的差异。教师行动学习是一种基于社会建构主义理论的学习方式，结合其实施过程，我们可以用这一学习环路模型对其运作机制做如下解释。

行动学习是以问题为基础的，教师行动学习一般是由教师的质疑反思开始的，即教师针对自己的教学工作中遇到的实际问题进行思考，这本身就是一种教师的自我学习。此时教师的学习状态还处于 Harré 模型的 C 空间；教师所思考的问题蕴含了他们对教学的理解，凝聚了他们教学经验的积累，当个体教师将这些问题带到行动学习小组，并在小组中开展讨论时，这些个体教师的理解和认知就外化为一种公共的知识，即由模型中的 C 空间向 D 空间过渡。尽管此时教师对于问题的认识和理解还属于个人行为，但它往往会以集体备课发言、开设公开课、案例讨论、观点交流、倾听反馈等形式展示出来，而这些反馈又使得教师可以调整自己的教学实践。

教师如果仅停留于在行动学习小组中将自己的个体知识外化，那么小组就失去了一种重要的学习形式，即集体层面的共同学习。事实上，教师外化的实践模型一般会有三种可能的结果，一是留作个人应用；二是被学习小组中的其他教师所效仿；三是直接或经过集体修订后成为小组的行为规范，新的知识或行为规范被其他小组成员吸收、获取，使得小组有了新的实践模式。这一过程用上述模式解释就是从空间 D 向空间 A 过渡，即通过习俗化学习进入了公共的空间，不再局限于个人，个体的知识也将得以转变为集体的公共知识。这一过程是教师行动学习的关键环节，即教师在小组讨论后获得了集体的知识，而这些知识又可以内化为教师的个人知识，为教师下一步的行动学习提供了基础，这就完成了上述模型中的 A 空间向 B 空间的转移。

可见，社会建构主义的学习模型为英语教师行动学习的运作机制提供了一个理性的解释。尽管教师行动学习一般是由这一模型中的 C 空间开始的，但需要指出的是，行动学习是一个循环的过程，从理论上讲可以从 Harré 模型的任何一个空间开始，而且在实践中这种情况也是存在的。综上而言，社会建构主义学习理论从社会互动和知识建构两个角度解释了教师行动学习的运作机制，即教师在与其他教师学习者（行动学习小组成员）的互动和批判性思维中构建了自身的知识体系，包括理论知识的丰富和实践知识的增长。

（二）组织学习理论视角

组织是具有特定目标、资源与结构，时刻与环境保持互动的开放式系统。学校具有自身的目标、资源并与社会环境互相作用，是一个典型的组织系统。工作团队则是由知识与能力互补，彼此承诺合作完成某一共同目标的员工组成的特殊群体。[1] 教师行动学习小组实际上就是一个工作团队，小组成员相互质疑、协作共同解决教学中的实际问题。因此可以说，教师行动学习是组织学习的一种形式。组织学习是组织通过信息处理导致其潜在行为的改变，其目的是为了改善知识技能，将所得的知识有效分享、转移、应用，以此来提升组织解决问

1　李剑锋. 组织行为管理 [M]. 北京：中国人民大学出版社，2000:5.

题的能力。[1] 尽管组织学习也是以组织成员个人的知识与经验为基础的，但只有在组织中这些个体经验才可以得以整合，这实际上也是组织效能提升的手段之一。组织效能是指组织实现预定目标的实际结果，主要包括群体对其成员的影响以及提高组织整体工作能力两个方面。行动学习小组这个组织对教师个体产生了积极的影响，同时也促进小组学习氛围的不断改善，提高了小组整体的学习能力。

从人类组织学习的分类来看，阿吉利斯和舍恩提出了两种模式的组织学习，即"单环学习"和"双环学习"。在他们看来，大多数组织所进行的是单环学习，当发现错误时，改正过程依赖于过去的常规程序和当前的政策。单环学习强调在既定的目标和规范下，整合行动与结果的关系，其解决的只是组织的表面问题，不能解决根本问题。而学习型组织采用的往往是双环式学习，当发现错误时，改正方法还包括对组织目标、政策和常规程序进行修改。双环学习则强调学习者对造成现状原因的反思，而且是从自身出发的反思。双环学习者乐意顺时而变，愿意在学习小组中向他人学习，这样就产生了一个学习和理解的循环过程。双环学习利用对过去行为的反思和反馈来质疑现存的问题。学习者不仅需要思考目前行动的原因，同时还需要考虑下一步行动的计划。组织中双环学习的形成有两个必要的条件：一是个人和组织对防御性心理的克服，努力做到互为信任、开诚布公；二是组织中要形成自由沟通的文化氛围。[2] 一个组织需要单环学习，因为单环学习适合于解决惯例性、重复性的问题，有助于日常工作的改进；但一个组织更需要双环学习，因为双环学习更适合于复杂、非程序性问题的解决，并确保组织在今后能够适应环境变化，能够促进组织和学习者个人长期的持续发展，而这在现代社会是非常重要的。

从现实情况来看，英语教师在参加过传统的短期培训课程或学位进修项目后，一般会开展以提高课堂教学效果为目的的教学实践，课堂教学行为和效果相应也会有所改善。然而，在绝大多数情况下，这样的培训或进修只能起到强化教师现行教学状态的作用，无法从根本上解决提高教师专业素质的问题。阿吉利斯和舍恩将这种学习方式称为"单环式学习"（single-loop learning），这一

1　吴明烈.组织学习与学习型学校 [M].北京：九州出版社，2006：18.
2　顾增旺.行动学习：组织能力提升新境界 [M].南京：江苏人民出版社，2010：41.

学习方式对教师提升自我能力尽管有一定意义，但其作用十分有限。相反，有效的教师行动学习是将上述反思、学习小组讨论、行动、反馈四个过程有机结合在一起，并形成良性的互为补充的循环。这样的学习模式有利于教师不断产生新的想法，同时更有可能导致教师教学与自主学习行为的改变。行动学习中，教师在互相信任、敢于承担风险的基础上通过动态的、互动的反思性实践过程获得新的知识，从而形成了阿吉利斯和舍恩提出的所谓的"双环学习"（double-loop learning）。

教师的教学是一种复杂的社会活动，涉及教学环境、教师、学生、教学大纲、教材、教学评价标准等多种因素。中小学以及其下设的学科组或教研组作为一种组织，不仅需要解决日常的常规性教学问题，还需要随着外界多种因素的变化及时调整与更新教学内容、教学进度等。

在学校教育环境中，英语教师的心智模式包含他们的工作目标、教学动机、内在情感、态度、价值观等，这些都影响着他们的教学行为与思维方式。当教师的教学目标与结果不一致时，教师就会采取行动改进自己的行为，而当教师寻求与同事的合作，在组织中寻求问题的解决方案或改进自己的心智模式时，行动学习就发生了。英语教师们在成为正式教师之前就已经具备了各自的信念体系、价值观以及一定的知识基础，在成为正式教师之后又在学校环境中与同事在交流互助中积累了更多的语言知识和教学技能。当教师发现自己的意图与现实存在不一致时，就会和采取一定的行动使两者达成一致，而在这一过程中教师的心智模式也就发生了变化，学习同时也得以发生。当教师与同事在合作中努力将自己的行为与意图形成一致时，组织中的双环式学习便产生了。在学校改进中，采取双环式学习的方法，通过沟通、反思和对话避免组织防卫，加强教师合作，可以有效地提升教师的学习和决策能力，促进教师的专业发展。

需要指出的是，人类的行动是一个相对宽泛的概念，这对教师的行动而言当然也不例外。学校中教师的行动无处不在，在单环学习和双环式学习中都有所体现，但并非所有的行动都可以促成教师的行动学习。本书的第三章总结了教师行动学习的行为要素，即教师面对教学问题、开展教学反思、实施同伴互助、发挥专业引领，在此基础上开展实践行动以获得自己教学行为乃至心智模式的变化。只有符合这一系列循环的教师行动才可以构成行动学习中的"行动"。此外，教师日常的常规行动和反思性行动也是有区别的。对教师而言，常规行动一般是他们的传统习惯或是由外部权威所规定的，如学校或学科教研组所规定参加的教研活动、集体备课、开设公开课、听评课观摩等，但这些活动如果不加以引导或规范其效果往往比较有限，不一定可以带来教师内在心智模式的改变。如教师在听课评课后缺乏总结、在大量的课例研讨后缺乏归纳等。结果大量的个体知识仍停留原有的层面，没有给他们的思维带来实质性的转变。而反思性行动则是教师对自身理念、价值观的持续性思考，往往可以让教师形成新的价值体系，教师行动学习中的行动是建立在经验与反思基础之上的，是一种反思性行动，这也是教师行动学习的核心要素。同时也印证了作者在前文中所提到的教师行动学习策略需要加入教师的反思元素，需要加以规范完善的观点。

此外，前文还提到教师在自身的职业发展过程中形成了一套以实践性知识为基础的属于自己的个人知能系统，这些知识与能力虽然有一部分来源于教师职前或在职的教育课程，但更多的是教师在自己的实际教学工作中生成的，是一种实践性知能。舍恩曾区分过实践者"所倡导的理论"（espoused theory）和"实际所采用的理论"(theory-in-use)，他指出当两者之间出现不一致时，就很有可能促进从业者思考其间的差距及其原因，从而开展有意义的反思活动并引发行动学习。可见，反思不仅是连接教师"所倡导的理论"和"实际采用的理论"之间的桥梁，也是促成教师的教学理论向教学实践跨越的纽带。在教师行动学习的过程中，教师在学习小组中通过质疑、反思、讨论、计划、实施等一系列活动开展学习，这从本质是上说是一种学校组织中的双环学习，其结果往往可以带来教师教学行为的改变、心智模式的变化乃至学校整体的变化发展。

三、英语教师行动学习的内部影响因素

任何事物的发生与发展变化都是内因和外因共同作用的结果，内因是事物发展的主要动力，外因一般需要通过内因而起作用。教师学习与其专业发展关键要靠教师自我的发展意识与行动，只有教师自身具备相关的素质并付诸一定的努力，外加有利的外部条件支持，教师才能够获得持续有效的发展。对于高

中英语教师行动学习而言，其成功开展离不开教师自身的内部因素和国家、地区、学校环境的外部条件两方面的作用。以下就先简要总结一下教师成功开展行动学习的自身内部要素。

（一）强烈的自我反思与学习意识

教师行动学习是建立在教师对教学反思的基础之上并以学习小组为单位开展的专业发展方式，这就首先要求教师具有反思教学的意识和行为。只有通过反思，教师才可以思考自己的教学困惑、发现教学中存在的问题。如果教师缺乏反思意识或反思意识不强，就发现不了自己目前教学中急需解决的问题，也不能在学习小组中提出自己的观点，这样行动学习也就无从谈起。因此，善于反思自己的教学、乐于学习新的知识与教学方法、敢于暴露自己教学中的问题是教师行动学习的前提条件，也是教师行动学习取得效果的保障。

（二）良好的社会沟通与交往能力

教师行动学习的一个重要环节是教师们在学习小组中提出各自的实际问题，和学习小组中的其他成员们共同确定目前最需要解决的问题并商讨具体的解决方案。在这一过程中，所有参与学习的教师都要献言献策，结合自己的教学经验发表看法，教师不仅要和同事交流经验，还要在小组中发表自己的观点。这就要求教师有良好的沟通与交往能力，一方面教师要善于提出自己的问题，另一方面也要善于倾听别人的问题和观点。教师们正是在这种互通有无的"职业性对话"中获得了知识与能力的增长。

此外，要确保英语教师行动学习的顺利进行，教师还要具备各种人际关系技能，并运用这些技能促使自己更有效地开展学习。这些技能包括倾听和注意他人的发言、回应和询问他人问题、对自己的问题自我揭露、对小组中存在的其他问题直言不讳。[1]这些技能要求参加学习的教师互相信任、互相负责、敢于挑战权威，而这些人际关系技能也是英语教师行动学习顺利开展的重要保障。

1　秦旭芳.行动学习法与幼儿教师专业发展关系研究[D].北京：北京师范大学博士学位论文，2005.

（三）较强的批判意识与能力

对行动学习小组中所讨论的主题内容提出具有批判性的想法与建议是提高教师学习效果的一个关键因素，批判反思性行动学习是行动学习的三大流派之一，这一流派从本质上说就是一种批判性学习。有学者指出行动学习小组成员之间应该建立起"批判性友谊"（critical friendship），[1] 在学习过程中起批判性作用的不仅只是专业人员，也包括普通组员。教师在行动学习小组讨论中不能碍于情面，必须要有质疑精神，要及时指出并纠正其他教师所存在的问题同时提出自己的建议，只有在这种互相质疑、批判的氛围与过程中教师们才能总结出解决问题更为全面而合理的方案。

（四）强烈的自我发展意识和责任感

行动学习需要学习者按要求参加小组会议讨论，需要学习者随时反思自己的行为。对于教师行动学习而言，这就需要教师付出额外的时间和精力。无论是课堂观察、还是合作行动研究，抑或是教师开展案例研究，都需要教师有主动积极的参与意识。如果教师只是受学校规章制度或某位领导的要求而被动地参与这些活动，那么其实施效果也会大受影响。所以说，教师的自我发展意识对于行动学习的成功开展也是很重要的。此外，教师行动学习不仅是为了自己的发展，也是为了提高学校的整体教学质量。教师应该要对自己个人和学校的发展负责，要对学生的学习负责，如果教师带着这样的责任感参加行动学习，那么他们的主观能动性就会得到提高，其学习效果才可以更好地得以发挥。

综上所述，行动学习对参与其中的教师有一定的要求，英语教师需要有良好的质疑精神、反思能力、交往技能，这些能力可以保障教师行动学习的有效开展并取得理想效果。因此，学校或培训机构在实施行动学习中要考虑到教师的自身因素，并努力提高教师这方面的能力，从而保证行动学习的顺利实施。

1　Marsick, J. & J. O'Neil. The Many Faces of Action Learning [J]. *Management Learning*, 1999(2): 159-176.

四、英语教师行动学习的伦理准则

学校不仅是一个单纯的社会性组织，而且还应该是一个在道德上起引导和楷模作用的机构。坎贝尔（Campbell）曾指出当我们想起教师及其工作时，伦理道德是其中首要考虑的因素之一。[1]这就意味着教师在采取行动时必须要考虑后果，确保自己的行为不会有意或无意地伤害其他人的权益。事实上，任何形式的专业学习都要考虑其道德准则，行动学习当然也需要一个追求公平、尊重差异、互相信任的组织文化环境。为使学校中教师行动学习得以顺利开展，参与教师必须要遵守以下道德准则。

（一）相互信任与保密的原则

信任和保密是行动学习过程中需要遵守的重要原则。事实上，如果学习者之间不能够互相信任，行动学习就很难有效发挥作用。除了要信任同伴之外，参与行动学习的教师自身也要值得别人信任，唯有如此，真正的信息分享在学习小组中才可以得以实现。此外，教师在行动学习中不可避免地会暴露各自的问题或缺点，如在课堂观察中被听课教师就会暴露出自己在课堂教学中存在的问题。其他教师应该就事论事努力帮助该教师改进问题，提高能力，并遵守互相之间保密的原则。成功的行动学习所营造的学习氛围鼓励教师们分享各自的优缺点，同时尊重其他人的权利和隐私。

（二）彼此公开透明的原则

教师行动学习的过程必须保持公开透明，否则该学习过程对于没有参与的人员而言就会显得"过于神秘"。学校教育管理人员和未参与学习小组的其他教师的态度对于行动学习的开展也有一定的影响。所以，英语教师行动学习要本着开放、公开、透明的原则，具体表现在既要对参加学习的教师明确学习过程中的各项规章制度、学习要求、需要遵守的义务与完成的责任等，同时还要

1　Campbell, E. (2003). *The Ethnical Teacher* [M]. Berkshire: Open University Press.

将学习的进展与效果向学校中其他教师公开。在学习小组的讨论中可以邀请校领导和其他教师参与观摩，小组汇报也可以在全校公开。通过这些方案就为教师行动学习创设了一个民主、公开的内部氛围和外部环境。比如英语教师组织的定期集体备课活动就可以邀请校领导和其他学科教师旁听，使得整个活动公开透明，这一方面可以让其他学科教师提出意见，另一方面也容易争取到校领导的支持。

（三）对自己和他人负责的态度

教师的工作与学生、学校乃至整个国家的发展密切相关，而教师学习又是提高其工作效率的重要途径。因此，英语教师要对自己的学习负责，这不仅涉及自身的发展，还涉及学生的学业进步、学校的质量提高以及国家的整体发展。从这个意义上说，教师积极主动地学习本身就是为自己和他人负责的一种表现。在行动学习中，教师对自己的学习负责不仅意味着教师按要求参与小组讨论、实施行动、反思结果等，还意味着教师要具备批判意识，要随时指出学习过程中自己或他人的问题，在指出他人问题时不应有太多的顾虑。哈尔托格（Hartog）指出对于行动的批判性反思需要人们有勇气去改变常规、挑战权威，但这也是对自己和所在组织负责的表现。[1]

总之，教师行动学习是教师相互合作与共同进步的学习形式，行动学习不是靠单个教师可以完成的，其实施过程要求教师之间的合作交流，涉及人的交往，需要遵循上述道德准则。唯有如此，教师行动学习的效果才能得以保证。

第二节　教师行动学习的外部条件

辩证唯物主义认为外因对事物的发展也有着重要的影响。除了内部因素之外，教师行动学习的成功实施还离不开外部条件的支持。教师行动学习属于教师认知发展的一部分，而教师认知是教师在教学过程中不易被观察到的所知、

1　Hartog, M. (2004). Critical Action Learning: Teaching Business Ethic [J]. *Reflective Practice,* 5(3): 395-407.

所想和所信的综合。根据博格（Borg）提出的教师认知研究框架，英语教师认知受到教学环境、教师教育、作为学习者的经验以及课堂教学等因素的影响，这对教师的行动学习当然也不例外。[1] 教师行动学习的外部条件包括宏观的教育环境和他们所处的微观教学情境。对于英语教师而言，国家的外语教育规划与政策、学校的教师发展与培训规划、社会经济发展开放对国际化人才培养提出的要求、外语教育教学改革的时代背景以及由此带来的对教师的新要求、教师行动学习小组的内部氛围、小组成员之间的熟悉程度与人际关系等都会影响到教师行动学习的进展。此外，教师实施行动学习还要受所在学校/培训机构的整体学习文化、学校或机构领导的重视程度、教师参加行动学习的时间保证、学习经费的保障、学习小组促进者的专业素质等因素的制约。

一、整体教育教学环境

人的活动都是在社会环境中进行的，教师当然也不例外。任何教师学习活动都是在宏观的教育背景下发生的，因此，宏观的国家教育背景与微观的学校教学环境对于教师的学习具有很大的影响。随着我国素质教育的推进，以教师为本的理念已越来越受到认同，这是教师开展行动学习的有利条件。此外，社会对教师职业的重视与教师自身追求发展的动力也是促进他们学习的有效因素。目前就我国的中小学英语教师而言，国家的教育政策特别是外语教育政策与规划、社会发展对学生英语能力的要求、世界范围内英语教学模式的演进、英语教学评价体系的改革特别是高考英语测试内容与形式的改革等因素都会影响到教师的学习内容与方式。从学校环境来看，学校的生源质量、所选用的英语教材、学校领导对英语教师学习的重视程度、英语教师整体的师资结构等也会直接影响到教师行动学习的内容与组织形式。至于在教师培训项目中所开展的行动学习，培训机构的培训理念、师资水平、课程设置、培训周期等因素也会影响教师行动学习的开展。

1　Borg, S. (2003). Teacher Cognition in Language Teaching: A Review of Research on What Language Teachers Think, Know, Believe and Do [J]. *Language Teaching*, (2): 81-109.

二、学校文化氛围

美国学者马赫和米奇利（Maeher & Midgley）将学校文化定义为："学校成员认可的学校共享价值观或内在判断标准，这些价值观将通过学校的活动机制呈现出来，如评价惩罚、教学任务或进度安排、责任承担或资源提供等，且最终影响学校组织中的成员。"[1] 学校文化建设是学校管理所必须承担的责任之一，学校文化建设又会影响学校管理的实施。同样，对于学校成员的学习，学校文化建设是师生员工学习的外部环境保障，而师生学习又为学校学习型文化的建设奠定了良好的基础。

首先，学校学习文化对于学校中教师个体的学习具有影响作用。良好的学校学习文化将教师职业视为一种专业，认为教师需要对自己的专业发展负责，应该在和同事的互助交流中实现自己的发展目标。具有这样学习文化的学校或教研组就形成了瑞文斯所说的"学习者学习和探究问题的理想安全场所"，这一环境对于教师行动学习的开展无疑是有利的。英语教师的学习应该被视为他们的日常工作，而不是给他们增加的额外负担。因此，良好的学校学习文化要鼓励学生和教师终身学习，倡导师生在实践中学习、通过交流对话互相学习（学生之间、教师之间、师生之间）。此外，学校还要构建一种教师尊重知识、互相支持、敢于冒险的组织文化氛围，这种氛围对于教师行动学习的持续开展也是很有利的。

教师的专业学习应该成为学校战略规划与发展的组成部分。行动学习倡导学习型组织的构建，因此学校要致力于成为学习型组织，这对于教师行动学习也很重要。学校不仅应该要求英语教师个体之间，还应该要鼓励各部门之间、各年级组、各教研组之间的合作，使得合作成为一种常态、一种文化，这样才能更有效地构建有利于教师开展行动学习的学校文化。

1　Maeher, M. & C. Mideley. (1996). *Transforming School Cultures* [M]. Boulder: Westview Press.

三、对教师行动学习的管理

学校领导应该致力于全体教师的共同发展，将教师和学生的学习作为学校的中心工作加以管理。不管自己参加与否，校长和学校其他管理人员对教师的行动学习都应该持积极支持的态度，但同时又不能过多地干预教师的学习活动。校长要意识到教师行动学习对学校整体发展的价值，而不要使之成为教师时间或经费上的负担。在考核、评比、规章制度管理等方面学校要给予参加行动学习的教师一些鼓励政策，建立相应的教师学习保障制度，对教师学习的效果开展多元评价，从而为教师开展有效行动学习创建良好的氛围。学校的管理对于教师行动学习也很重要，既要给教师一个宽松的学习环境，又要对他们的学习形式与内容进行一定的干预调整，这本身就需要教育管理人员具备相当的领导智慧与管理能力。

此外，教师行动学习要求参与教师开展系统的计划、讨论、观察、反思等一系列活动，需要教师定期参加学习小组研讨，需要教师在教学实践中反复体会与观察，这些都需要教师的时间投入。在我国目前教育改革与发展的背景下，英语教师面临着提高升学率、参加各级各类教学考核等诸多压力，能抽出时间来参加行动学习是难能可贵的，要持续开展行动学习更需要自身强大的学习动力和外部有利的环境。此外，行动学习又是一个循环的过程，持续时间往往比较长，组织其中的一些活动也需要学校经费、空间、时间等条件的支持。

最后还需要指出的是，教师行动学习的效果还受到学习小组成员的组成结构、小组内部学习氛围、小组促进者的引领能力等多种因素的影响。综上我们可以总结认定学校或培训机构中教师的行动学习受教师自身内部因素和外部环境的综合影响，这说明教师行动学习是一个复杂的系统工程，其实质是一种组织学习的形式。根据这些研究结论，我们总结归纳了在学校（包括培训学校或机构）中英语教师有效开展行动学习的各种内外部因素及其学习内容、过程等运作机制如下图所示：

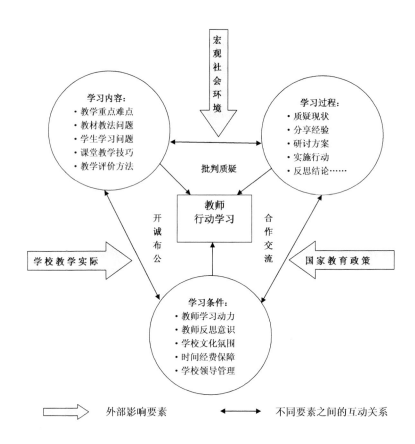

图 6-2：英语教师开展行动学习的因素分析图

由上图可以看出，英语教师行动学习是一个受宏观和微观因素影响、由教师内外部条件共同保障的学习形式。首先，学校里教师行动学习的实施效果与当前的宏观社会环境、国家教育政策，以及各个学校的实际教育教学状况有很大的关系。可以想象，一个尊重知识，倡导终身学习的社会环境当然能够为教师的在职学习提供良好的氛围。目前创建终身化学习社会的理念已经在我国得以倡导，教师作为专业性程度较高的职业群体，理应成为终身化学习社会的楷模。另一方面，终身化学习社会的一个重要特征就是强调成人学习，而成人学习是注重解决实际问题和自我导向的，教师行动学习正是这样的一种学习方式。其次，国家的教育政策特别是对教师教育的各类制度及培训计划、高考制度的改革、学科课程标准的制定与颁布、对教师在职学习的投入等因素对于教师行动学习的开展也有影响。目前，我国正在推行新的学科课程标准和教师教育标准，国家加大了对中小学教师在职培训的投入力度，"国培计划"和各类省市级别的教师培训项目正在广泛实施。相比传统的培训，当前的教师培训理念已经有所改变，开始越来越重视教师实践能力的培养与提高，这些都是教师行动学习的有利条件。教育部于 2012 年颁布的《"国培计划"课程标准（试行）》中的高中英语教师培训部分就指出："要灵活采取案例式、探究式、参与式、情景式、讨论式、任务驱动、行动学习、现场观摩与交流等多种方式开展教师培训，提高学习者的参与度、增强培训的吸引力。"[1] 这充分说明行动学习在教师培训中已经受到了关注和重视。最后，行动学习最终还是在学校或培训机构开展的，因此学校的实际教学状况，如学校文化氛围、师资结构、生源质量、校本教研制度、领导管理水平等对教师的行动学习有着直接的影响。在研究者针对英语教师所开展的访谈中，所有受访教师均提到学校的教研制度、领导的重视程度、教学进度的安排、自身专业能力和水平的限制，以及社会对提高学生考试成绩的压力等对于他们的在职学习有着较大的影响。

　　除了外部因素之外，英语教师行动学习开展和实施的效果还与上图所示学习条件中的其他内部因素有关，即教师的自身素质，包括其质疑态度、反思能力、学习的内在动力与动机、教学责任心等。而教师行动学习的这些内部条件与他们的学习内容和学习过程又是一种互动关系。即学习条件的优化可以丰富其学习内容，提高其学习过程的质量。我们不难想象，如果教师具备了更强的反思能力，那么就会更深层次地思考自己的教学工作，产生更多的质疑与问题带到行动学习中去，而这些质疑和问题又使得行动学习的内容更加丰富，参加的教师获得更多的具有"质疑性的见解"，从而获得更大的进步，进一步增强了其自身的反思能力。另一方面，通过对这些多样化问题和质疑的讨论、解决、反思、再计划的学习过程，教师对学习过程就会越来越熟悉，其学习效果也会越来越好。当教师和学校从这一过程中受益时，他们就会主动积极地创设有利于行动学习的条件，从而使得这三者之间形成一种良性互动的关系。

　　从图 6-2 还可以看出，行动学习需要参与教师能够开诚布公地合作讨论问

1　教育部．"国培计划"课程标准（试行）．[EB/OL]. http://www.gpjh.cn/cms/.

题，并在讨论中不断质疑自己以前的做法和他人的想法。教师行动学习的各因素之间互相补充，缺一不可，从本质上说这是一种社会建构性学习，是教师基于学校或单位的组织学习，其运行机制正如组织学习的双环学习，即学习者在这一过程中发生了心智模式的变化，并促进了组织效能的转变。行动学习不仅只是要求学习者对简单理论知识的获取或错误行为的修正，而且还要求对学习的重建和建构。[1]教师在以往自身教学实践中形成的"专业习惯"需要花很长的时间才可以得以改进，现实中也有很多教师不愿意走出自己的"舒适地带"，这都需要学校或其他管理部门给他们施加一定的学习压力。从这个意义上讲，我们要给教师提供付诸行动的环境（包括内外部环境），促使教师开展教学反思下的行动学习。

首先，从教师行动学习的运作机制来看，我们可以从建构主义学习和组织学习理论两个角度对之加以理解。行动学习是以学习小组为单位的，小组本身就是一个组织。此外，教师行动学习一般是在教师所工作的学校或校外培训机构开展的，学校和培训机构也是一个大型的组织。所以说，教师行动学习不单纯是一种个人学习，而更多的是一种组织学习。教师行动学习促进教师改变了工作方式和思维模式，使教师形成了新的心智模式，是一种组织内部的双环学习，其结果可以带来组织和个人的共同发展。从建构主义学习观来看，教师行动学习是由教师的个体私人学习经过内化、世俗化、外化、转化等活动转变为集体的公共学习的过程。在这一过程中，教师在与集体互动的过程中构建了新的知识，并促进了自我能力的提升。

其次，从教师行动学习的条件来看，内外部因素对于英语教师行动学习的顺利开展十分重要。内部因素主要包括教师的学习热情、教学反思的能力、质疑思维与态度、沟通交流能力等；外部要素主要包括国家的宏观教育政策、教师所在学校的学习氛围、领导的管理重视、经费投入以及教师的时间投入保证等。只有在内外部因素共同作用下才可以保证教师行动学习的成功实施。因此，我们要积极创造有利于教师行动学习的条件以保证其顺利实施并取得良好的效果。

1　Pedler, M. J. Burgoyne & T. Boydell. (1991). *The Learning Company* [M]. Maidenhead: McGraw-Hill. 213.

　　最后，教师行动学习也并不单纯是教师个人的事情，行动学习是一种群体学习的方式，其实施不可避免地会影响到相关利益者（stakeholders）的发展。因此，在教师行动学习的实施过程中还要注意其道德伦理问题，这些伦理原则包括对同伴的发展负责、同事之间相互信任、对同事教学上的缺陷既要直言不讳又要对外保密、学习小组的事务要公开透明。对这些原则的遵守也是确保教师行动学习有效实施的重要前提。

　　总之，本小节从理论上概述了教师行动学习的运作机制，分析了其实施步骤、运作过程机制、实施条件等。了解这些对于学校或培训机构设计合理的教师行动学习项目、有效地组织和管理教师学习过程具有积极的意义，同时也为构建基于行动学习的英语教师发展模式提供了理论基础。

第三节　基于行动学习的英语教师专业发展模式

一、教师专业发展模式的内涵

　　教师专业发展既是指教师在不断学习中获得特定方面的发展，也是指教师在教学技能、目标意识以及与同事合作能力等方面的全面提高。教师专业发展范式又称教师专业发展模式，是一种典型的可被借鉴与推广的模式。所谓教师专业发展模式，就是指教师专业成长与进步的路径与措施，也就是教师通过哪些程序实现专业发展。教师专业化的内涵包括专业精神、专业道德、专业智能、专业自主和专业组织等方面，其能力包括教师通用能力、专门学科能力、专业行动能力、教育研究能力、自我发展能力。在从普通人转变为"教育者"的过程中，教师并非只需要学科内容知识，还需要具备将这些知识运用于课堂教学实践的能力。因此，教师在专业发展的过程中要努力成为主动的学习者和反思性实践者。相对于教师专业发展的内涵及其过程规律来说，学术界对于教师专业发展模式的研究则起步较晚。事实上，有学者将教师专业发展模式称为促使教师专业发展的方式或者途径，但近年来被称为专业发展模式的提法比较多。当前，从教师专业发展的实现场所来看，可以分为以中小学为基地的校本发展模式和以高等院校为主的集中培训模式；从发展内容分析，有以教学实践为主的实践发展模式和以接受理论知识为主的课程进修模式；从学习形式考察，有以培训者为中心的接受性模式和以学习者为中心的指导发现模式。随着时代的发展，教师专业发展模式已由行为主义为基础的教师模仿、反复操练的教育模式转向以建构主义、反思性研究为基础的发展范式；并由培养技术型教师向发展专家型教师转变。[1]

对于教师的专业发展，华莱士曾提出过三种主要模式，即匠才模式、应用科学模式和反思实践模式。[2]匠才模式主要是通过模仿有经验教师的课堂教学组织管理、教学材料准备等实现新教师的专业发展，也可以由本学科专家指导教师如何实施课堂教学、设计教学活动，然后通过示范让教师了解课堂教学的具体步骤，以达到提高教师教学能力的目的。我国很多学校传统的"师带徒"的教师学习方式就是属于这一模式。所谓应用科学模式，是指有关专家将科学理论知识和教学经验传授给教师，然后由教师将之运用于自己的教学实践之中加以验证并获得教学能力的提升。然而，这种教师专业发展模式忽视了教师的实际教学问题，是一种单向的教师被动学习并运用理论的模式，对教师实现真正的专业成长效果有限。目前我国很多教师在职培训项目都采用这一理念来加以组织实施。随着对教师成为研究者的呼声日益高涨，以反思实践为基础的教师专业发展模式近年来受到教育界的广泛推崇。该模式强调教师通过对自己的教学问题开展反思，并在反思的基础之上形成改进的计划加以实践，在此过程中解决问题同时实现专业发展。反思实践模式注重教师发展中的反思性与行动性，因此教师的行动研究与行动学习都是符合这一模式的具体专业发展方式。

此外，20 世纪 90 年代美国学者奥恩斯坦和贝哈 (Omstein & Behar) 在对教师专业发展模式研究进行总结的基础上归纳了教师专业发展模式的五种类型，即个人自我指导模式，观察、评估模式，参与发展、改进过程模式，培训模式和探究模式。以下就简要介绍这五种类型的主要内容：

1. 个人自我指导模式。有关学习风格的研究主张、个人学习的方式、处理

1　刘捷 . 专业化：挑战 21 世纪的教师 [M]. 北京：教育科学出版社，2002.153.

2　Wallace, Michael J.(1991). *Training Foreign Language Teachers: A Reflective Approach* [M]. Cambridge: Cambridge University Press.

信息的过程，以及何种方式学得最好都是因人而异的。因此，自我指导的教师发展模式使得教师可以运用他们喜好的学习方式寻找工作中所遇到的问题的答案。这种模式认为学习是由教师本人自己设计的，教师应该确立自己的学习目标、按照实现目标的需要进行学习。个人自我指导的专业发展模式可以通过阅读书籍、撰写反思日志、制定个人专业发展计划等形式得以实现。

2. 观察、评估模式。这种模式认为教学可接受客观的观察和分析，从中反馈的信息促进了教学的提高和改进。因此，在教师评价中，课堂观察起着关键的作用，但必须努力提高观察的可靠性。在处理反馈时，要针对教师认知水平的差异区别对待，提出问题和发现结果主要由同行指导者或专业指导者完成，指导者帮助教师澄清教学问题和选择行动方式，这是一种强有力的教师专业发展模式。这一模式可以通过学校制定并实施听评课制度、开展地区或校际公开课活动等形式实现。听课者的任务不仅是给授课教师提供反馈，还在于提升自我的分析能力，这是一个通过同伴指导和同事监督的协助性对话过程。

3. 参与发展、改进过程模式。这种模式认为，无论从哪个角度看，教师发展、学校改革和课程改革都是一致的。教师发展的目的是提高教师的反思能力，而课程开发和设置却是整个过程中最为关键的方面。这种模式可以通过教师阅读、讨论、观察、培训、试验和纠错等方法实现。因此，参与发展和改进过程的模式使教师在参与过程中通过多种学习的结合获得所要求具备的知识和技能。

4. 培训模式。通过对这种模式的研究发现，培训可以包括探索理论，观摩技能、模拟技能的运用，反馈教学表现和指导教学实践工作。以技能为目的的培训应把以上培训结合起来开展。除此之外，培训活动还应包括讨论和同行观察。介绍新概念或技能时以及当教师在课堂中尝试过使用新技能后，合作讨论都是重要而有效的学习活动。

5. 探究模式。近年来，很多学者倡导教师即行动研究者、革新者、自我监测者和参与观察者。理论研究者和科研人员提出了各种探究形式，互动式研究和发展的模式促进了教师和科研人员共同合作探究问题；合作研究、课堂行动研究也鼓励教师的探究活动；行动研究则有助于教师更好地把教学研究与其独特的课堂联系起来；以质量圈、解决问题小组和学校改进项目为形式的行动和研究，是发展教师思维的手段；课堂研究有助于教师评价自己教学的效果，教师成为研究者有助于缩小教育研究与实践之间的距离。教师的探究发展模式一般是通过以下三个步骤完成，即首先找出实际的教学问题；再收集并分析相关资料；最后根据资料的分析结果得出结论并运用于改进教学实践的过程之中。

综观教师专业发展模式的发展历程，我们可以预计其未来发展的基本指导思路是以学校为中心基地，教师在自我诊断和反思中通过与其他教师合作来实现持续的专业发展，这里的关键词在于合作。教师专业发展是循序渐进的持续过程，每个重要阶段都有统一的标准作为教师努力的方向和评价专业发展进程的依据。很多国家的合格教师资格标准和新教师就职指导标准很好地体现了对教师专业知识和教学实践能力、理解力和价值观要求的一致性和连贯性。另一方面，从教师专业发展的诸多模式的横向比较来看，强调教师合作探究、集体反思、行动研究、同伴观察与评价的模式以其操作性、实践性强等特征更加适合当代教师的工作特点，同时也是今后构建教师专业发展模式的趋势所在。

二、教师专业发展的典型模式概述

教师个人、教师集体、专业教学研究人员是教师专业发展的三个核心人员要素，构成了教师专业发展的三位一体关系。教师个人的自我反思、教师集体的集体反思与同伴互助、专业研究人员或经验型教师的专业引领是促进教师专业发展的三种基本力量，三者互为补充，缺一不可。有效的教师专业发展模式要综合这三方面的力量，发挥各自的作用，并在构建的过程注重教师自主发展意识的培养，才可以在真正意义上促进教师的专业成长。本书的前几章中已经阐述了教师行动学习的内涵、要素与实施过程，指出其包含教师对教学的反思、专家的专业引领与同事同伴之间的互助这三大要素，而这与教师专业发展的三个要素是相一致的，这一过程涉及了教师本人、教师学习小组和专业人员。以下将简要介绍几种常见的教师专业发展模式，并分析其中行动学习的因素，在此基础上归纳特点，为构建基于行动学习的教师专业发展模式提供参考。

（一）"知行思交融"的教师专业发展

我国台湾学者饶见维所提出的教师专业发展模式理论认为教师的专业发展主要受已备、准备、经验、省思、建构、协同这六个因素的影响，这六个因素互为补充并形成一个不断循环的过程，最终逐渐促进教师专业能力的不断成长。饶见维根据这六个因素提出教师专业发展的基本原理，并将之称为"知行思交融原理"。[1] 所谓"已备"是指教师已经具备的专业知识和经验；"准备"即教师根据已知的经验思考面临的问题，在"经验"的帮助和基础之上开展"省思"，并在此后与其他教师"协同"的过程中解决问题，从而"建构"新的知识，获取新的技能。这一过程体现了教师"知行思合一"的学习原则。这里的"知"既包括新的知识，也包括已有的经验，这为教师的"行"提供了预备知识和行动准备；"行"乃是教师为了获得实际体验而采取的具体教育行动，包括观察、假设、试验、行动研究等；"思"则是教师对在行动中获得的具体经验所进行的反思、检讨、分析、综合等高层次认知活动。上述"知行思"三个方面互相配合，交融并进，具体包含以下三层意义。

首先，就教师的知行而言，要尽量做到"知行合一"，也就是强调教育理论与实践的结合，这其实也符合"做中学"的理念。然而，现实情况是目前大部分教师的专业发展活动都是"知而后行"的，也就是让教师在获得实践经验之前先掌握教育理论知识。这一理念所对应的专业发展模式是先将专业理论知识传授给教师，然后再给他们安排教学实习的机会，让他们运用和验证这些理论，这一模式被饶见维称为"把理论运用到实务"模式。[2] 然而，这一模式的运用却存在着很大的问题，因为教学理论与实践并非各自独立的领域，而是教学活动的两个交替方面，教师的专业知识与实践经验是不可分割的。此外，教师在实际教学中所面临的问题往往是非常复杂的，而理论性知识往往都是概念化的、抽象的，两者无法一一对应，教师很难将之前所学的理论知识直接运用于解决问题的实践之中。因此，设计教师专业发展活动首要考虑的就是密切结合"理论"与"实践"，也就是要努力做到"知行合一"。

1　饶见维. 教师专业发展 [M]. 台北：台湾五南图书出版公司 . 1996.

2　同上。

其次，就"行"与"思"而言，教师则要尽量做到"行思并进"。教师在教学工作中并不只是运用过去学到的专业知识，而是在工作中以一种"行中思"的方式解决问题，也就是说，教师在面临问题时能形成假说，并采取行动验证假说，再根据行动结果修正假说，再决定下一步新的行动，如此形成一个不断循环的过程。在教师专业发展活动中，如果可以让教师从"行中思"来发展专业知识，让教师具备自我"行中思"的能力，就可以达到行动中有反思、反思中有行动、行动伴随反思的境界。

总之，所谓"知行思交融"原则就是教师在专业发展活动中学习知识、开展行动与反思实践要交互进行，三者互为补充、缺一不可且相互循环。教师在日常教学工作中融入反思、行动并从中获得专业知识的过程正是这一模式的核心所在。事实上，正如饶见维所指出的那样，"在任何教师专业发展活动中，教学理论、实践与反思必须交互并重，循环前进，才可以有效促进教师的专业发展。"[1]"知行思交融"的教师专业发展模式也体现了行动学习的理念，因为行动学习的过程强调教师的反思与行为跟进，最终获得知识的增长。

（二）"教学研"同期互动的教师专业发展

在总结前人研究的基础上，我国学者金美福提出了"教学研"同期互动的教师自主发展模式。该模式认为教师的人生追求和目标、知识资本以及教学研究是教师自主发展的主要影响因素。所谓"教"，就是指教师日常的教学工作，这是教师参与知识的一种方式。"知识资本"是通过学习获得和积累的，因此"学"也是教师参与知识的方式。在教学研究也就是"研"中，知识的扩展是通过"学习"活动得以实现的，因此教学研究活动的过程也隐含着学习的发生，这也是教师自主发展的重要环节之一。"教""学""研"是教师自主发展的三个环节，三者互为补充，缺一不可。[2]

在上述三个环节中，教学是教师自主发展的主要场域，决定了教师学习和研究的内容和目的，也是教师在职场中的主要活动。然而，教学是教师学习和

1　饶见维. 教师专业发展 [M]. 台北：台湾五南图书出版公司 . 1996.
2　金美福. 两种教师发展模式论比较 [J]. 东北师大学报（哲学社会科学版），2004(4)：137-141.

研究的发生场所，因此也是一个从时空上限制和制约教师学习和研究的条件，三者之间构成一种生态制约的关系。首先，教师学习是教师自主发展的前提和基础，也是教师获取知识资源的主要途径。学习既是"知"也是"行"，是为知而行，学习的内容和方式都要受到教学所面临的实际问题和研究所需要解决问题的制约。其次，开展教学研究是教师自主专业发展的重要基础。教师在教学研究过程中必然会有学习活动，研究一旦启动学习就会相继运作起来，而学习又为教师的教学与研究提供了能源。

"教学研同期互动模式"追求的是教师的自主发展，教师在"教学研"的活动中参与知识的学习和建构，而知识又是教师自主发展的基础和源泉。"学"是在教、学、研同期互动情境中学习，具有情境性、实践性、个体性和行动性的特征；"教"是学习的问题来源，而"研"则是学习的结果。教、学、研三者都是行动，是不止于简单认知活动的实践性教育研究活动和学习活动。教师的学习和研究活动中都包含着反思性活动，但并不是主要的和唯一的活动。[1]事实上，教师参与教育研究活动的过程本身也是他们的一种学习经历。教、学、研从过程角度看，是三个连贯的环节；从参与知识的角度看，是教师参与知识的不同方式，这一模式揭示了教、学、研三者发生作用的条件、过程、机制以及其结果，指出了教师在这一条件下实现自主专业发展的必然性。

（三）基于"问题学习"的教师专业发展

"问题学习"是学习者在解决问题的过程中学习，具体而言就是在寻求解决问题的方案以及实践解决问题方案的过程中获得知识与技能的增长，这是成人学习的一种典型形式。[2]所谓基于"问题学习"的教师专业发展模式是指将教师专业发展活动置身于有意义的真实工作情景之中，以教师本人为中心，以不同发展阶段教师所面临的真实问题为起点，通过教师之间的小组合作学习，促进教师批判性思维和问题解决能力的发展，以实现对知识的深层次理解与建构，真正实现教师的专业成长。基于"问题学习"的教师专业发展模式有以下

1　金美福. 两种教师发展模式论比较 [J]. 东北师大学报（哲学社会科学版），2004(4)：137-141.
2　张建伟. 基于问题式学习 [J]. 教育研究与实验，2000(3)：40-45.

几个要点：

（1）问题的选择与设计是教师专业发展的起点

基于"问题学习"的教师专业发展模式中的"问题"应该是教师在日常教学工作中面临的实际问题，是能够激发教师学习动机、与教学情境密切相关的问题。"问题"需要教师在反思的基础上总结和提出，且提出后并不是固定不变的，而是动态发展的。处于不同发展阶段的教师会面临不同的问题，对同样的问题也会有不同的理解，因此，不同教师的专业发展需求就成了该模式中选择和设计问题的主要依据。

（2）小组合作是教师专业发展模式的组织形式

教师要解决现实中的教学问题，需要互相之间的合作，以问题为中心，小组成员之间相互协作，共同寻求问题解决的方案。基于"问题学习"的教师专业发展是以小组为单位的，教师将各自的问题带到小组中讨论，小组自行决定学习的进程，并将学习成果及时汇报给指导者，指导者给予反馈和评价。

以小组为单位的教师合作讨论可以促进教师激活已有知识，获取信息资源，形成问题解决的策略。同时，这一形式也有利于教师发挥群策群力，组成学习共同体，实现教师的群体专业发展。

（3）全面反馈评价是教师专业发展的评价方式

全面反馈评价是指由被评价者的上级、同事、下级、顾客或自己对工作业绩进行全方位的评价，再通过反馈程序达到改进被评价者行为，提高工作业绩，促进职业发展的目的。在基于"问题学习"的教师专业发展模式中，全面反馈评价是指由教师本人、教师指导者、校长、学习小组成员、学生等对教师学习的情况进行全方面的评价并反馈，以达到促进教师专业发展的目的。[1]

首先，参与学习的教师本人要对学习进行反思，并将反思结果与其他教师共享，评价自己在学习过程中还存在的问题与困惑，为下一步的学习内容与目标奠定基础。教师指导者也要对教师在学习小组中的表现作出评价，并提出具

---

1 苗洪霞．"基于问题学习"——信息技术支持下教师专业发展模式初探 [J]. 当代教育科学，2008（12）：7-9.

体的改进建议。其次，小组中的教师要对其他教师的表现给予评价，评价内容包括参与讨论的积极性、团队精神、个人能力以及在小组学习中所发挥的作用等，目的也在于提高学习的整体质量。最后，学生也是教师学习的受益者，学生对于教师学习的评价也是组织教师学习需要考虑的因素。学生家长则是教师学习的间接受益者，家长的意见对于教师专业发展也有参考作用。

通过全面反馈评价可以让教师在基于"问题学习"的专业发展活动中对自己有清晰的全方位认识，让教师明确自己专业发展中存在的问题，再次寻求新的问题，开展新的学习，从而不断提高自己的专业水平。在行动学习中，教师在解决问题的过程中获得了成长，从这个意义上说，基于问题学习的教师专业发展模式可以通过行动学习得以实现。

三、基于行动学习的英语教师专业发展模式构建

本章前两节总结了教师专业发展模式的内涵及其构成要素，并介绍了目前流行的几种教师专业发展模式。事实上，上述几种模式中都包含有行动学习的要素。如"知行思交融"的教师专业发展模式强调教师知行合一、行思并进，这体现了行动学习注重反思性实践的理念；"教学研同期互动"的教师专业发展模式强调教师课堂教学、学习与教学研究的同步进行，体现了行动学习实践性的特征；行动学习是以教师面临的具体教学问题为起点的，而这也与基于"问题学习"的教师专业发展模式理念不谋而合。此外，以学习共同体为基础的教师专业发展模式中所倡导和教师合作、校本研修等也体现了行动学习的理念。从教师专业发展的过程模式来看，协作解决问题模式、听课与教学评价模式、培训模式以及行动研究模式中也存在很多行动学习的因素。以行动学习为途径的教师专业发展模式综合了上述诸多教师专业发展模式的特点，其过程倡导教师通过实践反思与行动循环解决面临的教学问题，在解决问题的过程中获得学习，进而取得专业进步。可以说，基于行动学习的教师专业发展模式是集上述教师专业发展优势于一体的教师专业发展范式，在其过程中既强调解决问题，又注重知行结合和并进，同时还是基于学习共同体的教师专业发展形式。

成人学习一般是以问题为基础的，教师在其专业发展中的学习活动也不例

外。反思的起点是发现自己在教学实践中存在的问题，目标则是解决这些问题。教师通过反思教学问题可以产生学习的欲望，并通过搜集信息、集体讨论、专家指导最终找到问题的解决方案。在这一过程中教师要具有批判意识，重视自己和他人的经验。经验是教师进一步学习的基础，问题是教师学习的媒介，合作研讨是教师学习的主要形式，而专业水平的提高则是教师学习的最终目标。

行动学习是符合成人认知特点和工作特征的学习方式，其对于教师专业的意义在前文已经有所阐述。作为一种有效的学习方式，构建在此基础之上的教师专业发展模式对于教师本人、学校管理人员、教师教育者、教师培训机构提高教师学习和教学质量都有积极的意义。

正如上文所言，教师的专业发展主要涉及到"内容""过程""结果"和"环境"四个部分。"内容"是教师通过专业发展活动所获得的知识、技能、观点等，也就是教师获得了什么？"过程"是教师专业发展的具体方法，即教师通过哪些途径得以实现了专业发展，又如何设计有效的教师专业发展项目；"结果"是指教师通过专业发展活动所获得的改变，包括其知能的增长、反思意识的形成等；而"环境"则是组织化的整体氛围，学校领导需要在学校整体发展规划、校园文化建设、配套设施等方面营造教师专业发展的支持性氛围。

在英语教师通过行动学习提升自我专业发展方面，笔者提出如下图所示的框架模式，即教师在一定的背景之下，在获得相关资源的前提下通过行动学习过程中的合作实现专业发展，并通过持续的学习过程实现自己的专业成长，最终提升教师个体的学习效果和学校的整体教学质量。

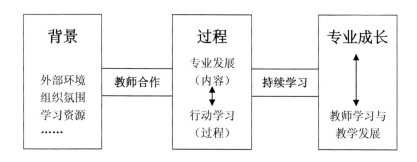

图 6-3：行动学习促进教师专业成长模式图

　　从这一模式图可以看出，教师教学水平的持续提升可以通过行动学习得以实现。首先，教师所工作的环境必须要有利于他们的专业发展，要保证教师有足够的时间和精力参与行动学习小组的讨论，要对他们的行动学习实施一定的管理以确保其持续开展。其次，教师与同事或专家的合作可以增强他们行动学习的效果，合作也是教师实施行动学习的主要方式。教师行动学习的具体内容包含他们对新的知识和技能的学习，以及将这些知识与技能运用于实际教学的实践。最后，现实生活中的教师特别是中小学教师的工作非常繁忙，社会和学校环境也处于不断变化之中，因此很有必要采取一定的措施保证教师行动学习的持续性，尽量不让其受外界或教师自身因素的影响而中断，唯有如此才能实现教师的持续专业发展，最终提高教师的教学水平。

　　在基于行动学习的高中英语教师专业发展范式中，其具体学习内容包括教师对英语语言基本知识与技能的学习、对英语教学理论的学习与实践、对课堂教学管理能力的提高以及对具体教学内容的处理等。尽管行动学习重点强调的是学习者实践知能的提升，但也并非完全排斥理论知识的学习。在行动学习中，英语教师既可以讨论课堂教学管理技巧、学生的学习难点、某一语法难点的教学方法等，也可以集中学习某一语言教学理论的运用或具体的英语语言文化知识。在实际操作中，教师一般以具体的教学问题为起点，在共同解决问题的循环过程中获得知识，实现学习。至于专业发展的过程，英语教师行动学习一般是在专业引领下采用反思教学、合作研修、同伴互助等方式开展学习，通过课堂观察与交流、教学案例研修、课题组教研活动、合作行动研究、参与教师专业发展学校中的研修活动等学习策略实现自己专业能力的提升。这是一个不断循环上升的过程，其基本的过程包括反思教学、确定问题、开展研讨、实施方案、评价反馈，改进实践，这一具体过程中所涉及的要素上文中已有专门论述，此处不再详细阐述。

　　从教师学习的结果来看，行动学习可以带来英语教师反思意识的增强、实践性知识的增长、团队合作精神的提高与学习动机的提升。最重要的是，行动学习可以提升教师的自我发展意识，变传统的教师"被发展"状态为"要发展"的趋势。对于教学而言，英语教师通过行动学习解决了具体的教学问题，清除了教学上的困惑，从而为提高自己的课堂教学质量提供了可能。行动学习小组的组建与活动开展还为英语教研组乃至整个学校营造出一种集体学习的氛围，有利于提高学校的整体师资水平和教学质量。教师开展行动学习的另外一个间接后果是促进了学生学习效果的提升。通过行动学习，教师可以形成合作性目标、强化建设性争议、加强反思意识和能力。首先，学习小组中具有建设性的争议促进了教育观念的形成和缄默知识的外化以及反思意识的形成，而反思意识增强又促进了教育智慧性行动的形成；其次，合作性的目标加强了教师的专业自我，使参与学习小组的教师增强了对未来行动的信心。行动学习所创造的是一个临时系统，是一个在很多方面和真实工作情境一样的临时环境。[1]教师在这一系统中可以尝试各种机会、经历失败而不需要过多地考虑其负面影响。通过行动学习，教师的上述能力得到提升，这为他们的专业发展奠定了基础。此外，行动学习的循环性、实践性又为教师的可持续发展提供了可能。就教师的发展来说，教师自我发展意识起着重要的作用，它既是教师专业发展的一个方面，又是其实现的条件，两者是一种互动的关系。在行动学习中教师通过反思、探索性实践提升自我发展意识，形成一个螺旋式上升的不断追求专业发展的良性循环，最终实现教师的可持续性自主专业发展。

最后，英语教师行动学习的顺利实施需要一定的内外部条件，相应地当然也需要内外部环境的支持。教师专业发展的环境可以分为学校的文化氛围、对教师学习的领导与管理、学习资源状况（包括行动学习的资金和时间等）。有利的学习环境是教师行动学习的重要保障，也是学校教学管理人员和教师培训者以及教师自己在设计教师行动学习项目过程中必须要考虑的因素。对于高中英语教师而言，其行动学习的内外部环境包括世界语言教学理论的发展、我国外语教育的政策与规划、英语课程标准的制定及其内容、高考英语测试的内容与形式、学校整体和英语教研组的学习氛围、学生英语学习的动机、学校对英语教师教研活动的支持与投入、学校的教师校内外培训制度、英语教师行动学习小组内的学习氛围等。概括起来说，这些环境要素主要可以分为教师学习的文化氛围、对教师学习的领导管理和教师学习所需资源的提供状况三类，当然这些要素之间实际上也是互相联系的，如良好的学习文化有利于学校对教师学

1　Pedler, M. & T. Boydell. (1991). *The Learning Company* [M] Maidenhead: McGraw-Hill: 213.

习的领导管理；而丰富的学习资源则可以营造更好的教师学习氛围，有利于教师有效地开展行动学习，从而又可以更好地营造所在学校或培训机构的合作学习文化。三者之间必须有效地衔接起来，才可以为英语教师行动学习创造更为良好的内外部环境。

基于以上要素分析并结合本书中对教师行动学习的理论与实践考察，我们从教师学习的内容、学习的过程、学习环境和学习的结果四个方面将基于行动学习的高中英语教师专业发展范式总结如下图 6-5 所示的基本框架：

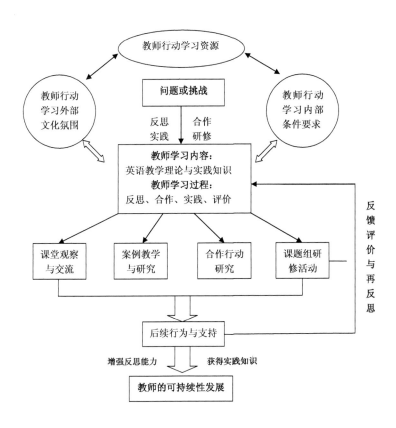

图 6-4：基于行动学习的英语教师专业发展模式图

从上图可以看出，教师行动学习由教师的具体教学问题或教学中的困惑出发，也可以是教师为完成某项任务而引发，是一种以"问题学习"为本的学习方式。教师行动学习通过教师对教育教学理论与实践性知识的学习和在学习过程中的反思、合作、实践行动以及教师对学习内容与过程的反馈评价与再反思实现教师的可持续性专业发展。同时，这一发展过程还受到外部条件如学习文化、学习资源、学校教研制度、对教师在职学习的投入、学校管理水平等因素的影响。在教师培训课程中所实施的教师行动学习中，其具体形式可以包括课堂观察与交流、教学案例总结研讨、合作行动研究、教师教研组集体备课或课题组集体研讨等；在教师校本培训中，这些形式也是适用的。因此，教师行动学习可以在校本研修和教师专业发展学校中实施。通过这一过程，教师们既解决了实际问题，又加深了自己对教学的认识，逐步积累自己教学所需的专业知识特别是实践性知识，并在一轮行动之后开展再反思从而形成了学习循环，增强了自身的实践能力，提高了反思和合作意识，凝聚了教师之间交流合作精神，最终促进了教师个体和群体的持续专业发展。

我们可以用高中英语教师的集体备课举例来诠释上图所示的教师行动学习专业发展范式。在集体备课中教师们会提出各自的教学问题，这些问题既是教师们学习的资源也是他们学习的起点。解决这些问题涉及相关的英语教学理论与实践知识，如针对英语课堂学生的"沉默现象"的解决就需要教师掌握语言学习心理学知识和一定的提高课堂教学气氛的技巧。参加集体备课的教师们对众多的问题有选择性地进行讨论，其中必然有教师之间基于反思的合作与交流。在确定了初步的解决方案后教师们会在自己的课堂中实践验证，这实际上是对方案的评价与再反思过程，而这一结果又将带入到教师下一次的集体备课之中，从而使得教师的学习活动形成一个循环。上述整个过程的实施需要学校教研制度的保障、也需要教师积极主动地反思实践，这些都是教师行动学习的内外部条件。通过这些活动，参加备课的教师获得了个人专业发展，整个英语教研组的教学效果也得到了提升。当然，通过其他学习策略如课堂观摩、集体磨课等实施的教师行动学习也是遵循这一范式的。

由上图所示的教师专业发展范式我们还可以看出，行动学习的确是英语教师获得实践性知识、增强反思意识与合作能力、提升专业发展水平的一种有效方式，但需要指出的是这一学习方式也并非十全十美，其本身也存在一些不足之处，同时其实施也需要多方面的投入与配合。比如说，由于行动学习特别强调学习者的反思性实践，因此教师在其中容易忽略一些重要的基础理论知识。此外，有效的教师行动学习活动还需要参与的教师遵守一定的伦理道德原则，需要教师开放的心态、乐于改正错误的勇气和批判性思维等。可以说，教师行动学习是一个系统工程，涉及教师自身素质、外部条件、课堂教学内容、学生学习动机等，这些因素也是我们在根据上述模式设计教师行动学习项目时必须要考虑的。

　　基于行动学习的英语教师专业发展范式可以为校外或校本教师培训的课程设计以及教学过程的实施提供参考，也可以为学校教师学习政策的制定、学校对教师校本学习的管理、学校教研活动的规划与开展等活动提供理论依据。

第七章　研究结论与启示

随着国内外教育界对教师教育与发展的越加重视，教师学习作为一个热门的研究主题已经凸现出来，对于教师学习方式的探索近年来已成为研究的热点。在我国的基础教育阶段的英语教学领域，对于提高教师专业水平的呼声也日益高涨。基于这一背景，教师教育者在教师培训中开始采用多种教学方式，行动学习就是其中之一，在很多教师学习项目中已经得以采用并发挥了其积极的作用。在部分学校的英语教师校本培训中，行动学习的理念与方法也得到了尝试与推广。然而综观对教师行动学习的理论与实践研究，目前则尚不全面，其研究内容零星散落于很多领域与主题之中，研究的系统性尚待提高。本研究涉及了教师行动学习的诸多问题，其中集中阐述了教师行动学习的内涵、特征、意义、实施及其运用，同时研究者还通过问卷、访谈、课堂观察等实证研究方法考察了高中英语教师学习的实然状况特别是行动学习的现状，并总结其中存在的问题与不足，以及高中英语教师在行动学习中的感受和取得的效果，从而探究行动学习对于教师在职学习的组织与管理、对于教师在职培训的意义与启示，从而为提高教师的在职学习的质量提供理论与实践基础。

第一节　研究结论

本研究针对高中英语教师主要探讨了教师行动学习的三个主要问题即教师行动学习的内涵与特征、教师行动学习对于改进其在职学习现状及促进其长远专业发展的意义、教师行动学习的实施途径与具体策略。作者既从理论的角度分析了教师行动学习的基础，总结了行动学习与教师专业发展互相促进的关系，又在实证研究的基础上分析了教师行动学习的实然状态及其中存在的问题，并根据这些问题结合行动学习的相关理论提出了教师开展行动学习的具体启示与建议。本研究的主要结论体现在以下几个方面。

首先，教师行动学习从最基本的定义上看是由教师作为学习主体所开展的行动学习。行动学习既是一种学习理念，也是一种具体的学习方法，从流程上看是指教师学习者基于既有的知识与经验，为解决实际教学中的难题而组建学习小组，在小组中开展批判性反思与讨论形成方案，在教学实践中验证与改进方案，以此形成一个不断改进实践的循环。在这一过程中，教师通过个人和集体反思、讨论中的同伴互助和专家引领对教学产生了更深层次的理解，在教学实践中增长了实践性知识，而这些都为他们有效的专业发展奠定了基础。我们可以将教师行动学习定义为教师以完成预定的工作（一般是解决实际教学问题或完成某个教学目标）为目的，在同伴支持下持续不断的反思与学习过程，在这一过程中教师个体和所在组织都得到了发展。从学习理念来看，教师行动学习体现了通过反思学习、在合作中学习、在实践中学习、循环学习等理念。教师行动学习既具有其他职业人士行动学习的反思性、合作性、实践性、行动性、循环性等共同特点，又具有其符合教师工作和认知特点的独有特征。现代教学的复杂性需要教师之间开展反思性合作，需要教师在实践中不断提高自己的专业能力，教师是具备特有知识的专业人士，这些都是他们开展行动学习的优势条件。

其次，教师行动学习过程中最核心的因素在于教师的反思尤其是集体反思、教师之间的合作与专业引领，教学反思、同伴互助和专业引领是教师行动学习的三个最主要的要素。这其中的反思是建立在教师经验之上的一种批判性反思，反思贯穿于教师行动学习的全过程；教师行动学习是以小组为单位开展的，小组成员之间的合作形式也是多样化的，但为了防止合作研讨的低水平重复，学习过程中对一线教师的专业引领就显得尤为重要。教师开展行动学习的意义在于促进其自身的专业发展和所在学校的整体发展，最终提高教师的教学质量和学生的学习效果，促进学校整体和内部学习共同体的形成，构建学习型学校。

就教师行动学习的实施而言，本研究总结了教师课堂观摩（特别是观摩后的集体评课）、课题小组研究、合作行动研究、教学案例研修、教师集体备课等形式，这些活动可以在教师以校为本的日常工作中开展，也可以在校外的培训课程中加以实施。教师行动学习的两个可靠的载体分别是校本研修活动和教师专业发展学校，在这些载体中教师可以实施具体的行动学习活动并和参与其中的其他人员如教研员、学科专家等实现共同成长。当然，在实际教学工作中，教师行动学习的实施方式还有很多，如集体"磨课"、合作参加学科教学竞赛等。但在具体的实施中还存在反思深度不够、专业引领匮乏、学习内容比较空泛等缺陷，这是研究者通过调查问卷、访谈和实地考察等手段研究所得出的部分结论，也是今后教师在开展行动学习中需要注意改进的地方。

至于教师为什么要开展行动学习的问题，本研究通过理论推理并结合实证分析总结出教师行动学习的意义与价值。首先，行动学习有助于教师获得和增强自己的实践性知识、有助于增加教师的反思意识和批判能力、有助于教师个人理论的形成，而这些都是教师专业发展的前提要素。其次，教师开展行动学习对于学校整体教学质量的提高、对于学生学习效果的提升也有重要的价值。最后，参与教师行动学习的专业研究人员（如教研员、师范大学教学研究人员等）也可以从中获益，增强自己理论联系实际的能力，从而与教师形成互动发展的状态。

最后，行动学习是一个复杂的学习系统，教师行动学习当然也涉及很多因素和环节。教师行动学习的顺利开展既需要参与教师具备一定的基本素质如反思质疑能力、批判性思维能力、小组合作精神与能力、开放性思维等，还需要外部环境的支持，包括国家对教师在职学习的有利政策、学校领导对教师行动学习的支持与科学的管理、教师所在教研组或培训机构的良好学习氛围、学习资源的丰富性以及教师教育课程的合理设计、对教师的考核评价制度等。在实施流程上，教师行动学习是一个不断循环的过程，教师在不断地反思评价、实践改进中实现自己的持续专业发展。如上文所述，本研究基于上述研究结论构建了基于行动学习的高中英语教师专业发展模式，即教师在自我反思的前提下、在一定的内外部条件保证下，在解决具体问题的过程中，通过与学习小组中其他成员的互动交流增强自己的知识与技能，从而促进自己的专业发展。这在一方面从理论上深化了教师行动学习的研究内容与方法，在另一方面也从实践上为教师在职专业发展项目的设计提供了参考性框架。

总之，本研究以高中英语教师为研究对象全面分析了其行动学习诸多方面，包括其理论基础、内涵与特征、实施策略与意义、基于行动学习的英语教师专业发展模式构建，并在此基础之上提出了对教师学习与专业发展的启示，同时对教师在职学习和培训也提出了相关的建议。

第二节　研究启示

行动学习是一种符合成人学习特征的学习方式，对于促进教师专业发展水平提升的意义已不容置疑，这一点在前文中已做了详细的阐述与论证。然而，实证研究的结论也表明教师在行动学习中还存在很多问题，需要进一步加以改进和完善。教师行动学习研究对于教师的日常学习和脱产培训、对于学校的教师学习活动设计与教研活动组织、对于相关教师教育机构的培训课程实施都有很大的启示作用。此外，教师行动学习的研究结论对于一线教师、教学研究人员、教师培训人员以及各级教育管理人员也都有相应的启示作用。需要特别指出的是，尽管本研究实证部分以高中英语教师为例，但其研究结论并非局限于英语教师，同时正适用于其他学科教师，因此该部分的研究启示对其他学科教师也有参考价值。

一、对英语教师校内学习的启示

英语教师的日常教学工作一般都是在学校中开展的，学校理所当然地应该成为他们在职学习的主要场所，这对行动学习当然也不例外。英语教师的职业特点与目前大多数学校的现实情况决定了大部分教师不可能采取长时间离开教学岗位去接受正规培训的学习方式，而基于校本的工作场所中的同事交流与互助的学习方式对教师的实践需求能够提供最直接的帮助。[1] 传统的教师学习观念将教师学习等同于参加校外培训，这是对教师学习的狭隘理解，显然也已不符合当前学校教学和教师个人发展的实际需要。此外，目前的中小学教研活动存在教研模式呆板、教研时间有限、教研考核形式化等问题，解决这些问题需要教师转变观念、加强理论修养，当然最重要的还是要改进教研方法。[2] 具体而言，教研组可以通过群策群力、制定近远期目标、"走出去，请进来"、规范公开课活动等方式提高学校的教研效果，而这些方式都应该融入行动学习的特征。行动学习强调将教师学习与实际工作相结合，这可以有效地提高学习的针

1　田秋华. 教师校本学习探析 [J]. 教育导刊，2009（6）：24-26.
2　姜兴明. 中小学教研组现状分析与对策 [J]. 教学与管理，2004（7）：28-30.

对性，促进教师实践性知识的获得。然而，教师开展行动学习需要他们自身做出努力。首先，教师需要增强自身的反思意识，做到勤于反思自己的教学，最好可以经常性地撰写教学反思日志；教师还要提高自己的问题意识，要经常对自己习以为常的教学行为进行思考并提出质疑，这样才可以发现教学中急需解决的问题。其次，广大一线教师要加强自己的合作意识，同学科教师之间要经常开展交流，共同讨论教学问题，有效的行动学习是建立在学习小组成员之间互通有无的合作基础之上的。事实上，教师有能力通过反思不断发展，教师之间的交流和互动是帮助教师形成自我反思能力的最好媒介。[1]再次，教师要有敢于批判他人的精神和乐于接受他人批判的胸怀，正是在不断批判与反思的循环中教师才能完善解决问题的方案。最后，教师还需要真正投身于教学实践，在教学实践中评价和再反思行动学习小组中所形成的问题解决方案，为下一轮的行动学习奠定基础。

教研活动是教师在学校中开展专业学习的主要载体，教研活动是在教育教学情境中生成的教学研究，这不同于学术性的专业研究，而是基于学校，为了教学而进行的实践性研究。这种研究的重心在学校，基地也在学校。校长是第一责任人，教研组长是直接负责人，一线教师是研究的主体，专家及其他教研人员到学校中提供必要的指导和帮助。在教研活动中，学校的领导或教研组长还要发挥组织协调作用，充分调动教师参与教研的热情和积极性，努力营造重教兴研的学校整体氛围。教研活动的组织形式应该采用"自下而上"的方式，充分调动和发挥教师的主动性，尊重教师参与教研活动的主体地位，即使采用"自上而下"式的形式，也要获得教师的理解和支持，在对待教研活动的认识上达成共识，形成合力。教研活动中，应充分发挥每个人的特长，凝聚集体的力量，形成教研活动共同体，在教学中开展研究，在研究中进行教学，同教研，共进步。本着教研服务于教学的原则，选择教学中带有普遍性的突出问题，实事求是地展开研究。教研的形式丰富多样，不拘一格，可以是案例研讨，也可以是课堂观摩交流；可以是行动研究，也可以是教学反思，不一而足。这些方式都体现了行动学习的理念，也只有采用这样的方式才能有效地提高教

---

1 周燕，曹荣平，王文峰 . 在教学和互动中成长：教师发展条件与过程研究 [J]. 外语研究，2008（3）：51-55.

师的教研质量。

　　教研组活动是我国中小学英语教师的传统学习形式，教研组实际上是"某一学科教学研究组织"，对英语教师而言就是研究英语教学的组织。中小学的学科教研组承担着实施教学计划、监控教学质量、指导教师专业发展等职能，是在各学校发挥重要作用的基层组织。但在一线教师的实际日常工作中，由于各方面因素所限，教研组活动往往陷入一些误区，忽略了教研组的真正功能。从教师学习的角度来看，大多数学校的教研组活动还停留在经验层面的集体备课和听评课上，这实际上忽略了教师的自主学习与自我实践。比如说，英语教研组备课活动一般以讨论语法教学为主，特别是对于试题的讨论较多，教研组活动所解决的一般是由固定答案的事实性问题，对具体教学方法的关注不够，也不需要教师的后续课堂实践。因此，当前中小学校应该思考本校教研制度的改革与完善，用行动学习的理念组织和实施教研活动，真正发挥其对教师有效学习的促进作用。

　　教师行动学习研究对于一线英语教师的启示还在于：教师不应单纯依靠脱产培训促进自己的专业发展，事实上当前教师脱产培训的效果也较为局限。教师在其专业发展上应该具有自觉主动性，教师发展不可能靠外在的理论和外部压力的强制推动，教师发展更多的是一个"自造"而不是"被造"的过程。[1] 教师应该要在日常教学中开展教学观摩交流、合作行动研究、典型案例研修、课题组研讨等行动学习方式来提高自己的专业知能，特别是增加自身的实践性知识。教师的专业发展是靠实践性知识来保障的，教师成长的关键在于实践性知识的丰富和实践智慧的提升。行动学习通过反思、质疑、讨论、实践等方式将个体教师的实践性知识外化共享再内化为教师个体的实践性知识。这一过程一方面需要行动学习活动的合理组织，但最重要的还是要靠教师自身的思考问题、批判质疑、实践验证、反思评价等努力。对于一线教师而言，首先要培养自己的问题意识，要做到时刻关注并反思自己的课堂教学，从中总结出典型问题；其次要有主动学习的习惯和意识，在教研活动中多向同事特别是有经验的老教师请教，在小组讨论中多发表自己的见解，特别是批判性的意见。最后，

1　Calderhead. J. (1999). Reflective Teaching and Teacher Education [J]. *Teaching and Teacher Education*, (1): 43.

行动学习小组的讨论方案最终需要付诸教学实践，且方案需要在实践中不断完善，有时并不能达到预期的效果，因此一线教师还要在实践中再反思，随时思考方案的改进，这一过程需要教师持续的努力与坚定的信念。教师行动学习的实施过程需要教师的坚持和持续的努力。换言之，这一过程要求参与的教师学习者具有坚定的学习意志和持续努力的耐心和勇气，而这也是参与行动学习的一线教师所必备的素质之一。教师行动学习顺利和有效的实施需要一定的外部条件支持，同时也需要教师自己积极主动地克服一些阻碍因素。斯塔克 (Stark, S.) 曾指出影响教师行动学习实施的几个负面因素，包括学习成员之间过于熟悉以至于思维方式有趋同的趋势；学习小组成员之间互相担心受到对方的批评以至于不能够开诚布公地表达各自的观点与想法；行动学习的参与者缺乏足够的时间或由于其他原因不能够按时参加小组研讨活动等学习活动；学习小组成员之间彼此不够信任，同行之间互相轻视，怀疑他人的能力；学习成员过于依赖促进者或学习小组中专家的作用以至于不愿意自己独立地思考问题的解决途径等。[1] 这些现象对于行动学习都是具有负面作用的，在教师日常学习中需要尽量避免，如果已经出现这些问题，学校教学管理人员和教师本人应该积极加以改正，从而使得教师的校本行动学习朝正面的积极方向发展，发挥其应有的作用。

二、对英语教师校外培训的启示

随着各级各类教师培训项目的开展，中小学教师参加校外培训的机会已越来越多。但正如前文所言，长期以来我国的教师培训在方式上仍以教师的接受性学习为主，培训过程往往缺乏受训教师与授课教师之间的交流互动，更谈不上教师之间的合作讨论。近年来，这一现象虽然得到了一定程度的改善，但总体而言教师培训的理念和实践仍存在较大的问题。行动学习作为教师有效的学习方式，可以运用于教师校外培训课程的设计与教学之中并发挥积极作用。同时，行动学习在很大程度上也是一种社会交往的过程，是在与他人的交流中学

1　Stark, S. (2006). Using Action Learning for Professional Development [J]. *Educational Action Research*.(1):76-91.

习，在行动学习中可以互相帮助互相质疑。从我们的实践来看，能自如地运用行动学习的一个表现就是创建一个独立于工作机构之外的行动学习小组，即自主行动学习小组。自主行动学习小组可以由参加者自我指导促进，也可以由一位有经验的小组顾问推动小组的建立和开始正常运转，一旦小组成员掌握了自我指导促进的方法以后，小组顾问就可以撤出而让小组自我运行。因此行动学习法非常适合于运用在教师的在职培训之中。基于行动学习的教师培训相比传统的教师培训模式有很大的优势，它们之间的区别主要如下表所示：

表 7-1 传统教师培训与行动学习培训模式比较表

	传统教师培训模式	基于行动学习的教师培训模式
理念	先知后行，先学后用	知行合一，边学边用
主体	培训专家为中心，教学关系	以学员为中心，互相促进关系
内容	围绕学科内容，多个主题	围绕具体问题，关注教师需求
安排	"间歇性"、相互脱节	"连续性"，步步推进
形式	个体学习	团队学习，组织学习
动力	内在动力缺失	内在动力充分并以此为主
目标	学习知识、效果很难体现	提高能力，以效果衡量学习

从上表可以看出，基于行动学习的教师在职培训相比传统模式的优势是很明显的，行动学习也符合教师的工作和学习特征，在具体的操作上应该从以下几点去实施。首先，教师在职培训课程应该注重教师在课程学习中的自我反思与实践，鼓励教师利用经验对自己的教学开展反思，并欢迎他们将平时的教学困惑带到培训课堂中来。引导教师专业发展的主要知识基础是他们的实践性知识，而行动学习的学习方式对于教师实践知能的获得是很有效的，这一点在前文中已有详细论述。其次，教师培训课程要为教师创造互相合作的空间和机会，并为他们提供反思教学的条件，此外还要为受训教师创造互相质疑，共同探究教学问题解决方案的平台。最后，教师参加校外培训的时间毕竟有限，我们还要关注他们在培训之后的教学实践中开展的评价与再反思，唯有如此才可以不断提高方案的可行性与科学性，从而提高教师培训的政策。

具体而言，在英语教师的在职培训课程中我们要实施诸如学员课堂观察与交流、典型教学案例研修、小组讨论汇报、合作行动研究等活动来提高受训教师的各方面能力特别是实际教学能力。在培训专家的选择上，既要考虑到一部分教学研究人员的参与，也要选择一些有经验的一线教师来担任培训专家进行现身说法，这样可以更好地让受训教师与培训专家之间形成有效的互动和交流。在培训过程中所组织的小组活动在其人员组成上，应该考虑到小组成员的数量和人员结构，小组人员数量不宜过多，但要尽可能地考虑到不同年龄和职称教师的比例，这样可以使教师之间的经验实现互补，更好地促进小组成员之间的互动。此外，在小组研讨的过程中培训专家也要实施一定的引导，从而使教师的交流讨论更有针对性，要鼓励受训教师畅所欲言，表达自己的观点和态度，引导他们用批判的眼光看待问题并结合自己和经验思考问题的解决途径。培训内容的重点也要从理论性知识的传授转变到实践性知识的获取上来，在相应的课程设置、教学方式上也应有所体现。以上这些都体现了教师行动学习的理念。总之，在教师校内外培训的课程设计和实施过程中可以借鉴行动学习理念，组织教师开展行动学习的活动，这样可以更好地提高培训的效果。

三、对其他相关人员的启示

正如上文所言，英语教师的学习大部分是在学校发生和完成的，其行动学习的开展需要一定的学校环境支持，其中就包括学校内部教师学习氛围的营造和组织管理制度建设等。因此，作为学校的教学管理人员如校长、教导主任、教研组长等应该积极营造有利于教师开展行动学习的氛围和环境。首先，教师开展的行动学习要得到领导的关注、重视与参与，教师在行动学习中会碰到很多真实而具体的问题，其中有些复杂的外部问题必须要得到领导的帮助和支持才能得到解决。比如在将行动学习用于英语教师校本培训的过程中，学习小组就要努力争取校长的支持，邀请校长亲自参加学习小组或对小组活动进行观摩，并及时将学习进展和成果汇报给校长，使得学校领导了解教师行动学习的运作过程及其效果。其次，学校要尝试改革传统教研制度中不合理的成分，如集体备课流于形式、评课活动只评优点、课题研究功利性强，研究过程缺乏合作等，这些都是影响教师行动学习效果的不利因素，需要加以改进。要建立有利于教师开展行动学习的学校氛围，学校领导要积极鼓励英语教师开展教学反思活动，倡导教师撰写反思日志、设立校级课题申报制度等，同时还要对教师的教研活动开展评价与监督。再次，教师行动学习的开展需要一定的资源保障，包括外部智力的支持和活动经费支持等。因此，学校管理人员应该积极邀请一些学科专家来校指导具体的教研活动，如邀请教研员来校参加公开课听评课活动、教学案例研修活动；邀请其他学校有经验的特级教师来校开设公开课、指导集体备课等。这些专业人员所能发挥的教师学习中的引领作用是不可忽略的，往往可以为其他教师指明解决实际教学问题的方向，从而加快教师行动学习的进程。此外，教师在日常教学工作的同时开展行动学习是需要一定的物质基础保障的，如开展课题小组研究需要一定的经费、组织课堂观摩交流和教研活动需要一定的时间、组织定期的行动学习小组会议也需要一定的场所等，这些物质条件的满足是学校管理人员应该努力保障的。在当前我国大部分高中教师面临提高学生应试成绩压力的情况下，教学管理人员如教研组长要从教师的长远专业发展考虑，平衡好教师教研活动的内容与学生应试内容的矛盾。如在英语教师集体备课中，就应该更多地关注如何提高学生的英语综合运用能力，而不是只讨论语言点的教学。最后，教师行动学习的过程需要监督与管理，各级教学管理人员应该对学习小组的研讨、教学实践中的方案实施、后续的反馈与方案改进等环节开展监督与管理，从而保证教师行动学习的质量与效果。

此外，教研组是学校实施教学管理、开展教学活动的基本组织，也是发挥教师集体力量、深化教学改革的重要组织形式。加强教研组建设对推动课程改革、提高教学质量和全面提升教师的专业素养有着十分重要的作用，教研组所具备的组织形式、人员构成、活动方式等非常适合教师行动学习的开展，因此教研组是中小学教师实施行动学习的理想载体。行动学习的开展离不开学习小组中的专业引领，因此我们要加强对教研组长的培训和素质的提升。学校管理人员要制定合理有效的教研制度，积极培养一批专业能力强、组织效果好的教研组长队伍，努力发挥教研组在学校教师行动学习中的作用。

最后，正如上文所论述的那样，教学研究人员参与一线教师的行动学习可以实现两者的互动发展，教师行动学习对于教学研究人员也有启示。一方面，教师在行动学习中为避免低水平重复需要经验和理论的引导，而教学研究人员就可以提供这样的引领；另一方面，教学研究人员参与一线教师的日常学习对于他们及时了解教师的真实需求以及教学现状有着积极的意义。教师和教学研究人员共同参与的行动学习活动如集体备课、校本案例研修等实际上也是两者共同实现专业发展的过程。需要指出的是，教学研究人员在教师行动学习中发挥引领作用的过程中要注意以下几个问题。首先，教学研究人员在参与教师行动学习的过程中要将自己作为学习小组中与教师平等的学习成员，而不是所谓的"权威专家"。他们要更多地聆听教师们的想法，在教师遇到难以解决的问题时要给予一定的指导，但最主要的还是要鼓励教师开展批判性的反思，鼓励教师从自身经验出发提出自己的看法并挑战常规化的思维模式，共同为寻求教学难题的解决方案而开展有效的方案研讨、实践、评价等活动。其次，教学研究人员要从参与教师行动学习的过程中总结教师们在日常教学中碰到的主要困惑和难题，同时自己也要对这些问题开展反思，为自己的教学研究提供实际的案例，加深自己对教学实际的认识，促进自身的专业发展。最后，教学研究人员在参与教师行动学习的过程中要密切关注教师学习活动的进展，并在学习内容、学习进度等方面给予指导和安排，从而尽可能地保证参与教师能够真正从行动学习的过程中受益。

教师行动学习对于教学研究人员的启示对于教师培训课程中的培训专家同样也是适用的。事实上，很多培训专家就是由教学研究人员所担任的。当前的教师培训课程理应摆脱传统的教学理论知识灌输模式，转向以学员反思、示范课观摩、集体讨论、小组汇报为具体途径的实践性知识生成模式。教育部《"国培计划"课程标准》要求在教师培训中实施行动学习，培训专家应该要在其培训课堂中引入学员行动学习的因素。从另外一个方面看，培训专家在教师的这些学习活动中要开展设计并亲自参加教师的小组研讨，在其中发挥引导作用，这可以加深培训专家对教师学习过程的认识，为他们设计更好的培训课程与活动提供借鉴。此外，由于教师的行动学习是一个循环反复的过程，培训专家应该努力在培训课程结束后与学员们继续保持联系，最好是通过网络等载体将学习小组的活动方案实施与评价等活动继续开展下去。当然，要做到这一点需要一定的外部条件的保障，同时也需要参加培训教师的积极配合。

行动学习理念对于教学研究和教师培训人员的另一启示在于他们要更多地走进学校研究实际课堂教学，并结合自己的理论知识从中总结和提炼出典型的教学案例。一线教师自身在教学中总结的问题多种多样，有些问题属于"知识性"的，是可以通过文献查阅等方法得出答案的；而有些问题则是"程序性"的，是需要靠教师集体不断反思实践才可以总结出解决方案的。这些"程序性"问题往往凝聚了教育教学的实践知能，富含了大量的教师学习机会与资源。因此，教学研究人员和培训专家要尽可能地发掘教师实际教学中的这些典型"程序性"问题，并将之作为案例或素材运用于其教学研究和教师培训课程中去，从而可以提高他们开展教学研究的针对性和实施教师培训的实效性。

综上，英语教师行动学习研究对于一线教师、学校管理人员和教学研究人员都有启示作用，三者在教师行动学习中各司其职，最终达到共同发展的理想状态。此外，行动学习对于教师校本学习活动的开展和校外培训课程的设计与实施也具有借鉴意义，这两类活动中都可以引入行动学习的理念并开展具体的教师行动学习活动，最终实现教师个体与所在学校或培训机构集体的共同发展。

第三节 研究不足

总体而言，本研究从理论上较为全面地阐述了英语教师行动学习的内涵、要素、特征与实施；并通过实证分析了高中英语教师行动学习的实施现状与存在问题、包括行动学习实施中的内外部因素、行动学习促进教师专业发展的机制等。可以说，本研究系统地梳理了英语教师行动学习的诸多问题，但由于研究者研究视野、能力和研究资源等因素所限，本研究还存在一些不足之处。

首先，在理论研究部分作者试图全面分析教师行动学习的诸多要素，但正是由于这样的全面性导致了本研究的聚焦度不够，没有很好地突出研究的重点和创新点。对于教师行动学习的内涵阐述基本上是借鉴管理学领域对于行动学习的定义，没有能够很好地结合中小学教师工作和认知特点来进行界定；对于教师行动学习的分类也比较粗略，在一定程度上已不符合目前教师行动学习多样化形式的要求与现状。此外，限于笔者的研究经验、时间和精力，在对教师行动学习实施途径与策略的概括上还不够全面，现实中还有很多教师日常行动学习的手段在本研究中没有得到关注；在教师行动学习与专业发展的互动关系总结以及基于行动学习的英语教师专业发展模式构建中，本研究所概括的相关内外部因素还不够全面，还值得进一步深入探究并在实践中加以验证。

其次，从本研究的实证部分来看，我们通过对部分高中英语教师在职学习活动的调查，总结了其中行动学习的元素和主要的行动学习实施途径与策略，指出了其中尚存的问题以及可能的改进途径。但由于所调查的教师人数和分布范围有限，因此其研究结论的代表性仍有待进一步提高。此外，尽管研究者试图更多地和一线教师们进行交流，并与其中的一些教师结下了很好的友谊，尽可能用自己的理论知识帮助他们解决教学工作中的一些实际问题，但毕竟还是从一个研究者的角度去观察和思考英语教师的行动学习，因此研究结论不可避免地带有一种"局外人"的角度，这也在一定程度上影响了本研究结论的可信度。最后，由于各种因素所限，本研究并没有对高中英语教师所开展的行动学习作太多的干预，也没有对他们的后续实践改进进行跟踪研究，因此研究结论的科学性也有待提高，这也是本研究所存在的缺陷之一。

最后，从本研究理论与实践的结合来看，尽管研究者在研究过程中努力试图将两者较好地结合起来，但由于教师在学校实际教学工作以及在培训机构中实际学习情况的复杂性，我们所提出的一些建议在现实中未必十分适用。比如英语教师行动学习需要定期召开小组研讨会议，以便及时总结学习进展和方案实施情况，但这对工作和生活异常繁忙的一线教师而言并非易事；教师行动学习的内容应该丰富化，且应该主要针对教学中的疑难问题，追求的是长远的教学发展，而大部分英语教师则习惯于探讨教学上的浅层次问题，仅仅追求学生考试成绩的短期提高；尽管由于资源或时间的限制，教学研究人员、学校管理人员等参与教师日常行动学习的机会较少，但教师行动学习小组应尽可能地邀请他们的加入。此外，教师行动学习的具体实施与国家和地区的宏观教育政策有关，也和所在学校的类型、层次、整体师资水平和学生整体质量等因素密切相关，在设计相关教师行动学习方案时也要考虑这些因素，以上这些都是本研究中没有特别注意的。最后，由于研究者长期从事高校教学科研，既无中小学从教经历，也没有接受过系统的师范教育，因此对高中英语教师实际工作与生活了解并不十分深刻，这在一定程度上影响了研究效度。总之，在理论与实践的结合方面，本研究在结合教师行动学习具体环境基础上提出建设性意见方面还有提升的空间。

第四节　后续研究展望

随着人类进入 21 世纪以来社会变革的加剧，整个社会对提高学校教育质量的呼声日益高涨，全世界范围内的学校都正面临着适应教育与教学改革的巨大压力。为了应对这一现实，我们要努力将学校建设成为一个有利于师生共同学习和进步的学习共同体组织。师生学习是互相联系的，教师学习效果的提升可以间接促进学生学习质量的提高。尽管传统的教师学习理念与方法对教师的发展仍有一定的价值，但随着教育环境的变化，英语教师学习的方式应该多元化已成为时代的必然要求。在诸多教师在职学习方式中，行动学习可以为他们提供理想的学习平台，也是开展英语教师终身学习的理想途径。从这个意义上说，针对教师行动学习的研究还将进一步深入，研究内容和范围还将有所拓展。

尽管与行动学习有关的学习理念由来已久，但在学术领域对行动学习开展正式研究却还只有几十年的历史，且大都是针对企业或政府管理人员实施行动学习的过程及其效果的研究，在教育界特别是在教师学习领域所开展的行动学习研究目前还处于起步阶段，而专门针对英语教师的研究则更少。作为一种有效的学习方式，行动学习在英语教师校本教研、校外培训等活动中肯定会发挥越来越大的作用，相关的研究也将不断深入。鉴于以上所提出的本研究存在的问题与不足，笔者认为今后英语教师行动学习的研究中有以下几点还值得我们进一步关注和提升。

首先，要继续加强对英语教师行动学习的理论研究，努力构建教师行动学习的理论体系。教师行动学习是一个复杂的系统工程，教师的工作性质有其自身的特征，这与企业或政府管理人员的工作性质并不完全相同。那么，教师行动学习有哪些特定的内涵？教师行动学习的重点内容在于哪些方面？如何结合英语教师的认知和工作特征构建更为有效而现实的教师行动学习模式？这些问题仍值得我们做进一步的思考与探究。

其次，教育发展对教师提出了越来越高的要求，同时也给教师的行动学习活动带来了很多的机遇。一方面，随着国家和各级教育主管部门对教师在职发展的重视，英语教师会拥有更多的校内外培训和学习机会；一方面，技术的发展使得教师学习变得更为便捷，既丰富了教师学习的形式，同时也对教师行动学习的实践研究提出了更高的要求。因此，我们有必要关注新的英语教师行动学习途径与载体，如教师在线行动学习、教师专业发展学校中教师行动学习的开展等。总之，在今后的研究中，我们要结合时代发展和教师教学的实际环境不断探索教师行动学习的新途径，并在实践中思考这些途径实施更为具体的细节策略。

最后，以行动科学理论为指导的英语教师专业发展目前已经在各类学校和培训机构中得到了一定的应用，教育管理部门和教师个人也越来越重视教师的行动研究、合作学习、行动学习等专业发展活动，可以预见以此为主题所开展的理论和实践研究将会越来越多。从研究范式来看，今后的英语教师行动学习研究将更加倾向于理论与实践相结合的模式。一方面要注重对教师行动学习理论体系的构建与完善，另一方面也应加深对教师行动学习有效实施模式的探究，只有将两者结合起来才可以为英语教师的在职学习与发展提供更为切实的指导。

参考文献

中文著作

1. 埃德蒙·金. 别国的学校和我们的学校——今日比较教育 [M]. 北京：人民教育出版社，2001.

2. 陈大伟. 校本研修面对面 [M]. 北京：中国轻工业出版社，2006.

3. 陈向明. 质的研究方法与社会科学研究 [M]. 北京：教育科学出版社，2000.

4. 陈元晖. 教育与心理学辞典 [M]. 福州：福建教育出版社,1988.

5. 程文华. 外语教师课堂学习的个案研究 [M]. 北京：外语教学与研究出版社，2010.

6. 傅道春. 教师的成长与发展 [M]. 北京：教育科学出版社，2001.

7. 顾泠沅，王洁. 行动教育——教师在职学习的范式革新 [M]. 上海：上海教育出版社，2007.

8. 顾增旺. 行动学习：组织能力提升的新境界 [M]. 南京：江苏人民出版社，2010.

9. 韩刚. 英语教师学科教学知识的建构 [M]. 上海：上海外语教育出版社，2011.

10. 习近平. 决胜全面建成小康社会 夺取新时代中国特色社会主义伟大胜利 [M]. 北京：人民出版社，2017.

11. 教育部. 大学英语课程教学要求 [M]. 北京：外语教学与研究出版社，2007.

12. 教育部. 教师教育课程标准（试行）[M]. 北京：人民教育出版社，2011.

13. 教育部. 普通高中英语课程标准 [M]. 北京：北京师范大学出版社，2018.

14. 李剑锋. 组织行为管理. 北京：中国人民大学出版社，2000.

15. 刘捷. 专业化：挑战 21 世纪的教师 [M]. 北京：教育科学出版社，2002.

16. [苏] 苏霍姆林斯基. 给教师的建议（修订版）[M]. 北京：教育科学出版社，2014.

17. 王蔷. 英语教师行动研究 [M]. 北京：外语教学与研究出版社，2002.

18. 吴欣，杨晓青. 中国中小学英语教师现状调查与分析 [M]. 北京：人民教育出版社，2007.

19. 叶澜.教师角色与教师发展新探 [M].北京：教育科学出版社，2011.

20. 叶澜.教育研究方法论初探 [M].上海：上海教育出版社，1999.

21. [英] 伊恩·麦吉尔，利兹·贝蒂.行动学习法 [M].北京：华夏出版社，2002.

22. 张红霞.教育科学研究方法导论 [M].北京：教育科学出版社，2009.

23. 张莲.外语教师个人理论研究 [M].北京：外语教学与研究出版社，2011.

24. 张敏.教师学习的理论与实践研究 [M].杭州：浙江大学出版社，2008.

25. 张正东.外语教育学 [M].北京：科学出版社，2004.

26. 邹为诚.中国基础英语教师教育研究 [M].上海：华东师范大学出版社，2010.

中文期刊论文

1. 陈伟兰.行动学习法及其在我国的应用研究 [J].福建行政学院学报，2009 (3)：15-21.

2. 蔡海云.行动学习：应用型本科院校"双师型"教师教学能力的培养路径 [J].黑龙江高教研究，2018 (6)：100-104.

3. 蔡厚清.行动学习的理念、目标及关键环节 [J].广西社会科学，2007 (2)：160-163.

4. 崔允漷.听评课：一种新的范式 [J].教育发展研究，2007 (9)：38-41.

5. 戴炜栋，王雪梅.信息化环境中外语教师专业发展的内涵与路径研究 [J].外语电化教学，2011 (6)：8-13.

6. 邓友超.论教师学习的性质与机会质量 [J].教育研究与实验，2016 (4)：55-59.

7. 杜海平.外促与内生：教师专业学习范式的辩证 [J].教育研究，2012 (9)：139-144.

8. 龚亚夫.创建我国中小学英语教师知识与能力体系——中小学英语教师专业等级标准的制订 [J].中国教育学刊，2011 (7)：60-65.

9. 官群.英语教师培训"新图"（NUMAP）模式研究 [J].教育研究，2011 (7)：83-87.

10. 郭绍青.技术支持的教师学习研究综述 [J].现代教育技术，2012 (4)：10-15.

11. 海伦·蒂姆勃雷.促进教师专业学习与发展的十条原则 [J].教育研究，2009

（8）55-62.

12. 蒋丽珠. 行动学习在教师继续教育中的应用研究 [J]. 中小学教师培训，2007（9）：7-9.

13. 江晓梅. 英国当代语言教师学习理论综述及启示 [J]. 外语界，2003（1）：67-75.

14. 姜兴明. 中小学教研组现状分析与对策 [J]. 教学与管理，2004（7）：28-30.

15. 姜勇. 教师个人理论新转向——从个人取向到社群取向 [J]. 外国中小学教育，2006（8）：15-18.

16. 李国强，魏春梅. "课堂观察"的实践探索 [J]. 教师教育研究，2015（2）：48-51.

17. 李玉斌. 校本培训：教师培训新模式. 电化教育研究 [J]. 2012（3）：52-54.

18. 李玉鹏. 校本研修的组织策略 [J]. 现代中小学教育，2006（11）：15-17.

19. 刘良华. 教育行动研究——解释学的现点 [J]. 教育理论与实践，2009（11）：5-10.

20. 刘元元. 行动学习理论下应用型院校教师教学能力的提升 [J]. 教育与职业，2018（11）：64-68.

21. 马文. 行动学习理论梳理及其在我国教师培训中的应用 [J]. 中国成人教育，2018（18）：5-10.

22. 毛齐明. 教师学习——从日常话语到研究领域 [J]. 华东师范大学学报，2012（1）：21-27.

23. 梅广稳. 对现行英语教师校本研修制度的反思与重建 [J]. 北京教育学院学报，2015（2）：8-10.

24. 梅云霞. 课堂观察：内涵、分类与价值 [J]. 教育导刊，2012(3)：12-15.

25. 潘丽芳. 技术支持的教师学习之历史演进 [J]. 开放教育研究，2012（12）：56-59.

26. 彭文波. 对教师学习策略的几点思考 [J] 浙江教育学院学报，2010（5）：6-10.

27. 钱金明. 方法与工具：教师课堂观察的必要准备 [J]. 江苏教育研究，2011（7）：24-27.

28. 乔爱玲. 基于网络的教师在线学习活动设计与组织研究 [J]. 电化教育研究，2011（6）：100-104.

29. 秦旭芳 . 行动学习法中促进者的身份和作用——教师培训中的培训者 [J].
    内蒙古师范大学学报（教育科学版），2014（9）：119-123.

30. 时长江，陈仁涛，罗许成 . 专业学习共同体与教师合作文化 [J]. 教育发展研
    究，2017（11）：76-79.

31. 王俊菊 . 外语课堂环境下的教师学习研究 [J]. 中国外语，2013（2）：56-63.

32. 王燕子，欧阳忠明 . 工作场所中的行动学习：国际研究回顾与趋势 [J]. 职业
    技术教育，2013（10）：83-88.

33. 文秋芳，任庆梅 . 探究我国高校外语教师互动发展的新模式 [J]. 现代外语，
    2011（1）：83-90.

34. 肖正德，张素琪 . 近年来国内教师学习研究：盘点与梳理 [J]. 全球教育展望，
    2011（7）：54-59.

35. 严正辉，王富英 . 教研员在校本研修中的作用 [J]. 教育科学论坛，2007（6）：
    33-34.

36. 张素玲 . 行动学习与领导力开发 [J]. 中国浦东干部学院学报，2008（2）：
    86-89.

37. 张秀荣 . 教师学习的概念分析 [J]. 现代教育科学（高教研究），2013（1）：6-9.

38. 张勇 . 论教师学习的内涵与特点 [J]. 天津市教科院学报，2011（5）：57-59.

39. 郑晓梅 . 教师教育模式转换：由学科到行动 [J]. 教育理论与实践，2010（7）：
    48-50.

40. 周燕，曹荣平，王文峰 . 在教学和互动中成长：教师发展条件与过程研究 [J].
    外语研究，2008（3）：51-55.

41. 朱宁波，张萍 . 教师同伴互助的校本教研模式探析 [J]. 教育科学，2007（6）：
    16-19.

英文参考文献

[1] 英文著作

1. Amy, B. Tsui. (2003).*Understanding Expertise in Teaching: Case Studies of
   Second Language Teachers* [M]. London: Cambridge University Press.

2. Baird, J. R. (1992) *Collaborative Reflection, Systematic Enquiry, Better Teaching*
   [A], in T. Russell & H. Munby, *Teachers and Teaching: From Classroom to*

Reflection [C]. New York: Routledge Famler.

3. Beaty, Liz & McGill. (2013). *Action Learning: A Practitioner's Guide* [M]. London: Routledge.

4. Berliner, D. C. (1995) *Teacher Expertise: International Encyclopedia of Teaching and Teacher Education* [M]. London: Cambridge University Press.

5. Clandinin, D. J & F. M. Connelly (2000). *Narrative Inquiry* [M]. San Francisco: Jossey-Bass Publishers.

6. Craft, A. (2010) *Continuing Professional Development: A Practical Guide for Teachers and Schools* [M]. New York: Routledge Famler.

7. Kember, D. (2000) *Action Learning and Action Research-Improving the Quality of Teaching and Learning* [M]. London: Kogan Page.

8. Dolye, W. (1990). *Themes in Teacher Education Research* [A]. In Houston & Sikula (eds). *Handbook of Research on Teacher Education* [C]. New York: Macmillan.

9. Hammersly, M. & Atkinson, P. (1983). *Ethnography: Principle in Practice* [M]. London & New York: Routledge.

10. Hoban, G. (2002). *Teacher Learning for Educational Change* [M]. Philadelphia: Open University Press.

11. McNiff, Jean. (2013). *Action Research: Principles and Practice* [M]. London: Routledge.

12. Knowles, S. (1995). *Design for Adult Learning* [C]. New York: McGraw-Hill.

13. Illeris, Knud. (2016). *How We Learn-Learning and Non-Learning in School and Beyond* [M]. London: Routledge.

14. Kreber, C., H. Castledenb & T. Wright. (2005). *Self-Regulated Learning About University Teaching: An Exploratory Study, Teaching in Higher Education* [M]. Boston: Massachusetts Institute of Technology Press.

15. Norton, Lin. (2018). *Action Research in Teaching and Learning-A Practical Guide to Conducting Pedagogical Research in Universities* [M]. London: Routledge.

16. Marquardt, J. (1999). *Action Learning in Action: Transforming Problems and People for World-Class Organizational Learning* [M]. Palo Alto: Davies-Black

Publishing.

17. McGill & Brockbank. (2004). *The Action Learning Handbook* [M]. London: Routledge Falmer.

18. McLaughlin, M. & J. Talbert (2006). *Building School-Based Teacher Learning Communities* [M]. New York: Teachers College Press.

19. Mills, E. (2003). *Action Research: A Guide for the Teacher Researcher* (2nd Edition) [M]. Upper Saddle River: Prentice Hall.

20. Pedler, Mike. (1997). *Action Learning in Practice* [M]. London: Grower Publishing Company Limited.

21. Dixon, Nancy M. (2017). *The Organizational Learning Cycle—How We Can Learn Collectively* [M]. London: Routledge.

22. Nunan, D. (1993). *Action Research in Language Education* [M]. Oxford: Heinemann.

23. Aubusson, P., R. Ewing & G. Hoban (2009). *Action Learning in Schools— Reframing Teachers' Professional Learning and Development* [M]. New York: Routledge.

24. Pedler, M. & Boydell, T. (1991) *The Learning Company* [M].Maidenhead: McGraw-Hill.

25. Garrett, P. & M. Josep (2017) *The Routledge Handbook of Language Awareness* [M].New York: Routledge.

26. Revans, R. (2017). *ABC of Action Learning* [M].London: Routledge.

27. Richards, J. & Farrell. (2005). *Professional Development for Language Teachers: Strategies for Teacher Learning* [M]. London: Cambridge University Press.

28. Mercer, Sarah & Achilleas Kostoulas. (2018). *Language Teacher Psychology* [M]. *Exeter*: Short Run Press Limited.

29. Tilstone, C. (1998). *Observing Teaching and Learning* [M]. London: David Fulton.

30. Winkless, T. (1991). *Doctors as Managers* [A], in M. Peddler's *Action Learning in Practice* [C]. Aldershot: Grower Publishing.

[2] 英文论文

1. Akbari, R.(2007). Reflections on reflection: A critical appraisal of reflective practice in L2 teacher education [J]. *System* (2): 192-207.

2. Avalos, B. (2011).Teacher professional development in teaching and teacher education over ten years [J]. *Teaching and Teacher Education,* (1): 10-20.

3. Barbara Lasky. (2004). Practising what we teach: Vocational teachers learn to research through applying action learning techniques [J]. *Journal of Further and Higher Education*, (1): 79-94.

4. Borg, S. (2003). Teacher cognition in language teaching: A review of research on what language teachers think, know, believe and do [J]. *Language Teaching*, (2):81-109.

5. Borko, H.(2004). Professional development and teacher learning: Mapping the terrain [J]. *Educational Researcher*, (8):1-15.

6. Penney, Dawn & Bridget Leggett. (2005). Connecting initial teacher education and continuing professional learning through action research and action learning [J]. *Action Learning: Research and Practice*, (2): 153-169.

7. Deborah. (2006). Action E-learning: An exploratory case study of action learning applied online [J]. *Human Resource Development International,*(2): 157-171.

8. Feiman-Nemser, S. (2001). From preparation to practice: Designing a continuum to strengthen and sustain teaching[J]. *Teachers College Record*, (6): 1013-1055.

9. Fendler, L. (2003) Teacher reflection in a hall of mirrors: historical influence and political reverberation [J]. *Educational Researcher*, (3): 16-25.

10. Freeman, D. (2002). The hidden side of the work: Teacher knowledge and learning to teach [J]. *Language Teaching* (1): 1-5.

11. Freeman, D. (2008). Language moves: The place of "foreign" languages in classroom teaching and learning [J]. *Review of Research in Education*, (1): 213-228.

12. Freeman, D. & K. E. Johnson (1998). Reconceptualizing the knowledge-base of language teacher education [J]. *TESOL Quarterly* (3):397-417.

13. Harrison, R. (1996). Action learning: Route or barrier to the learning organizations? [J]. *The Journal of Workplace* (6):15-20.

14. Hartog, M. (2004). Critical action learning: Teaching business ethic [J]. *Reflective Practice*, (3): 395-407.

15. Hoban, G. F. (2004). Enhancing action learning with student feedback [J]. *Action Learning: Research and Practice*, 1(2):301-323.

16. Marsick, J. & J. O'Neil. (1999). The Many Faces of Action Learning, *Management Learning* [J]. (2):159-176.

17. Kelly, P.(2006). What is teacher learning? A sociocultural perspective [J]. *Oxford Review of Education* (16):425-454.

18. Korthagen. F. A. (2009). Commentary professional learning from within [J]. *Studying Teacher Education*, (2): 113-136.

19. Lewin, Kurt. (2001). *Groups, Experiential Learning and Action Research* [J]. *The Encyclopedia of Informal Education*, (1930) 1-14.

19. Lieberman, A. & Mace, D.(2008). Teacher Learning: The Key to Educational Reform [J]. *Journal of Teacher Education* (3): 226-234.

20. Linerick, D., R. Passfield, & B. Cunnington. (1994). Transforming change towards an action learning organization [J]. *The Learning Organization*, (2): 29-40.

21. Marquardt, M. J. (2003). Developing global leaders via action learning programs: A case study at boeing [J]. *Thai Journal of Public Administration* (3): 133-157.

22. Marquardt, M. J. (2000) Action learning and leadership [J]. *The Learning Organization* (8): 233-240.

23. Marsick & O'Neil (1999).The many faces of action learning [J]. *Management Learning*, (2): 159-176.

24. McNulty, N. G. & G. R. Canty. (1995). Proof of the pudding [J]. *Journal of Management Development*, (1): 53-66.

25. Marquardt, Michael J. (2000). Action learning and leadership [J]. *The Learning Organization*, (5): 233-240.

26. Marquardt, Michael J. (2004).The power of learning in action learning: A conceptual analysis of how the five schools of adult learning are incorporated within the practice of action learning [J]. *Action Learning: Research and Practice*, (2): 185-201.

27. Owen, S. (2003). School-based professional development—building morale, professionalism and productive teacher learning practices [J]. *Journal of Educational Enquiry*, 1(1): 3-7.

28. Aubusson, Peter. (2007). Action learning in teacher learning community formation: informative or transformative? [J]. *Teacher Development*, (2).

29. Shulman, L. & J. Shulman. (2004). How and what teacher learn: A shifting perspective [J]. *Curriculum Studies,* (2): 257-271.

30. Stark. (2006). Using action learning for professional development [J]. *Educational Action Research*. (1): 76-91.

31. Van-Eekelen, I. M., H. A. Boshuizen & J. D. Vermunt. (2005). Self-regulation in higher education teacher learning [J]. *Higher Education*, (50): 447-471.

32. Verloop, J & Meijer P. (2001). Teacher knowledge and the knowledge base of teaching [J]. *International Journal of Educational Research*, (35): 441-461.

附　录

附录1　高中英语教师学习现状与策略调查问卷

尊敬的老师：

您好！感谢您抽空参加本次调查问卷。本问卷是关于教师学习现状与策略的调查，目的在于了解当前高中英语教师学习的基本状况。问卷不记名，您所填写的资料仅供学术研究之用，不会用做其他用途。您的回答对本研究十分宝贵，请您仔细阅读答题说明，并客观、真实地填写此问卷。谢谢合作！

一、基本情况（请在所选的答案上打"√"）

1. 性别：(1) 男　 (2) 女

2. 年龄：(1) 30 岁以下　 (2) 30-40 岁　 (3) 41-50 岁　 (4) 50 岁以上

3. 任教学校：(1) 市区重点高中　 (2) 市区普通高中　 (3) 乡镇高中

4. 任教年级：(1) 高一　 (2) 高二　 (3) 高三

5. 教龄：(1) 5 年以下　 (2) 5-10 年　 (3) 11-20 年　 (4) 20 年以上

6. 学历：(1) 本科以下　 (2) 本科　 (3) 本科以上

7. 职称：(1) 中教二级　 (2) 中教一级　 (3) 中教高级　 (4) 中教特级

二、请在您最认可的选项上打"√"（1-10题为单选，11-15题可以多选）

1.　您平时的教学工作任务 _____。

　　A) 很繁重，没有空闲时间　　　　　B) 不繁重，但空闲时间不多

　　C) 很繁重，但也有一些空闲时间　　D) 不繁重，空闲时间很多

2.　你每周专门用于自我学习的时间大约占业余时间的 _____。

　　A) 10% 以下　　　　　　　　　　B) 10%-20%

　　C) 20%-30%　　　　　　　　　　D) 30% 以上

3. 你平时的工作压力最主要来自 _____。

    A）提高学生成绩　　　　　　　　B）开展科研、教研

    C）处理人际关系　　　　　　　　D）寻求发展机会

4. 你认为你自己目前的学习压力 _____。

    A）没有压力　　　　　　　　　　B）有一点压力

    C）压力较大　　　　　　　　　　D）压力很大

5. 你最希望在以下哪一方面获得学习和提高？

    A）英语基本技能　　　　　　　　B）课堂教学技能

    C）教育学理论　　　　　　　　　D）计算机技能

6. 过去两到三年内，你平均每年参加 _____ 次正规的校外培训？

    A）少于 1 次　　　　　　　　　　B）1-2 次

    C）3-4 次　　　　　　　　　　　D）4 次以上

7. 贵校领导对一线教师的在职学习的态度 _____。

    A）非常重视　　　　　　　　　　B）比较重视

    C）一般化　　　　　　　　　　　D）不重视

8. 你所在的英语教研组内学习氛围 _____。

    A）很浓厚　　　　　　　　　　　B）较为浓厚

    C）一般化　　　　　　　　　　　D）基本没有

9. 如有机会，你最希望获得以下哪种类型的进修计划 _____。

    A）学位课程　　　　　　　　　　B）出国访问进修

    C）参加学术会议　　　　　　　　D）参加短期培训班

10. 你认为目前的英语教师在职培训课程存在的最大问题是 _____。

    A）理论性强，实践性弱　　　　　B）单向授课，缺乏交流

    B）培训周期短，效果不佳　　　　D）参加机会少，受众面小

注意：（以下 11-15 题可多项选择）

11. 你认为当前的英语教师在职培训中哪些学习活动对你较为有效？

    A）专家讲座　　　　　　　　　　B）案例研修

    C）听课评课　　　　　　　　　　D）学员交流讨论

12. 一般情况下，您在教学过程中遇到问题时 _____。

    A）通过查找资料试图解决问题   B）和同事讨论解决问题的方法

    C）向有关专家咨询   D）如果领导没有要求就不管

13. 你所工作的学校经常组织 _____。

    A）教师集体备课   B）教师公开观摩课

    C）教师校外培训活动   D）校外专家的专题讲座

14. 你经常使用的学习方式是 _____。

    A）阅读专业书籍   B）模仿老教师授课

    C）参加培训课程   D）与同事研讨

15. 对你而言，学习的目的是为了 _____。

    A）解决实际问题   B）提高自身水平

    C）晋升职称   D）完成学校任务

三、请根据您的实际情况判断下列各项陈述的认同程度，并勾出（√）相应的选项。

    ① 非常不认同   ② 不大认同   ③ 说不准   ④ 基本认同   ⑤ 非常认同

1. 我所在的学校／教研组的整体工作氛围非常民主。…① ② ③ ④ ⑤

2. 我与领导、同事及学生之间的相处非常和谐。………① ② ③ ④ ⑤

3. 我主动与朋友或同事分析自己的教学问题。…………① ② ③ ④ ⑤

4. 我不断反思课堂教学事件和自己的教学行为。………① ② ③ ④ ⑤

5. 我不断质疑他人眼中习以为常的惯例或事物。………① ② ③ ④ ⑤

6. 我善于吸收新的教育教学理念与方法，思想开明、开放。…………………

                                             ① ② ③ ④ ⑤

7. 我有撰写教学反思的习惯，并感觉从中获益匪浅。…① ② ③ ④ ⑤

8. 我乐意与经验丰富的老师讨论交流如何改进教学。…① ② ③ ④ ⑤

9. 我把教学中的难题当成要探究的"研究资料"。……① ② ③ ④ ⑤

10. 我乐意去听其他老师上课，并感觉很有收获。………① ② ③ ④ ⑤

四、问答题

1. 您认为英语教师为什么需要在职学习，该学习那些知识?

_____

_____

2. 请简单谈谈英语教师理论学习和实践学习的区别和各自的特点。

_____

_____

3. 如果您对本项调查感兴趣并愿意接受一次大约 20 分钟的访谈，请留下您的联系方式。（电话、QQ 号码、E-mail 地址等）

_____

_____

附录2　高中英语教师行动学习访谈提纲

指导语： 感谢您参加我们的访谈。下面是关于英语教师学习方面的一些问题，请就您本人的观点和实际情况作答。本人将严格遵循研究的伦理道德为您保密，您的回答虽然会被录音以供后期研究所用，但不会用于其他非学术用途，请放心如实地回答问题，谢谢您的合作！

访谈问题：

1. 请介绍一下您的年龄、教龄、学习经历、职称、任教班级等基本情况。

2. 您认为作为一名合格的英语教师应该具备哪些素质？您自己在哪些方面还存在缺陷与不足？

3. 您目前在教学中遇到的最大困难是什么？觉得该如何解决？

4. 您觉得您上学时的经历对您现在的教学有什么影响？教学经验对于教师的成长有什么意义？

5. 您经常思考自己课堂教学中的问题吗？在教学中遇到困惑您一般如何处理？

6. 您有没有撰写教学日志的习惯？在平时的教学反思中一般会思考哪些问题？

7. 您所在学校的英语教研组经常组织集体备课吗？以什么形式开展？您觉得该如何改进？

8. 您有没有参加过校外培训？感觉收获如何？在参加过的校外培训中，哪一次培训您感觉最为受益？为什么？

9. 您认为目前的教师培训最需要提供给一线教师哪些内容？应该如何组织培训课堂？

10. 您有没有主持或参与过教学教改课题研究？课题组经常组织研讨吗？您感觉有何收获？

11. 您认为去听别人上课对您有哪些好处？听有经验教师上课时需要注意哪些问题？请回忆一次印象深刻的课堂观摩，并请谈谈您对该次课堂观察的具体感受。

12. 您觉得和其他英语教师的交流、合作对各自的教学工作和成长有什么作用？请举例说明。

13. 您觉得目前所在学校的工作环境适不适合教师的学习？为什么？您觉得在目前的环境下英语教师该如何更有效地开展在职学习？

14. 您认为学科专家如大学教授或各级英语教研员对一线教师的学习发挥了什么作用？请举例说明。

15. 您对您自己未来的职业发展有什么规划和愿望？对目前学校英语教学活动所存在的问题有什么改进建议？

如有问题，可进一步与本人取得联系。

邮箱：wanwan4152003@126.com

感谢您的合作！

附录 3 教师行动学习校长访谈提纲

指导语： 尊敬的校长您好，为开展课题研究工作，本人想了解一下贵校有关教师学习的制度建设与管理工作现状。以下一些问题请根据贵校真实情况回答，本人保证所获信息仅用作研究之用，谢谢您的合作！

访谈问题：

1. 请介绍一下贵校目前的师资情况，包括教师的人数、年龄分布、职称结构、学历结构等。

2. 作为校长，您认为教师在职培训或自我学习的重要性如何？体现在哪些方面？贵校在教师在职培训的组织与实施方面有什么计划？

3. 贵校目前的教师集体备课制度开展得如何？您觉得存在哪些问题，该如何进一步加以改进？

4. 除了教育局组织的统一培训，贵校对新教师的指导工作还采取了哪些措施？

5. 贵校的听课制度是怎样的？对教师之间的相互听课有哪些硬性要求？

6. 贵校对教师开展教研、科研活动有哪些鼓励和扶持措施？

7. 您认为目前教师在职学习面临的最大的问题是什么？该如何解决这一问题？

8. 贵校对今后进一步提高教师学习效果准备采取哪些具体的措施？

谢谢合作，祝您工作愉快！